산문으로 읽는
21세기
도덕경

산문으로 읽는
21세기
도덕경

초판 1쇄 발행 2024년 12월 12일

지은이	정경대
펴낸곳	**좋은책만드는사람들**
펴낸이	박도현
디자인	박현실
등 록	제2014-000339호 (2005년 7월 16일)
주 소	서울 마포구 서교동 395-181
전 화	02-3452-7785
E-mail	dsmarthall.com
표지그림	박진수

ⓒ 정경대 **좋은책만드는사람들** 2024

ISBN   979-11-990173-7-5   03190

* 책값은 뒤표지에 있습니다.

산문으로 읽는

21세기 도덕경

지은이 정 경 대

道의 법도를 태동시킨 상象 성精은 무위자연 사상과 철학의 근원이다. 그리고 스스로 존재하여 우주 만물을 탄생시킨 시원이며, 누구로부터 태어나지도 만들어지지도 않은 유일한 자로서 道와 德이 여기에서 비롯되었다.

좋은책만드는사람들

21세기 도덕경 그 현묘한 문을 열면서

나는 옛 시대를 초월한 도덕경의 현묘한 이치를 오늘날 문명 시대에 비추어 쓴 산문을 "21세기 도덕경"이라 하였다. 그리고 道의 환상적인 세계를 이상과 현실이 조합된 가상의 세계란 뜻에서 메타버스 Metaverse에 비유하였다. 이에 따라 만물을 탄생시키고 길러주는 덕을 무한히 베푸는 道의 현묘한 작용을 마치 신비한 마술사처럼 인간의 관점에서 거침없이 풀어낸 노자老子 선생의 무한한 지식과 지혜를 메타Meta의 마법사魔法師라 탄복하기도 하였다. 선생의 성은 이씨李氏 이고 이름은 귀가 유달리 크다 하여 이耳라 하였다고 한다. 선생은 중국 春秋戰國時代 초楚 나라에서 기원전 571년경 태어난 철학자로서 당시 상고대 기록물을 보관한 주周 나라 서고書庫의 관리자였다. 따라서 동이東夷의 풍류風流를 비롯한 전래 돼오던 수많은 서적을 탐독하고 명상 수행 등의 노력을 했을 것으로 추정된다. 그리하여 득도得道한 다음, 깨달은바 우주에 존재하는 모든 현상의 이치를 도덕경 하나에 수록해놓고 세속에서 홀연히 사라진 선생의 행적이 신비롭기만 하다. 선생은 현묘하기 이를 데 없는 道의 세계와 그 작용인 덕德에 대하여 이 경전經典을 통하여 세상에 알렸다. 선생은 천지 만물의 탄생과 그 작용을 음양오행陰陽五行의 논리로 풀어냈으며, 무위한 자연의 변화규율變化規律을 삶의 지혜로 승화시켜 인간이 할 바 이상향을 제시하였다. 이러한 선생의 정신세계는 초월적인 성자의 본색本色으로 진정한 자유인의 면모를 보여준다.

나는 이 글에서 도덕경이 지닌 문자 이면의 심오한 뜻을 산문 형식으로 풀었다. 아울러 석가모니 붓다의 불경, 예수 그리스도의 교훈, 또는 여러 명인名人 등의 언행을 예로 들거나 명상의 지혜를 빌어 도덕경을 이해하는 데 도움이 되고자 하였다. 때에 따라서는 무위자연의 이름으로 원시적 삶을 살고자 했던 선생의 이상향을 21세기 관점에서 비판도 하였다. 초월적인 삶을 원했던 선생의 시대적 고민을 오늘날의 시각으로 보면 현실 도피적 허무에 빠지기 쉬운 면도 없지 않았기 때문이다. 고도로 발달한 현시대의 문명을 부정하는 우를 범할 수도 있어서 경계하는 의미도 없지 않았다. 그런데도 미련 없이 세속을 등지고 초연히 사라져 간 선생의 자취가 그리워지는 것을 왜일까?

나는 40여 년 전 청년 시절에 도덕경을 번역한 적이 있었다. 지식과 철학적 소견이 깊지 못했던 그 시절 학문을 향한 열정 하나만으로 난해한 도덕경을 해석하느라 숱한 밤을 지새웠다. 그렇지만 사유의 깊이가 부족함을 느끼기는 그때나 지금이나 크게 다르지 않음을 느낄 수 있었다. 하지만 그 시절에 번역하여 쓴 노트 종이 한 장 한 장이 폐지처럼 너덜대고 글씨마저 빛이 바랬으나 고맙게도 이제금 많은 영감을 주었던 것도 사실이다. 그 덕에 여러 책자 혹은 강의로 널리 알려진 도덕경 여러 구절 해석을 전혀 달리

하는 데에 망설임이 없었다. 그것은 선생의 사상과 철학을 사뭇 다른 관점에서 해석한 것이어서 도덕경 전체 맥락에 상당한 영향을 주었다고 할 수 있다. 특히 그 누구도 언급조차 하지 않은 선생의 독특한 수행론이 곳곳에 숨겨져 있다는 사실에 이르러서는 놀라움 그 이상의 감동적 화두를 새겨 자기 성찰과 혁신에 실질적인 도움을 줄 것이라 확신한다. 그것은 도학道學의 근간으로서 道를 얻는 최상의 법이라 할 수 있으며, 이것이 석가모니 붓다의 수행론과 다르지 않다는 점에서 또 다른 감동을 주었다. 아울러 만물의 탄생 원리와 그 성분과 성질과 작용을 표시한 문자 음양오행의 이치를 수리로 밝힌 선생의 놀라운 식견에 대하여도 자세히 설명하였다.

오랜 시간, 많은 분들의 도움으로 "산문으로 읽는 21세기 도덕경"이 길고 긴 산고産苦 끝에 출판을 앞두고 있다. 혼돈에 허우적일 때마다 벗처럼 동행해준 경희대학교 박도현 교수님과 예술평론가 김진묵 님, 거의 일여 년을 수십 차례 마주하면서 도덕이 무너진 시대상을 이야기하는 중에 뜻밖의 영감을 주어 미처 생각하지 못했던 글을 쓰게 해 준 강지원 변호사님, 음으로 양으로 힘이 되어 준 김선애 님과 박현건 님, 그 외 여러 차례 이 글의 원고를 편집하고 잘 읽도록 수정을 거듭해 준 박현실 님과 한영분 님에게 이 장을 통해 감사를 드린다. 끝으로 얼마 전에 안타깝게 고인이 되어 먼 하늘에 영면하고 있을 한 인물, 오랜 시간을 함께하며 부드러운 어조로 차분하게 좋은 글을 쓸 수 있도록 마음에 위안을 준 예비역 장군 장정용 님의 안식처 하늘 향해 고마움을 전하면서 "21세기 도덕경"의 문을 열어놓고 머리말을 맺는다.

甲辰年 晚秋
宗敎 歷史 哲學博士 素山　鄭 慶 大

목차

上篇 / 道

1. 도가도 비상도 道可道 非常道 · 12
2. 상대적관계 相對的關係 · 27
3. 불상현 不尙賢 · 43
4. 만물지종 萬物之宗 · 59
5. 천지불인 天地不仁 · 64
6. 곡신불사 谷神不死 · 73.
7. 천장지구 天長地久 · 77
8. 상선약수 上善若水 · 85
9. 지이영지불여기이 持而盈之不如其已 · 92
10. 재영백포일 栽營魄抱一 · 96
11. 당기무유기지용 當其無有器之用 · 104
12. 색, 음, 미의 유혹 色, 音, 味의 誘惑 · 108
13. 위험지애 危險之愛 · 115
14. 이, 희, 미 불가치힐 夷, 希, 黴 不可致詰 · 121
15. 미묘현통 微妙玄通 · 127
16. 만물운운 각복기근 萬物芸芸 各復其根 · 132
17. 대상희지유 기차친이예 太上下知有 其次親而譽 · 137
18. 대도폐유인의 大道廢有仁義 · 142
19. 절인기의 민복효자 絶仁棄義 民復孝子 · 148
20. 절학무우 絶學無憂 · 154
21. 황홀 恍惚 · 161
22. 자연법칙 自然法則 · 165
23. 표풍불종조 飄風不終朝 · 169
24. 도유자처신 道有者處身 · 174
25. 인, 지, 천, 도. 자연 人, 地, 天, 道. 自然 · 177
26. 성인종일행 불이치중 聖人終日行 不離緇重 · 185
27. 선수불용주책 善數不用籌策 · 191

	28	중용지덕 中庸之德 · 201
	29	천하신기 天下神器 · 208
	30	도좌인주자 道左人主者 · 212
	31	살인지중 전승이상례처지 殺人之衆 戰勝以喪禮處之 · 216
	32	천지상합 이강감로 天地相合 以降甘露 · 221
	33	지인자지 자지자명 知人者智 自知者明 · 226
	34	대도범혜 기가좌우 大道氾兮 其可左右 · 230
	35	집대상천하왕 왕이불해 執大象天下往 往而不害 · 233
	36	장욕약필고강 將欲弱必固强 · 236
	37	불욕이정 不欲以靜 · 241

下篇/ 德

	38	무위이덕 無爲以德 · 246
	39	일천지지모 一天地之母 · 254
	40	만물생어유 무생어유 萬物生於有 無生於有 · 261
	41	대방무우 대기만성 大方無隅 大器晩成 · 264
	42	음양오행원리 陰陽五行原理 · 276
	43	무유입어무간 無有入於無間 · 283
	44	명여신숙친 名與身孰親 · 287
	45	대영약충 기용불궁 大盈若沖 其用不窮 · 294
	46	죄막대어불가욕 罪莫大於不可欲 · 298
	47	불출호지천하 不出戶知天下 · 302
	48	위학일익 위도일손 爲學日益 爲道日損 · 307
	49	오선지 불선자오역선지 吾善之 不善者吾亦善之 · 310
	50	업인인생행로 業因人生行路 · 319
	51	현묘지덕 玄妙之德 · 324
	52	천하유시 이위천하모 天下有始 以爲天下母 · 329
	53	행어대도 유시시외 行於大道 唯施是畏 · 334
	54	신관신 가관가 천하관천하 身觀身 家觀家 天下觀天下 · 338

55	심사왈강 물장즉노	心使曰强 物壯則老 · 343
56	지자불언 언자부지	知者不言 言者不知 · 348
57	무치국평천하	無治國平天下 · 353
58	화혜복지소의 복혜화지소복	禍兮福之所倚 福兮禍之所伏 · 364
59	중적덕즉무불극	重積德則無不克 · 370
60	치대국약팽소선	治大國若烹小鮮 · 374
61	대국하류 천하지교	大國下流 天下之交 · 378
62	유죄이면사	有罪以免邪 · 383
63	보원이덕	報怨以德 · 388
64	위자패집자실	爲者敗執者失 · 393
65	민지난치 이기지다	民之難治 以其智多 · 398
66	강해소능위백곡왕	江海所能爲百谷王 · 405
67	성인유삼보	聖人有三寶 · 409
68	선전자부노	善戰者不怒 · 414
69	화막대어경적	禍莫大於輕敵 · 423
70	성인피갈회옥	聖人被褐懷玉 · 430
71	부지지병	不知知病 · 433
72	민불외위 즉대위지	民不畏威 則大威至 · 436
73	용어감즉살 용어불감즉활	勇於敢則殺 勇於不敢則活 · 439
74	상유사살자살	常有司殺者殺 · 444
75	시이기민지난치	是以饑民之難治 · 450
76	견강자사지종 유약자생지종	堅强者死之從 柔弱者生之徒 · 453
77	천지도손유여이포부족	天地道損有餘而補不足 · 457
78	천하막유약어수	天下莫柔弱於水 · 461
79	화대원필유여원	和大怨必有餘怨 · 465
80	원시회귀낙	原始回歸樂 · 471
81	신언불미	信言不美 · 475

산문으로 읽는
21세기 도덕경

上篇

道

上篇 / 道

제 1 장

도가도 비상도
道可道 非常道
마음이 道이고 道가 마음이다

道는 세상을
화합시킨다

道는 천지 만물의 근원을 뜻한다. 우주의 모든 존재, 즉 북극성을 비롯한 하늘의 별들과 땅에 존재하는 모든 것들의 시원始原을 道라 한다. 생명체나 물질이나 道로부터 태어난 모든 만물은 반드시 자신을 탄생시킨 道로 돌아간다. 그러기에 道는 땅끝에서 바다가 시작되고 바다 끝에서 땅이 시작되듯, 존재하는 모든 것들의 시작이자 질서이며 끝이다. 즉 코스모스Cosmos이자 오메가Omega다. 道는 그러한 뜻을 품고 있음에도 표현할 형체도 없고 색깔도 없고 냄새도 없어서 무엇이라 이름 지어 말할 수 없다. 그러함에도 만물이 道로부터 나오고 종내終乃 道에게로 회귀하므로 존재하는 것은 분명하다. 따라서 만물의 근원이자 이치란 뜻에서 굳이 道라는 명칭을 상정想定해 놓은 것이다.

道를 심도 있게 비유하면 사람의 마음과 같다. 마음은 끝도 없이 온갖 생각을 만들어 내므로 존재하는 것만은 분명하다. 그러나 있다고 말하자니 모습도 없고 색깔도 없고 냄새도 없다. 볼 수도 없고 만져 볼 수도 없다. 그렇다고 없다고 말할 수도 없다. 무엇이라 해야 할까? 이에 우리는 지식, 사고, 감정 등과 같은 정신적 움직임의 근원이 된다는 뜻에서 마음이라 하였다. 그리고 한 번 내었던 마음은 반드시 일으켰던 본래 자리로 되돌아가므로 道의 이치에 가장 부합한다. 따라서 마음이 道이고 道가 마음이라 할 것이다.

道라는 문자가 함축하고 있는 본래 뜻은 사물이 생겨나는 근원 또는 이치이다. 그리고 그 작용은 천지 만물을 탄생시키고 길러주는 덕행德行이다. 덕행이란 의미에서 보면 마땅히 사람이 행해야 할 참 도리로서 도덕이라는 말로도 널리 쓰인다. 그런데 선생은 道를 현玄 또는 황홀恍惚이라는 말로 형용하였다. 현은 한자 뜻 그대로 직역하면 검은색이다. 사람들은 道를 왜 검다고 하였는지 의문을 나타내기도 한다. 확실한 해석을 부연하지 않아서 道의 형상을 상상하기에는 애매한 구석이 없지 않다. 그렇다고 현이 道의 형용으로서 검다는 뜻이 아닌 것도 아니다. 선생이 道를 현이라 하면서도 검은색과는 전혀 어울리지도 않는 황홀이라 한 데서 빛으로서의 道의 형상을 짐작할 수 있다. 검으면서도 황홀한 道를 나는 이렇게 풀어보았다.

주지하다시피 道는 천지 만물의 시원이다. 그것은 아무것도 분별할 수 없는 상태를 의미하는 메타버스의 세계다. 메타버스란 환상적인 초월적 세계, 또는 가상의 우주를 뜻한다. 선생이 그런 세계를 상정한 문자가 바로 道이다. 아라비아 숫자로 말하자면 道는 영零, Zero의 상태다. 영의 상태인 완전한 무無는 아무것도 보이지 않는 어둠의 세계다. 그런데 어둡다고 말하는 것 자체가 존재를 의미하므로 어둠의 색깔을 검은빛이라 단정할 수도 없다. 하지만 검은빛의 상대적 존재가 있으면 검다고 할 수 있다. 따라서 검다고 단정할 수 있는 또 다른 존재가 있으면 달라진다. 그것은 바로 어둠의 상대적 개념인 밝음이다. 즉 아무것도 없는 상태에서 문득 빛이 나타남으로써 비로소 어둡고 검은빛을 발하는 道의 세계가 나타난 것이다. 즉 있었는지 없었는지 알 수 없던 검은 어둠이 밝은 빛의 반영으로 홀연히 나타났으므로 道를 현이라 했다. 그리고 어둠이라 하면서도 황홀이라 한 뜻은 어둠에 밝음이 뒤섞인 상태를 의미한다. 그 모습은 어두운 동녘 하늘을 서서히 밝은 빛으로 물들이는 이른 새벽 희끄무레한 여명과 비교해볼 수 있다.

'어둠 속의 은은한 밝은 빛!' 그것은 마치 해가 질 무렵 붉은 석양과 어둠이 혼합된 하늘을 보는 듯 황홀감을 느끼게 한다. 그러한 황홀을 가장 이해하기 쉬운 확실한 방편을 명상에서 발견할 수 있다. 마음이 비록 道이지만 우리의 평범한 인식으로는 이해하기 어렵다. 하지만 일체 번뇌를 여읜 명상 삼매경三昧境에 들면 경험할 수 있다. 그 빛은 어둡지도 밝지도 않은 황금빛이어서 황홀이라고 밖에 달리 표현할 언어가 없다. 그러기에 선생 자신이 삼매에 들어 경험한 道의 세계를 현이라 하기도 하고 황홀이라고도 했을 것이다. 그리고 선생은 현묘하고 황홀하기만 한 道가 어떻게 천지 만물을 창조하였는가에 대해서 제42장에 자세히 설명하였다. 그 내용은 음양오행의 발생 원리이기도 하다. 음양오행은 바로 천지 만물의 탄생 원리이자 일체 존재물의 성질과 성분과 작용을 표시한 문자다. 따라서 그 문자를 잘 해석하면 창조 원리와 과정을 알 수 있다. 그러나 창조 원리와 과정을 이해하기 위해서는 음양오행을 발생시킨 근원적인 존재에 대한 인식이 필요하다. 선생은 그 존재를 道라는 형이상학적 명칭을 설정해놓고 첫 구절에 이렇게 썼다.

> 도가도　비상도
> **道可道 非常道** / 무어라 이름할 수 없는 道는 불변의 道가 아니라 만물을 탄생시키는 존재다

"道를 道라고 하면 道가 아니다"

이 구절의 해설이 분분하다. 이 해석이 정설인 양 그대로 혹은 비슷하게 인용한 저서들이 많다. 그 옛날 누군가의 해석이 오늘날까지 이어진 것은 아닐까? 이에 대해 명쾌하게 이해할 수가 없어서 고심도 많았다. 글을 쓰는 이 순간도 마찬가지여서 결국은 혼자 사유하고 내린 확신을 쓰기로 하였다.

도가도 道可道에서 첫 글자 道는 존재 유무 有無를 알 수 없는 세계를 표현한 형이상의 존재, 즉 메타버스로서, 환상적이고 초월적인 가상의 존재를 道라고 하였다. 존재하는 것은 눈으로 보고 손으로 만질 수 있는 물질이며 물질은 반드시 이름이 붙는다. 그러나 무의 상태를 숫자 0^{Zero}으로 표시하는 것처럼 존재 이전에 아무것도 없는 그 상태를 말하기 위해서 굳이 이름을 상정하여 道라는 호칭이 필요했다. 그리고 두 번째로 쓰인 道는 모습도 색깔도 없는 상 象과 만물의 정기인 정 精을 품은 道이며(21장, 25장 참고), 세 번째 비상도의 道는 불변하는 道가 아니라 만물을

태어나게 하는 실체적 道를 말한다.

  요약하면 '무어라 말할 수 없는 그 道는 불변의 道가 아니라 만물을 끊임없이 탄생시키는 실체적 道다'라고 결론지어진다. 아무것도 없을 때는 무어라 이름을 붙일 수 없으나 만물을 태어나게 하기 시작하면 이름을 붙일 수 있는 실존적 道가 된다. 가령 고요하고 적막한 산중의 바람은 있는지 없는지 모른다. 그러므로 적막하다고만 할 뿐 달리 표현하지 않는다. 그러다가 바람이 불면 적막이 파동을 일으켜 잎을 흔드니 실존하여 운동하는 道에 비유된다. 그리고 선생은 그다음 구절에서 道가 낳은 실체적 존재에 대하여 이렇게 썼다.

명가명 　비상명
名可名 非常名 / 이름이 있는 것은 항상 그 이름이 고정되어 있지 않고 물질 변화에 따라서 이름도 변한다

무명천지지시 　유명만물지모
無名天地之始 有名萬物之母 / 이름이 없는 것에서 천지가 시작되었으며 이름이 있는 것이 만물의 어머니이다

  '명가명 비상명 名可名 非常名'에서, 첫 번째 명 名은 道가 탄생시킨 최초의 물질이다. 이름이 있다는 것은 실질적 존재를 의미한다. 따라서 처음의 명은 '道가 탄생시킨 첫 물질을 뜻한다' 첫 물질이므로 만물의 어머니라 한 것이다. 이에 대해서는 뒤에 자세히 실려 있다. 그리고 두 번째 명은

'그 첫 물질이 고정되어 불변하는 것이 아니라 변한다는 뜻이다' 즉 道가 운동하여 낳은 만물의 변화 현상을 일컬음이다. 그러므로 비상명非常名이라 하였다. 마지막 세 번째 명은 그렇게 변한 물질의 이름도 변함을 말한 것이다. 예를 들어서 물이 수증기, 파도, 구름, 비, 이슬, 서리, 우박 등으로 변하여 붙여지는 이름을 말한다. 이 말을 요약하면 '이름이 있는 것은 항상 그 이름이 고정되어 있지 않고 변화에 따라서 이름도 변한다'라고 할 수 있다. 이에 대하여는 제42장에서 음양오행 발생 원리로 자세히 설명한다.

가) 道는 자연을 닮았고, 자연은 道를 닮았다

道가 만물을 낳았으니 道와 사람은 부모와 자식의 관계와 같다. 사람의 자식이 사람이고 사람의 어버이도 사람이듯, 道가 아닌 자연은 없고 자연이 아닌 道는 없다. 그러므로 道와 자연은 부모 자식처럼 서로 닮았으며, 道는 자연을 버리지 아니하고 자연은 道를 버리지 아니한다. 그런데 사람 사는 세상에는 道를 저버리는 경우가 많다. 마땅히 지켜야 할 도리로서의 道를 초개같이 버리니 인간 세상에 道가 과연 있기는 하는 건지 의심스럽다. 상상하기도 끔찍한 악마 같은 사람이 세상 곳곳에서 솔잎을 갉아 먹는 송충이처럼 道를 망가뜨리고 있다.

나) 욕망은 서로를 노리고 해친다

장자莊子, BC 369-289가 밤나무 숲을 걷고 있었다. 그때 큰 새 한 마리가 장자의 머리 위로 날았다. 새는 커다란 밤나무 가지에 앉아 나무 한곳을 노려보았다. 장자는 새의 시선을 따라 눈길을 옮겼다. 거기에는 사마귀 한 마리가 매미를 노려보고 있었다. 이때 어떤 사내가 살금살금 다가가더니 활시위를 당겨 그 새를 겨누었다. 그 모습을 보며 발길을 돌리는데 밤나무 숲 주인이 나타나 장자를 향해 소리쳤다.

"야, 이 밤 도둑놈아!"

혼비백산 집으로 돌아온 장자는 몇 날 며칠을 생각에 잠겼다. 그리고 세상에는 온갖 군상들이 제 욕망을 채우기 위해 서로 노리고 있다는 것을 깨달았다.

인간사에는 서로의 허점을 노리거나 함정을 파놓고 상대방의 것을 빼앗는 일이 많다. 탐욕의 종류노 여러 가지다. 재산을 빼앗기노 하고, 출세나 경쟁에서 이기기 위해 남을 해치기도 한다. 모두 제 이익을 위하여 상대를 노리지만 타인도 자신을 노리고 있다는 사실은 잘 모른다. 짐승이나 사람이나 이익에 마음을 빼앗기면 자신이 먹이가 된다는 사실을 잊는다. 현세에서도 인과응보가 끊임없이 시행되고 있다.

다) 道는 소리 없이 세상을 화합시킨다

　성분과 성질과 작용이 정반대인 음양이 화합하듯, 세상은 상대적인 것과 어울려서 평화를 유지한다. 음양은 물과 불의 관계다. 도무지 화합할 수 없는 사이지만 道는 그 둘을 화합시켜서 천지 만물을 탄생시키고 길러주는 덕을 베푼다. 극단적으로 다른 두 성질이 화합하면 위대한 탄생과 평화가 있는 것이다. 셰익스피어의 <로미오와 줄리엣>에서 원수지간인 두 가문이 화합했더라면 아름다운 사랑의 꽃을 피우고 열매를 맺었을 것이다. 하지만 현실은 그렇지 않다. 세상은 야박하고 사악한 무리가 설치고 있다. 그러함에도 묵묵히 道의 길을 걷는 사람들도 있다. 병들고 가난한 사람들을 위해 헌신하는 이들도 있다. 이웃에게 도움을 주려는 사람들도 많다. 그들에 의해서 세상의 평화가 유지되고 있다. 고요히 넘실대는 호수처럼 음양을 화합시키는 道는 온 세상에 쉼 없이 흐르고 있다.

라) 자연에는 음양의 이치대로 道가 흐른다

　한없이 평화로워 보이는 자연에도 부도덕한 무리가 적지 않다. 동물들은 철저하게 먹이사슬 관계로 존재한다. 육식동물은 초식동물을 잡아먹는다. 살아 숨 쉬는 동물을 무자비하게 죽여서 제 배를 채우니 자연으로 돌아가란 선생의 외침이 어이가 없다는 생각도 든다. 그러나 그들은 먹이사슬 관계로 존재하기 때문에 어느 하나의 생명이 자연을 지배하게 내버려 두지 않는다. 시궁창의 썩은 물, 인간을 죽이기도 하는 독초, 목숨을 빼앗는 벌레, 균 등 수없이 많은 부정적인 존재가 있다. 그런데 저마다의 역할이 자연을 유지하는 요소이기도 하다. 그래서 선생이 무위자연無爲自然이라 한 것일까? 무위란 위하지 않는데도 저절로 위하여 지는 것을 뜻한다.

예를 들면, 식물이 인간을 위해서 존재하는 것은 아니다. 스스로의 생명 활동을 위해 탄소동화작용 과정에서 산소를 뿜어내어 인간을 이롭게 한다. 꽃을 피워 아름다움을 줄 뿐만 아니라 인간의 먹거리가 되기도 한다. 그러나 짐승은 인간의 배를 채워주는 무위한 식물과는 다르다. 인간의 탐욕에 짐승은 목숨을 잃기도 한다. 인간은 짐승을 먹기도 한다. 그러함에도 우리는 인간을 부도덕하다고 욕하지 않는다. 먹이사슬 계에서 최상의 자리에 군림하고 있는 존재가 인간이기에 당연히 그리할 수밖에 없을 것이다. 하지만 짐승이 사람을 죽여 배를 채우면 이야기가 다르다. 이를 무위한 자연의 질서라고 할 수 있을까? 그렇다면 짐승의 목숨을 예사로이 빼앗아 배를 채우는 인간의 행위를 무위한 道의 작용이라 할 수 있을까?

인간은 짐승과 달리 도리를 알고 선악을 알고 예의범절이라든지 염치, 체면 따위 규범을 지키려고 노력한다. 그런 점에서 짐승과 다르다. 그러나 남의 생명을 빼앗는 것은 무위의 道가 아님은 분명하다. 아리스

토텔레스는 '먹이사슬 계의 자연'에 대하여 자연철학자 탈레스의 말을 인용하여 비통한 심정으로 읊었다.

"신이여, 나를 동물로 태어나게 하지 아니하시고
인간으로 태어나게 해주시고,
인간 중에서도 귀족으로 태어나게 해주셔서 감사합니다."

그러나 선생의 무위자연은 현실 세계의 자연이 아니라 형이상의 자연을 뜻한다. 이는 제25장에서 다시 논하기로 하자.

마) 무위자연은 자기 자리에서 최선을 다하는 것이다

道는 무엇을 위해서 만물을 탄생시키지 않는다. 자연 역시 무엇을 위해 인간에게 덕을 주는 것이 아니다. 제 자리에서 자신에게 주어진 삶에 최선을 다하다 보니 저절로 덕이 발현되는 것이다. 그러므로 '자연으로 돌아가라'는 뜻을 무정부주의로 해석하거나 '세상이 허무하다'는 식의 니힐리즘nihilism에 빠져서는 안 된다. 그런 생각은 살아갈 의지마저 상실시키는 독약과 같다. 오히려 '적극적으로 살라'는 뜻으로 해석함이 옳다. 초목은 제 자리에서 최선을 다해 제 삶을 산다. 그로 인해 인간을 비롯한 자연계 모두가 혜택을 입는다. 사람 역시 자기 자리에서 최선을 다하면 모두에게 덕이 베풀어진다. 공직자는 공직자답게, 군인은 군인답게, 옷을 만드는 사람은 옷을 만드는 사람답게, 자신에게 맡겨진 몫에 최선을 다하면 저절로 자신과 가족은 물론 세상을 위하는 것이다. 이것이 인간이 할 바 진정한 무위라 할 것이다.

바) 이 세상을 창조한 건축가와 어머니

道는 누구로부터 태어나지도 않았고 무엇으로부터 만들어지지도 않았다. 스스로 존재했다. 그렇게 스스로 탄생하고 만들어졌으므로 이름이 있을 수 없다. 그러나 그런 것이 있다는 사실을 말하기 위하여 굳이 道라는 명칭을 붙인 것이다. 그러한 道를 종교적으로는 유일신唯一神으로 비유할 수 있다. 헤브라이즘에서 유래된 유일신은 여호와Jehovah라는 이름이 있다. 이름이 있다는 점에서 道와는 차이가 있다. 유일한 것은 이름이 있을 수 없으므로 道와 차이가 있을 수밖에 없다. 그래서 선생은 道가 신보다 먼저라고 하였을 것이다. 그런데 한민족은 신과 道를 하나의 틀 안에 있는 것으로 보았다. 한민족의 경서經書 삼일신고三一神誥의 신훈神訓:신에 대한 가르침에서 말하기를, 신은 위位 없이 높은 곳에 유일하게 있다는 뜻으로 신재무상일위神在無上一位라 하였다. 그리고 유일하므로 감히 이름 지어 부를 수 없다며 불감명량不敢名量이라 하였다. 위가 없다는 것은 무한한 공간 道를 말함이고, 일위一位는 유일唯一하다는 뜻이다. 그러기에 무한을 굳이 道라 하였듯 한민족 사상은 상대적인 존재가 없는 하느님 또는 하나님이라 함으로써 신을 道와 동일시하였다. 오늘날 개신교의 예배 대상인 여호와를 하나님이라 하는 것도 한민족 정신이 배인 유일신의 존칭이다.

천지는 유일무이한 道로부터 시작되었다. 그 유일무이한 존재인 道가 이 세상을 창조한 건축가다. 건축가라고 해서 인위로 건물을 짓는 건축가에 비교되는 것은 아니다. 헤아릴 수 없는 하늘의 별들, 그리고 티끌 하나까지 빠지지 않고 만들어진 무수한 자연을 어찌 건축가에 비견할 수 있으랴. 하늘과 땅의 모든 것은 위대함을 넘어 신령하다고 밖에 표현할 수 없는 거룩한 조화물이다. 그리고 선생은 제42장에서 '道가 하나를 낳고 하나가 둘을 낳고 둘이 셋을 낳고 셋이 만물을 낳았다'고 천지 창조물의 창조 순서를 숫자로 표시하였다. 그리고 그 숫자에 처음으로 붙여진 첫 물질을 하늘과 땅의 어머니라 하였다. 여기서 유의 깊게 보아야 할 것은 道와 '하나'라는 숫자다. 앞에서도 말하였거니와 道는 무이고, 무인 영^{Zero}은 하나와 맞물려있다. 즉 하나는 무에서 시작되고, 무에서 시작된 하나의 끝 역시 무이다. 그러므로 유와 무는 경계가 없는 한 곳이다. 따라서 경계가 없는 그곳, 즉 道에서 시작된 첫 물질 이름을 하늘과 땅의 어머니란 뜻에서 유명천지지모^{有名天地之母}라 하였다.

사) 道는 자연에 면면히 흐른다

　　쉼 없이 천지 만물이 탄생하는 道의 오묘함은 자연을 관찰하면 알 수 있다. 머물러 있지 아니하고 쉼 없이 만물을 태어나게 하는 道, 그리고 道로부터 태어난 자연 즉 상유$^{常有:항상\ 존재하는\ 것}$는 동일하다. 道와 자연은 이름이 다를 뿐 동일하므로 이 둘을 일컬어 현^{玄}이라 하였다. 현은 인식으로 헤아릴 수 없는 불가사의를 의미한다. 불가사의한 그것이 묘한 이치의 문^門이다. 묘한 이치란 만물을 쉼 없이 태어나게 하는 道와 자연의 도리이고, 문이란 만물이 태어나오는 구멍이다. 나중에 '미묘한 암컷의 문'이라는 문구가 나오는데 만물을 탄생시키는 道의 문으로서 우주적 자궁을 의미한다. 그리고 우주적 자궁은 자식을 면면히 생산하는 자연의 암컷 자궁과 동일한 작용을 한다. 즉 태^胎에서 난 사람과 짐승, 알^卵에서 난 새, 뱀, 물고기 같은 것들, 변태^{變態}해서 난 나비, 벌, 곤충과 습기에서 난 지렁이, 바퀴벌레 같은 것들 그리고 생명이 있어도 생각이 없는 초목 같은 것들 역시 道의 내림을 받아서 자식을 낳고 기르므로 道는 면면히 흐르고 있다. 그러므로 선생은 다음과 같이 썼다.

고상무　욕이관기묘
故常無 欲以觀其妙 / 실로 무엇을 하고자 하는 욕심이 없이 항상 텅 빈 마음으로 그 신묘한 道로서 관찰하되

상유　욕이관기욕
常有 欲以觀其徼 / 항상 존재하는 자연(其)의 미세한 것을 살펴보면

차양자　동출이이명
此兩者 同出而異名 / 道와 자연은 이름이 다를 뿐 동일하다

동위지현　현지우현　중묘지문
同謂之玄 玄之又玄 衆妙之門
　　　　　　　/ 동일한 것을 일컬어 기이하다 하고, 자연의 그 모든 무리는 신묘한 문에서 기이하게 생겨난다

'무명천지지시 유명만물지모'에서 이어진 이 구절은 道에서 태어난 실체적 존재인 자연 역시 道와 같은 방식으로 작용하므로 道와 자연은 동일하다고 한 것이다. 그러한 사실을 욕심 없는 마음으로 관찰하면 알 수 있다고 하였다. 선생은 이 구절에서 수행한 도인道人으로서의 면모를 처음으로 나타내었다. 텅 빈 마음이란 명상으로 얻을 수 있는 초월적 마음의 상태로서 바로 신묘한 道의 경지다. 선생은 명상의 깊음 속에 듦으로써 혜안이 열려 자연의 미세한 것까지 관찰할 수 있었다. 그러기에 '道와 자연은 이름만 다를 뿐 동일하다'고 썼을 것이다.

上篇 / 道

제 2 장

상대적관계
相對的關係
일체 존재물은 상대적이다

아름다움은
추함이 바탕이다

가) 더러운 똥과 더럽지 않은 똥

나는 몇 해 전 <도리천切利天 가는 길>이란 소설(전 3권)을 출간했다. 제1권 내용 중에 이런 이야기가 있다. 아내를 저세상으로 보내고 세 살 아들을 키우고 있는 남자가 한 여인을 재취로 맞아들였다. 여인은 여섯 살 된 딸을 데리고 왔다. 여인은 전처가 낳은 아이를 애지중지하였다. 오히려 그녀가 데리고 온 딸이 전처 자식이고 전 처가 낳은 아들이 데리고 온 자식이라 할 만큼 전처 자식을 사랑하였다. 어느 날, 전처 자식과 데리고 온 자식이 음식을 잘못 먹고 설사를 심하게 하였다. 놀란 여인은 한 도인이 의술이 용하다는 소문을 듣고 급하게 도움을 요청했다. 도인이 진맥해보니 식중독이었다. 도인은 문득 침울한 표정으로 두 아이의 똥 맛을 보아야 치료 방법을 알 수 있다고 하였다. 그리고 자신이 똥 맛을 볼 수 없으니 두 아이의 똥 맛을 보고 그 냄새와 맛을 말해 달라고 여인에게 말했다.

여인은 조금도 망설이지 않았다. 그녀는 먼저 자신이 낳아 데리고 온 여섯 살 난 자식의 똥부터 검지 끝에 슬쩍 한 번 찍어 혓바닥에 넣어 쩝쩝 입맛까지 다시고는 맛이 시큼하고 신 내가 난다고 예사롭게 말했다. 그리고 이번에는 그녀가 애지중지한다는 전처 자식의 똥을 한 번 힐끔

쳐다보고는 갑자기 오만상을 찌푸린 채 전처 아이 똥 맛도 꼭 보아야 하느냐며 도인을 쳐다보았다. 도인이 머리를 끄덕이며 말했다. 남자와 여자는 체질이 다르니 어쩔 수 없다고 하였다. 그리고 세 살 난 어린아이 똥은 냄새가 덜하니 어서 맛을 보라고 재촉했다. 마지못한 여인은 찌푸린 얼굴로 전처 자식의 똥을 검지로 살짝 찍어 입으로 가져갔다. 하지만 여인은 똥을 입속에 다 넣기도 전에 그만 구역질을 하며 밖으로 뛰쳐나가 토악질을 해댔다. 그 모양을 본 도인은 빙그레 웃음을 머금고는 두 아이에게 같은 약을 처방해 주었다. 그리고 집으로 돌아오면서 시를 지어 읊었다.

똥은 같은 똥인데
맛이 다른 똥이 있구나
제 자식 똥 맛은 음미하더니
낳지 않아도 지극히 사랑한다는
남의 자식 똥은 구역질부터 하네

마음 나오는 구멍은 하나인데
뱀 혓바닥같이 갈라져 나옴이여!
아, 혼백을 하나로 묶어
더러움도 깨끗함도 없는
도의 향기 음미함이 어떠한가?

나) 눈의 착각

우리는 평소에 상반된 인간의 두 마음을 본다. 그 마음은 자신의 이익에 따라서 갈라져 나온다는 사실에서 인간의 이중적 속성을 알 수 있다. 사람의 마음이란 게 그렇다. 꽃 한 송이를 두고도 아름답고 아름답지 않다는 두 가지 마음을 내기도 한다. 가령 국화꽃 한 송이와 별로 보잘것없는 억새 풀꽃 하나가 나란히 있다고 하자. 무심히 볼 때는 국화꽃이 억새 풀꽃에 비교가 되지 않을 정도로 아름다움이 확연하다. 그런데 심한 고독에 사로잡혀 있거나 누구를 미워하고 증오하며 분노에 차 있을 때는 국화꽃이 아니라 장미꽃마저도 아름답게 보이지 않는다. 반면에 마음이 즐겁고 행복할 때는 억새 풀꽃이 아름답게 여겨진다.

세상을 보는 눈도 그렇다. 기쁠 때는 세상이 아름답지만 괴롭거나 기분이 상할 때는 온 세상이 번거롭고 추하게 느껴진다. 이처럼 마음의 상태에 따라서 아름답게 보이기도 하고 추하게 보이기도 한다. 사람을 생각하는 마음 역시 그러하다. 나에게 덕을 주면 타인도 가족처럼 가깝고 사랑스러우며 미운 구석이 없다. 그러나 나에게 덕을 주지 않거나 해를 주면 가족이라도 타인보다 멀어지고 미워진다.

앞에서 시로 읊었듯 나의 존재는 하나인데 나타날 때는 두 갈래로 갈라져 나온다. 사랑하면 못생긴 얼굴도 예쁘게 보이고 미워하고 증오하면 잘생긴 얼굴도 못나 보인다. 이러한 인간의 이중성을 비난할 것이 아니라 '사람의 마음은 상대적相對的이다'라는 사실을 인지하여야 한다.

아득한 그 옛날 道가 도무지 화합할 수 없는 음과 양이라는 상대적인 두 성질을 합하게 함으로써 만물이 탄생 되었다. 따라서 음양으로 내림을 받은 인간의 마음은 물론 자연 역시 상대적으로 존재할 수밖에 없다. 상대적인 것이 없으면 그 무엇도 존재할 수가 없다. 어둠과 밝음, 물과 불, 암컷과 수컷, 길고 짧음, 높고 낮음, 크고 작음, 많고 적음 등등 상대적으로 존재하지 않는 것이 없다. 그리 보면 인간의 몸도 마음도 물질이므로 마음과 상반된 행동을 한다. 그러함에도 인간의 본심이 곧 道이기에 본래 선악이 한 묶음이었다. 그러나 본심이 세속성으로 움직여 행동으로 나타날 때는 이기적으로 변하여 마음이 둘로 갈라져서 나온다. 마치 물과 수증기의 관계와 같다고나 할까? 물과 수증기는 본래 하나다. 그러나 물과 수증기는 갈라져 나타난다. 그렇다고 수증기가 물이 아니고 물이 수증기가 아닌 것도 아니다.

그러니까 수증기는 물이 아니면서도 물이고, 물은 수증기가 아니면서도 수증기다. 어쨌거나 수증기는 물에서 나오고 물은 수증기에서 나온다. 사람의 마음 역시 마찬가지다. 아름다움은 추함에서 나타나고, 추함은 아름다움에서 나타난다. 선악도 그렇다. 선은 악을 딛고 일어나고 악은 선을 딛고 일어난다. 그러므로 좋고 나쁨 등등 온갖 마음의 변화는 그때그때 일어나는 이기적 감정의 발로일 뿐 진실한 모습은 아니다.

　진실한 모습은 물이 수증기와 분리되지 않은 고요한 상태처럼 선악을 분별하지 않는 데에 있다. 그 모습이 바로 무위한 道이다. 따라서 '道를 닦는다, 깨달음을 얻는다'는 것은 사물을 분별심으로 보지 않고 무위로 보는 것이다. 무위로 사물을 보지 아니하는 것은 道를 잃은 것이다. 道가 아닌 인간의 이중성을 선생은 이같이 지적하였다.

<small>천하개지미지위미　사악이</small>
天下皆知美之爲美 斯惡已
　　　　／ 천하의 모든 아름답다고 알고 있는 아름다움은 추하고

<small>개지선지위선　사불선이</small>
皆知善之爲善 斯不善已
　　　　／ 천하의 모든 선하다고 알고 있는 선은 선하지 않다

<small>고유무상생</small>
故有無相生 ／ 그러므로 있고 없음은 상대적으로 생겨나고

<small>난이상성</small>
難易相成 ／ 어렵고 쉬운 것은 상대적으로 이루어지며

<small>장단상교</small>
長短相較 ／ 길고 짧은 것은 상대적으로 견주어지며

<small>고하상경</small>
高下相傾 ／ 높고 낮음은 상대적으로 불평등하게 존재하며

<small>음성상화</small>
音聲相和 ／ 진동音波과 소리는 상대적으로 응하여 인식할 수 있고

전후상수
前後相隨 / 앞과 뒤는 상대적이지만 서로 이어져 있다

    천하 만물은 道가 낳은 음양 화합의 산물産物이다. 따라서 인과因果의 법칙에 따라 상대적인 것끼리 합해서 존재한다. 만약 서로가 정반대여서 절대로 합할 수 없는데 합하면 어떻게 될까? 아니 합할 수 없는데 어떻게 합해진다고 할 수 있을까? 세상에서 가장 화합할 수 없는 관계를 말할 때 물과 불의 관계라 한다. 하지만 우리는 물과 불이 사실은 합해져 있다는 사실을 상상조차 하지 않는다. 불은 물로 꺼뜨리고 추위는 더위로 따뜻이 하고 더위는 추위로 열을 식힌다.

    따라서 사람들은 그런 현상적인 것만 생각하여 불火氣을 활활 타오르는 불꽃을 떠올린다. 그리고 물水氣은 마시고 씻는 그런 것으로만 머릿속에 떠올려 물과 불이 서로 화합하는 성질과 성분과 작용이 있다는 사실을 생각하지 않는다. 넓고 크게 보아 불의 성질은 더위이자 밝음이고 성분은 화기火氣이며 작용은 태우고 어둠을 밝힘이며 추위를 녹여줌이다. 물의 성질은 추위이자 어둠이고 성분은 수기水氣이고 작용은 얼어붙게 하고 밝음을 어둡게 함이며 더위를 식혀 줌이다.

    이같이 극명한 두 성질 성분 작용을 염두에 두고 추위 온도와 더위 온도를 생각해보자. 가령 물이 얼음이 되는 분기점인 영도零度, 0도에서, 1도

가 낮은 영하^{零下} 1도일 때 물은 영상 1도만큼의 열기^{熱氣} 즉 불이 있다는 뜻이다. 그리고 영상 1도이면 이 영상 1도만큼 한기^{寒氣} 즉 찬물이 있다는 뜻이다. 그러기 때문에 찬물, 뜨거운 물, 미지근한 물, 따뜻한 물이라는 차별적 온도가 정해진다. 만약 물속의 불 즉 열이 사라질 때까지 계속해서 온도를 낮추거나 불 속의 물 즉 한기가 없어질 때까지 계속해서 열을 올리면 어떻게 될까? 물과 불은 사라지고 존재하지 않게 된다. 그러므로 물속에 불이 있고 불 속에 물이 있는 것이다. 이 두 성질이 절대로 합할 수 없다는 생각은 피상적인 판단일 뿐이다.

따라서 합할 수 없는 음양이 합하여 위대한 창조가 이루어졌으므로, 인과의 법칙대로 창조된 만물 역시 상대적인 것끼리 합하여 존재한다. 그리고 상대적인 것끼리는 단절되지 아니하고 이어진다. 단적인 예로 바다의 끝은 땅의 시작이고 땅끝은 바다의 시작이므로 상대적인 땅과 바다가 이어진 것이며, 길건 짧건 끈도 마찬가지다. 1m 끈이 있다고 하자. 1m 끈을 자로 잴 때 자를 갖다 대는 끈의 끝은 시작이자 유^{有}이고, 자를 갖다 대지 않은 부분은 아무것도 없으므로 끝이자 무^{無}이다. 따라서 시작과 끝 유와 무는 하나로 이어져 있는 것이다. 높고 낮은 것도 단절 없이 하나로 이어진다.

세상에서 제일 높다는 히말라야를 보자. 산꼭대기에 오르기 위해서는 가장 낮은 곳에서 첫발을 내디뎌야 한다. 그리고 한 발 한 발 걸어 올라야 산꼭대기에 도착한다. 산꼭대기와 낮은 곳은 상대적 관계이다. 그런데 가장 높은 히말라야 산꼭대기와 가장 낮은 산 아래는 한 길로 이어져 있다. 비록 높고 낮음이 차별되지만 높고 낮음은 단절되어 있지 아니하고 하나로 이어져 있다. 다만 우리의 눈이 높고 낮음을 분별하고 길고 짧음을 분별할 뿐 사실은 하나인 것이다. 앞과 뒤도 그와 같다. 손바닥과 손등 이마와 뒷머리가 상대적이지만 하나로 이어져 있다. 소리의 파장 역시 하나로 이어진다. 소리의 높고 낮음은 상대적이지만 가장 낮은 미세한 음과 가장 높은 음은 높낮이만 다를 뿐 같다. 높낮이가 다르므로 음색이 다르고 음색이 다르므로 듣고 말뜻을 알아차리고 고요하고 시끄러움을 안다.

이런 이치로 삶을 생각해보자 사업하는 사람이 죽도록 일할 때는 고생이고, 사업이 성공하면 고생이 끝나 편안하니 고생과 편안함이 상대적이지만 하나로 이어져 있는 것이다. 그리고 행복의 끝은 불행이고 불행의 끝은 행복이니 역시 행불행도 상대적이지만 하나로 이어져 있다. 같은 논리로 어려움이 끝나면 쉬움이 시작되고, 쉬움이 끝나면 어려움이 시작되니, 어려움과 쉬움이 상대적이지만 하나로 이어져 있는 것이다. 그리 생각하면 가난하다고 괴로워하지 말고 부유하다고 자만하지 말아야 한다는 교훈이 얻어진다. 빈천과 부귀가 비록 상대적이지만 빈천의 끝은 부귀이고, 부귀의 끝은 빈천이니 부귀 빈천은 하나로 이어져 있어서 언제든 바뀔 수 있다.

어디 그뿐이랴! 신분이 높고, 낮고, 귀하고, 천하고, 권력이 있고 없고, 사랑하고 미워하고 분노하고 화평하고 괴로워하고 슬퍼하고 즐거워하고 등등 인간사가 다 상대적이어서 분별 짓고 차별하지만 알고 보면 하나로 이어져 있음을 알 수 있다. 따라서 상대적인 것에 연연하지 말고 중용中庸을 지키는 것이 곧 道를 행하는 본 모습이다.

다) 道는 상대적인 것을 차별하지 않는다

상대적인 음양이 화합하듯 道는 만물을 차별하지 아니하고 평등하게 무위로 한다. 꽃이 아름답다고 특별히 귀하게 여기지 않으며 시궁창이 더럽다고 특별히 시궁창을 천하게 여기지 않는다. 사람의 참 본성 역시 진여眞如:평등하여 차별이 없는 절대 진리이다. 진여는 道에 이른 상태로서 번뇌 없이 마음이 하나로 묶어진 상태인 일심一心을 일컬음이다. 그런데 보통의 사람들은 진여일심眞如一心을 오래오래 지속하지 못하고 망상妄想:망령된 차별 심을 일으킨다.

불경佛經의 논서 대승기신론大乘起信論에서 원효대사元曉大師:AD617는 이렇게 말했다. 심체心體:마음의 본체 선악을 분별할 수 없는 진여에는 두 개의 문門이 있다. 하나는 닫아야 할 문이고 하나는 열어야 할 문이다. 닫아야 할 문만 닫으면 진여가 면면히 나타난다고 하였다. 열어야 할 문은 진여가 면면히 나오는 마음의 문이다. 그리고 닫아야 할 문은 진여 일심이 번뇌에

요동하여 상대적인 차별 심을 쏟아내는 문이다. 절집에 들어서기 전 입구에 산문山門이 있다. 거기에 불이문不二門 또는 일주문一柱門이라 쓰인 현판이 있다. 번뇌를 없애고 진여 일심에 들라는 뜻이다. 불교의 시작과 끝은 오직 진여 일심에 이르는 데에 있다. 일심에 이르면 저절로 황금빛을 발하는데 사람의 마음은 어찌하여 끊임없이 차별 심을 일으키는가? 그 까닭을 선생은 제12장에서 보고 듣고 냄새 맡고 맛보는 데서 비롯된다고 하였다.

차별 심을 일으키는 까닭을 오색五色:검은색, 빨간색, 녹색, 흰색, 노란색은 눈을 멀게 하고 오음五音:궁,상,각,치,우宮商角緻羽가 귀머거리가 되게 하고 오미五味:짠맛, 쓴맛, 신맛, 매운맛, 단맛가 입을 썩게 함으로써 비롯되는 것이라 하였다. 하지만 상대적인 것끼리 합해서 존재하는 만물처럼 두 마음 역시 각각 독립된 것이 아니라 하나로 연결되어 있다. 밤낮이 극명하게 차별이 되지만 밤의 끝이 낮의 시작이고 낮의 끝이 밤의 시작인 것과 같다. 행복한 마음의 끝이 불행의 시작이고, 불행한 마음의 끝이 행복의 시삭이듯, 선과 악 사랑과 증오 기쁨과 슬픔 등등 온갖 인간사가 극명하게 차별이 되지만 사실은 하나로 연결되어 있다.

진여일심眞如一心의 道에 이르면 두 마음을 내지 않는다. 道는 아름답고 추하고 사랑하고 증오하고 더럽고 깨끗하고 귀하고 천하고 행복하고 불행하고 등등을 차별하지 않는다. 오로지 무위로 처신하므로 道의 본색인 덕만을 베푼다. 그런 인물을 일컬어 참 도인이자 깨달은 자로서 부처이며 신인神人이 하나가 된 최상의 존재라 한다. 그러기에 선생은 다음과 같이 구절을 이었다.

> 시이처성인무위지사
> **是以處聖人無爲之事** / 이에 성인은 차별하지 아니하고 무위로 일을 처리하고
>
> 행불언지교
> **行不言之敎** / 말없이 행동하고 가르친다

실존하는 자연은 무엇을 위해 존재하지 않는다. 초연히 자기 삶에 충실할 뿐이다. 그리하여 저절로 많은 생명에게 먹을 것을 주고 자연을 윤택하고 아름답게 해준다. 대가를 바라지 않고 제 몸을 주고, 귀하고 천하고 더럽고 깨끗함을 차별하지 않는다. 그처럼 道를 깨우친 성인은 천하의 모든 일을 무위로 한다. 그러기에 성인은 다툼이 없다. 하지만 보통 사람은 그렇지 않다. 부모가 자식을 도와줄 때 무위로 도와주지 않고 유위로 도와주므로 나중에 자식이 부모에게 소홀하면 자식을 원망하고 분노한다. 그러니 타인이야 말할 것도 없다. 내가 어떻게 해주었는데 나에게 이럴 수가! 하고 원한을 갖는 일은 예나 지금이나 비일비재하다.

선생의 무위사상은 석가모니 붓다의 교설敎說에도 적나라하게 나타난다. 금강경 제11장 무위복승분無爲福勝分에 이런 말이 있다. 붓다가 제자

인 장로長老 수보리須菩提에게 물었다.

"수보리야, 진실로 착한 남자 착한 여자가 갠지스강의 모래알보다 많은 칠보七寶:일곱 가지 보를 과거 현재 미래 할 것 없이 하늘과 땅에 가득 보시布施 한다면 그 복덕이 크느냐 작으냐?"

수보리가 대답했다.

"그 복이 대단히 큽니다."

붓다가 또 말했다.

"수보리야 착한 남자 착한 여자가 비록 삼천대천세계三千大千世界:고대 인도의 세계관으로 온 우주를 뜻한다에 갠지스강 모래알처럼 많은 일곱 가지 보석을 보시하는 것보다 아주 적은 것이라도 무위로 타인을 위하는 복이 더 크니라"

무위로 하는 복이 얼마나 큰지 실제 이야기도 있다. 붓다가 설법을 하는 어느 날 한 가난한 노파가 붓다에게 공양供養을 하려고 노력하였으나 단 한 푼도 구할 수가 없었다. 안타까워하던 노파는 문득 길거리에 떨어져 있는 동전 한 잎을 발견하였다. 그녀는 크게 기뻐하며 붓다 앞에 촛불 하나를 밝혔다. 그러나 왕과 귀족 그리고 부자들은 금은보화를 공양하고 일반 백성들도 여러 가지 재물을 공양했을 뿐만 아니라 좋은 촛불도 여러 개 밝혔다. 그런데 이때 갑자기 큰바람이 불어 그만 모든 촛불이 모두 꺼졌다. 그러나 노파가 밝힌 촛불은 꺼지지 않았다. 붓다가 말했다.

"가난한 저 노파의 복덕이 가장 크다!"

라) 성인은 공供이 있어도 공에 연연하지 않는다

세상 살면서 제 자랑 안 하고 사는 사람이 몇이나 될까? 자랑할 것이 없으면 자랑거리를 억지로 만들어서라도 자신을 내세우려 한다. 전문 직업인은 자신을 내세움으로써 이익을 취하려 하고, 전문 직업인이 아닌 보통의 사람은 타인의 시선을 끌기 위해 어떡하든 자신의 존재를 드러내려 한다. 하지만 자신의 존재를 드러낸다고 해서 자신이 그만한 교양과 인격이 두터워지고 존경받는 존재로서 타인의 칭송을 받을 수 있을까? 설사 타인의 칭송을 받는다고 걸림 없는 삶을 살 수 있을까? 자신의 존재를 드러내고자 하는 사람치고 우쭐대지 아니하고 타인을 무시하지 아니하고 올곧은 인격을 갖춘 이는 드물다.

그러기에 선생은 무위의 道를 본받으라 하였다. 道는 만물을 끝없이 낳고 길러주면서도 싫어하거나 사양하지도 아니하며 소유할 기미조차 내지 않는다. 만물을 존재케 한 공덕을 자만하거나 이용하여 이익을 취하려 하지도 아니한다. 그처럼 선생은 무위로 천하를 위하는 성인이 할 바를 이렇게 썼다.

_{만물작언이불사   생이불유   위이불시}
萬物作言而弗辭 生而弗有 爲而弗侍
　　　　　／ 道는 만물을 마다하지 아니하고 지어내고 만물을 태어나게
　　　　　　하였다고 받들어 모시게도 하지 않으며

_{공성이불거   부유불거   시이불거}
功成而弗居 夫唯弗居 是以不去
　　　　　／ 만물을 지어낸 공덕을 이루고도 공을 차지하지 아니하고
　　　　　　공을 차지하지 않는 그 때문에 공덕이 없어지지 않는다

　　불교에 비슷한 내용이 있다. 양梁나라 무제武帝 464-549는 불교를 숭상하여 많은 보시와 공양에 전력을 다하였다. 그가 어느 날 보리 달마에게 질문을 하였다.

　　　"나는 천하를 통일하고 황제가 된 이래로 수많은 절을 짓고 불상을 조성하였으며 경전도 판각하여 천하에 알렸음은 물론 공양도 많이 하였습니다. 나의 공덕은 한량없이 크지 않습니까?"

달마가 잘라 말했다.

　　　"공덕이 없습니다!"

의아한 무제가 반문했다.

　　　"부처님께 그토록 많은 공덕을 쌓았는데 공덕이 없다니요?"

달마는 아무렇지도 않게 대답했다.

　　　"그렇게 쌓은 공덕은 삶과 죽음이 윤회하는 가운데 아주 작은 것에 지나지 않습니다. 게다가 그런 공덕은 마치 물체를 따르는 그림자

와 같아서 있는 것 같지만 사실은 없는 것입니다. 진실한 공덕은 텅 빈 것입니다. 많은 공덕을 쌓았다고 자랑하는 그와 같은 공덕은 세속적 명예욕이기 때문에 참 공덕이라 할 수 없습니다."

보리 달마는 진정한 공덕은 자연의 초목처럼 공덕을 쌓았어도 공덕을 쌓았다고 생각하지 않는 데에 있음을 밝혔다. 같은 뜻으로, 예수 그리스도가 말했다. '네 오른손이 하는 일을 왼손이 모르게 하라.'

上篇 / 道

제 3 장

불 상 현
不尙賢
어질고 재지가 뛰어남을 숭상하지 마라

백조는
목욕하지 않아도 희다

불상현은 '어질고 재지才智와 덕행德行이 뛰어나지 않아야 한다'는 뜻이다. 어질고 덕행이 뛰어난 사람을 숭상해야 마땅한데 그러지 말라니 생뚱맞기도 하다. 재지는 재주와 슬기이고, 덕행은 어질고 너그러운 행실이란 뜻이다. 어질다는 말은 유교의 인仁이고, 인은 동방의 성인이라 불리는 공자의 사상이고, 덕행은 성인의 덕목이다. 우리나라에서는 퇴계 이황李滉 1502-1571 선생이 대표적이다. 이러한 인물의 행실을 받들어 칭송하지 말라니 어처구니가 없다. 예사롭게 들으면 착한 사람을 칭송하지 말라는 뜻이니 선행을 훼방 놓는 악마의 속삭임 같다. 그러나 사람 사는 세상 돋보기로 보듯 자세히 관찰해보면 틀린 말이 아니다. 오히려 깊이 새겨듣고 자신을 반추해 볼 필요가 있는 교훈이다. 왜 그런가? 몇 가지 이야기로 예를 들어 생각해보자.

가) 인의仁義를 비판한 장자 이야기

장자莊子의 이름은 주周이고, 중국 춘추전국시대 인물이다. 기원전 378년 송宋 나라에서 태어난 그는 대도大道를 얻은 인물로 역사에 전해온다. 장자의 스승은 도학道學을 공부한 사람으로서 별로 알려지지 않은 인물이다. 장자의 장인이기도 한 그는 대도를 얻어 무위의 삶을 살다가 노자처럼 홀연히 세속을 등지고 떠났다. 장자 역시 대도를 얻었으나 세속을 등지지는 않았다. 오히려 세속에서 적극적으로 무위를 실천함으로써 노자에 버금갈 만큼 그 이름을 역사에 길이 남겼다. 그런데 그의 젊은 시절은 매우 불행하였다. 그러나 젊은 시절의 불행이 오히려 교훈이 되어 한평생 道의 길을 걷는 시발점이 되었다. 그 이야기는 이러하다.

장자의 어린 시절은 유복한 편이었다. 아버지는 공맹孔孟:공자와 맹자을 공부하는 유학자로서 한평생 글만 읽는 선비였다. 어머니 역시 이름난 유학자 집안에서 공자의 인의仁義와 예禮를 배우고 익혀서 실천하는 현숙한 여인이었다. 그래서 온 고을에 현모양처로 대단한 칭송을 받고 있었다. 그런데 장자가 열네 살이 되던 해였다. 송나라가 이웃한 초楚 나라와 전쟁이 벌어졌는데 전쟁에 패하면서 많은 군사를 잃었다. 이에 장자의 아버지도 어쩔 수 없이 군대에 징발되어 전장에 나갈 수밖에 없었다. 그러나 한평생 글만 읽던 유약한 선비라 전쟁터에서 칼을 제대로 휘두를 줄도 몰라 그만 적병의 칼날에 죽고 말았다.

그 소식을 들은 장자의 어머니는 장자를 데리고 남편의 시신을 찾아 나섰다. 험준한 산속에서 밤낮없이 무수히 쌓인 시체 더미를 뒤적였다. 그러나 시체들이 거의 썩은 데다가 까마귀나 산짐승이 뜯어 먹어서 형체조차 알아볼 수 없었다. 그래도 어머니는 포기하지 않고 기어이 남편의 시신을 찾아냈다. 아버지의 시신을 본 장자는 그 처참함에 소름이 돋도록 무서웠다. 하지만 어머니는 아버지 시신을 끌어안고 크게 통곡하고는 무서움도 더러움도 없이 태연히 남편의 시신을 수습하여 집으로 돌아왔다. 장자는 아버지에 대한 인의를 저버리지 않고 예를 다하는 어머니가 새삼 존경스러웠다.

아버지 장례를 치르고 난 몇 개월 뒤 어느 날 밤이었다. 장자가 잠을 자다가 소변이 마려워 밖으로 나갔을 때였다. 대문을 살그머니 열고 들어온 수상한 남자를 발견했다. 처음에는 도적인 줄 알고 잔뜩 긴장해 숨을 죽이고 바라보았다. 그런데 그 남자는 어머니가 잠들어있는 방 쪽으로 살금살금 걸어가더니 방문을 가만히 두들겼다. 그러자 즉시 방안에서 불이 켜지더니 어머니가 살며시 문을 열어주었다. 남자는 좌우로 고개를 두리번거려 살피다가 얼른 방 안으로 들어갔다. 그리고 잠시 후 문밖으로 비취는 두 그림자가 엉겨 붙었다.

장자의 충격은 컸다. 현모양처라고 칭송받는 어머니의 추악한 짓거리를 눈앞에서 보는 심정은 가슴이 찢어지는 듯하였다. 아버지 시신 앞에서 그리도 슬피 울며 예를 다해 장사지내던 어머니가 아니었던가? 그때 장자는 불현듯 깨달았다. 유학의 예의범절이니 인의니 하는 것들이 모두 자기 자신을 위한 위선이요 허식이며 거짓이라는 것을 뼈저리게 느껴졌다. 인간의 마음은 처한 환경과 욕망에 따라서 조석으로 변한다는 사실도 깨달았다. 그렇게 깨달은 장자는 어머니가 어떻게 반응하는지 궁금해 가만히 방문 고리를 잡고 왈칵 문을 열었다. 두 사람의 놀라움은 이만저만이 아니었다. 하지만 어머니는 금방 얼굴색을 엄숙하게 바꾸고 장자를 크게 꾸짖었다.

"이놈아, 너는 예의도 모르느냐! 인기척이라도 하고 문을 열어야지!"
참으로 가증스러운 질타였다. 그 지경에도 예를 찾다니 개가 웃을 일이어서 장자가 대답했다.

"인의와 예를 잘 아는 어머니가 아버지 장사 지낸 지 얼마나 되었다고 외간 남자와 놀아납니까!"

"그래도 이놈이 어른한테 함부로 말대꾸하고 대들다니! 내가 그렇게 가르쳤느냐 이놈아!"

어머니는 도리어 분을 못 참는 듯 악을 쓰고 소리를 지르고는 장자의 멱살을 잡고 밖으로 끌어내 마당에다 내동댕이쳤다. 그리고 저주의 욕설을 퍼부었다.

"차라리 뒈져라! 이놈아!"
장자는 쓰러진 채 뜨거운 눈물을 쏟았다.

그 후의 일이다. 몰래 찾아오던 남자가 발길을 뚝 끊었다. 그리고 어느 날 어머니가 돌연히 집 안 우물에 몸을 던졌다. 그러자 마을에서는 어머니를 칭송하는 소리가 넘쳐났다. 어머니가 절개를 지키려고 우물에 몸을 던졌다며 후하게 장사지내고 열녀비까지 세웠다. 장자는 어머니의 죽음을 조금도 슬퍼하지 않았다. 인의의 허울을 쓴 어머니의 위선과 거짓을 알 바 없는 인간들이 예의니 의리니 절개니 하는 따위의 가식만 보고 찬양하는 꼴이 혐오스러웠다.

인의와 예를 최고의 덕목으로 여긴 인간의 허울은 옛날이나 지금이나 조금도 변하지 않았다. 예로부터 존경받고 출세하기 위해서 갖은 허울과 위선으로 포장한 소위 군자君子라는 자들은 수없이 많았다.

조선 시대 선비들은 논어論語 중용中庸 대학大學 시경詩經 주역周易 성리학性理學 등을 구구단 외우듯 통달하였다. 그리고 책자에 쓰인 내용대로 인의와 예를 실천할 것을 교육받았다. 교육을 받았다기보다. 강요받았다고 할 수도 있다. 언행이 인의에 벗어나면 벌을 받았고 욕도 먹었으니 책자에 쓰인 대로 길들여질 수밖에 없었다. 그리고 그들은 부귀공명이란 목표 달성을 위해 과거에 응시했다. 합격한 뒤에는 신분 상승을 보장받았다. 요즘의 사법 행정 외무고시도 조선 시대를 본받은 것이라 할 수 있다.

하여간 그렇게 벼슬길에 나아간 그들은 과연 배우고 익힌 공맹孔孟의 가르침대로 살았을까? 만약 그랬다면 역사에 역적이란 단어조차 없었을 것이다. 더 높은 신분 상승과 부를 쌓기 위하여 야박하고 비굴해 보일 수는 없을 테니 겉으로는 수없이 읽고 몸에 배인 공맹孔孟과 주자朱子의 언행을 실천하는 데에 주저하지 않았다. 하지만 학식은 높았으나 기어이 욕된 천성을 버리지 못한 무리가 문제였다. 탐관오리가 되어 나라를 도탄에 빠뜨린 자가 부지기수였다. 심지어는 학식이 높아 출세한 이완용李完用 1858-1926은 나라를 팔아먹기까지 하였으니 과연 공자와 맹자, 그리고 주자가 설한 사상과 철학을 숭상하라는 말이 최상의 진리일까?

여자들도 마찬가지다 출세와 질투로 죽음을 자초한 조선 숙종의 빈, 장희빈이나 조선 명종 8년간 대리청정으로 권력과 탐욕으로 한 시대를 암울하게 한 문정왕후와 같은 숱한 여인들의 행실이 말해준다. 요조숙녀로 교육받고 인의를 본 받으라는 교육 자체가 무색하게 타락한 그녀들이었다. 그때나 지금 21세기에도 부귀공명에 자아를 상실한 이들이 넘쳐난다. 그들 모두 하나같이 옛 성인의 가르침을 본받으라는 교육을 받지 않은 정치 문화 사회 지도층은 없을 것이다. 그들이 배움이 없고 짧아 그렇겠는가?

나) 백조와 까마귀

장자莊子가 이런 말을 하였다.

"백조白鳥는 목욕을 하지 않아도 희고 까마귀는 검게 칠을 하지 않아도 검다"

道는 변하지 않는다. 백조의 날개에 검은 칠을 했다고 까마귀가 되지 않고 까마귀에 흰색을 칠했다고 백조가 되는 것은 아니다. 이는 유위와 무위의 상반된 진실을 밝히기 위한 일종의 예문 같은 것이다. 유위有爲는 무위의 반대 개념이다. 위하기 위한 위함이니 규범規範이다. 무위는 위하기 위해서 하는 것이 아니라 저절로 위해지는 관습이니 道의 본 모습이라 할 것이다.

공자의 예禮를 보자. 공자 당시는 황하 이남의 10여 개 작은 도시 국가들이 서로를 못 잡아먹어서 갖은 모략과 음모가 난무하던 시절이었다. 왕의 자리를 차지하기 위해 수단과 방법을 가리지 않았다. 아비가 자식을, 자식이 아비를, 형이 동생을, 동생이 형을 죽이는 일쯤은 다반사였다. 상상만 해도 얼마나 무질서한지 알만하다. 그런 시대에 노魯라는 작은 나라에서 태어난 공자는 그토록 어지럽고 혼란한 천하에 질서가 필요하다고 생각하여 정립한 사상이 바로 인의와 예이다. 따라서 공자는 특히 인간관계는 물론 나라의 통치이념을 인의와 예에다 두고 혼란한 정국을 바로잡고자 한평생을 노력하였다.

그러나 욕망으로 가득 찬 인간의 천성을 고려하지 않은 예는 이룰 수 없는 이상에 지나지 않았다. 권력자들이나 평민이나 할 것 없이 인의와 예를 요구하는 국법 앞에서 어쩔 수 없이 규범에 충실한 체 했다. 위장술일 뿐이다. 사람들은 계략과 모략을 끊임없이 꾸며서 제 욕심을 채우려 하니 공자의 인의와 예는 이룰 수 없었다. 예는 속이 시커먼 자가 입은 하얀 비단옷에 지나지 않았다.

이성계가 조선을 세우는데 일등 공신이었던 정도전이 공자의 유학과 주자의 성리학을 통치 수단으로 삼은 것도 계략이라 할 수 있다. 고려를 멸망시킨 흉흉한 민심을 예라는 규범으로 질서를 바로잡으려 했다. 이는 선택받은 권력자들의 부귀공명을 위한 명분이었다. 그러기에 예는 엄청난 부작용을 낳았다. 극명하게 갈라놓은 양반과 천민이라는 신분제도로 인권유린이 만연하였다. 이러한 가운데 공자와 맹자의 말을 써놓은 책자 내용을 잘 외우면 학식이 높다 하여 출세하였다.

그러나 공맹 사상과 철학을 숭상하여 학식이 높았던 그들이 과연 나라의 동량東梁이었을까? 알다시피 그들은 입으로는 공맹의 예와 신의를 떠들면서 실제로는 당파와 사리사욕에 눈이 먼 자들이었다. 갖은 음모와 술수를 다 부려서 백성을 도탄에 빠뜨리고 나라를 팔아먹기까지 하였다. 천성을 못 고친 채 예와 인의를 떠받들어 숭상하는 것이 과연 옳을까?

규범規範은 필요하다. 마땅히 지켜야 할 도리이기는 하다. 그렇지만 우리는 규범과 관습을 잘 이해해야 한다. 규범이야말로 인간의 자유로운 심성을 틀 안에 가두어놓는 창살 없는 감옥과 같은 것이다. 규범이 인위적으로 속박하는 울타리와 같다면 관습은 천성으로부터 우러나서 습관화되어 전해지는 무위한 道의 덕이다. 인위적 규범은 반드시 깨지기 마련이다. 공자의 예처럼 인위적인 규범은 법을 지키기 위해서 정해 놓은 유위법有爲法이라 반드시 무너진다. 그러나 관습은 천성에서 저절로 우러나오는 무위법無爲法이므로 절대로 깨지지 않는다. 그러기에 관습법이 유위법보다 우위에 있는 것이다. 그래서 공자가 '동이東夷에서 살고 싶다'고 토로하였을 것이다. 동이의 일상생활이 천성에서 우러나온 무위 그 자체여서 인위적인 규범이 필요 없었기 때문에 그리 말했을 것이다.

불상현　사민불쟁
不尙賢 使民不爭 / 어질고 재지와 슬기와 덕행이 없으면 백성이 다투지 않을 것이며

불귀난득지화　사민불위도
不貴難得之貨 使民不爲盜 / 얻기 어려운 보화를 귀하지 않게 하면 백성이 도둑질하지 않을 것이며

불견가욕　사민심불란
不見可欲 使民心不亂 / 욕심낼만한 것을 보지 않으면 백성의 마음에 혼란이 없다

우리는 남인북인 노론소론南人北人 老論小論의 당파싸움을 기억하고 있다. 그들의 싸움은 백성을 도탄에 빠뜨리고 나라를 위기로 내몰았다. 국가 통치이념이자 개인의 인격 도야와 가문의 영광을 누리기 위한 최고의 가치 기준이었던 유학을 공부했던 그들이었다. 그러함에도 그들은 천민보다 못한 추악한 음모와 술수로 나라를 혼란에 빠뜨렸다. 공자나 맹자 주자의 그 좋은 말들을 술술 외우고 그 말들을 내세워 국가를 경영

하고 인격과 품위를 저울질하던 그들이었다. 그런데 어찌하여 피가 터지게 싸워 국난을 일으켰을까?

대답은 간단하다. 얻기 어려운 부귀공명을 얻기 위해서였다. 그리고 부귀공명을 얻기 위한 최고의 가치였던 유학 역시 얻기 어려운 보배와 같은 것이었다. 그런데 우리는 그러했던 옛사람들의 행적을 역사로 공부하고 비판을 서슴없이 한다. 하지만 오늘날도 옛사람들의 행실을 출세의 덕목인 양 답습하고 있으니 우리의 자화상을 어떤 눈으로 반추해 보아야 할까? 과학과 문명은 비약적으로 진화하건만 인간의 천성은 올곧은 쪽으로 진화하지 못하고 더욱 영악해지는 것 같아서 어째 처연한 생각도 든다. 예나 지금이나 천성을 조금씩이나마 올곧게 진화시켜 나왔다면 지금쯤 국태민안하여 천하가 평화롭지 않았을까?

그나마 규범은 악을 행할 때 가책을 느끼게 해주는 교훈이다. 때에 따라서는 선한 쪽으로 마음을 돌리게도 해준다는 점에서 도움이 되는 것도 사실이다. 그런 의미에서 배척할 것까지는 없다. 하지만 달리 생각하면 귀한 것을 귀하지 않게 여긴다는 건 힘들고 어려운 일이다. 어찌 보면 사람의 한평생은 구하기 어려운 귀한 것을 쟁취하기 위한 고달픈 투쟁이라 할 수 있다. 그러는 것이 한 나라의 역사요 한 가정의 가족사이며 개인의 일생이라 하여도 과언은 아닐 것이다. 그리 생각하면 고달픈 투쟁의 삶이 과학과 문명의 진화를 가져다주었다는 사실도 무시할 수는 없다.

그렇다면 선생의 사상과 철학은 이율배반적이라 할 수 있다. 과학과 문명의 진화를 위해서는 귀한 것을 귀하게 생각해야만 동기가 부여되니 하고자 하는 일에 최선을 다할 수밖에 없을 테니 말이다. 마치 조선의 선비가 과거에 급제하거나 부자학이라 하는 상술 등이 다 귀한 것을 쟁취하기 위한 투쟁이라 할까? 하지만 선생의 핵심 사상인 무위자연의 의미를 곱씹어 보면 쉽게 이해가 간다. 앞에서 나는 무위의 참뜻은 자연으로 돌아가라는 무정부적 사고가 아니라 현재 처한 자기 자리에서 최선을 다하는 것이라 해석하였다.

나무가 인간을 위해서 숲을 이루고 있는 것이 아니다. 그저 태어난 자기 자리에서 최선을 다해 생명을 유지하고 있을 뿐이다. 그러다 보니 자연히 인간을 비롯한 동물에게 먹을 것을 주고 맑은 물과 공기를 주고 수해를 입지 않게 해주는 등등의 덕을 베풀어 준다고 하였다. 그렇게 덕을 베풀어 주지만 교묘한 수단을 써서 이익을 취하려고도 하지 않는다. 오로지 무위의 덕을 면면히 뿜어낼 뿐이다. 인간도 그러하다면 대문을 잠글 필요가 없고 감옥도 필요 없고 감옥이 필요 없으니 법도 필요 없을 것이다.

나) 최선을 다하면 무위를 실천하는 것이다

공무원이면 공무원답게 군인이면 군인답게 어떤 직업에 종사하건 자기 자리에서 최선을 다하면 그 덕이 뭇사람들에게 골고루 미쳐지니 무위하다 할 것이다. 하지만 대자연 중에서 인간만은 그렇지 않은 데에 문제가 있다. 귀한 것을 얻기 위한 치열한 노력이 초목처럼 순수하다면 굳이 이 글을 읽을 필요도 없을 것이다. 귀한 것을 얻기 위한 교묘한 수단이 문제가 된다. 그 교묘한 수단 때문에 싸우고 속이고 도적질하고 자신과 세상을 혼란스럽게 하니 말이다. 따라서 '황금을 돌처럼 보라'는 고려의 충신 최영 장군, 다 내려놓고 비우라는 붓다, 마음이 가난해야 복이 있다는 예수, 욕심으로 가득 찬 마음을 비우라는 선생 같은 성인들이 오늘날 우리들의 심금을 울리고 있는 것이다. 따라서 선생은 다음과 같이 썼다.

시이 성인지치 허기심
是以 聖人之治 虛其心 / 이에 성인의 다스림은 그 마음을 비우게 함으로써

실기복 약기지 강기골
實其腹 弱其志 强其骨 / 그 뱃속을 채우려는 욕망을 줄이려는 그 뜻을 굳고 강하게 하면

상사민무지무욕
常使民無知無欲 / 항상 우매한 듯 욕심이 없어지니

사부지자불감위야
使夫知者不敢爲也 / 백성이 욕심을 감히 내지 못한다

위무위 즉무불치
爲無爲 則無不治 / 함으로 무의에 지는 즉 다스려지지 않음이 없다

다) 바늘은 옷을 짓는 도구이지 옷이 아니다

불경에 이런 말이 있다. 배를 타고 강을 건넜으면 배를 버리고 가라고 하였다. 배는 강을 건너기 위한 도구다. 강을 건넜으면 배를 버리고 가야지 배를 짊어지고 갈 수는 없다. 이는 문자文字를 배에 비유한 말이다. 문자는 어떤 사실을 깨우쳐 주기 위한 도구다. 따라서 깨우쳤으면 문자를 버려야 한다. 문자로 알고 싶은 걸 다 깨우쳤으면 너는 문자에 매여서는 안 된다. 보라는 달은 안 보고 손가락을 보는 것과 같기 때문이다. 특히 종교의 종주가 설한 바를 기록한 문자는 감동적이고 설득력이 뛰어나다. 그래서인지 유달리 종교에 사이비가 많다. 사이비 교주를 마치 성자가 환생한 듯 떠받든다. 비단 종교만이 아니다. 신학神學, 유학儒學, 불학佛學, 그리고 지금 해석 중인 도학道學 등에 기록된 문자를 현란한 입담으로 잘 인용하면 환호하고 찬사를 보낸다.

장자는 道의 지식에 대하여 이렇게 말했다. 사람들은 道가 책에 있는 지식인 줄 알고 책을 존중한다. 그러나 책은 말을 나타내는 글자에 지나지 않는다. 말을 글자로 써놓은 그 자체가 귀한 것이 아니라 글자가 함축한 뜻이 귀한 것이다. 그러나 그 뜻도 목적이 아니라 어떤 대상이다. 그 대상은 말로써 표현할 수 없다. 그래서 옛사람들은 이렇게 말했다. 진실로 알고 있는 자는 말하지 않으며 말하는 자는 진실을 모른다. 세상 사람들이 이러한 도리를 어찌 알겠는가! 그런데 사이비 교주의 예를 보

자. 성현의 진리를 깨닫게 해주는 문자를 잘 외우고 쓸 줄 아는 지식은 탁월하다. 하지만 정작 그 문자가 뜻하는 바를 곡해하거나 뜻하는 바를 실천하려고 노력조차 하지 않으면서 성현인 체 위장한다.

그렇게 해서 명성을 얻으려는 속셈은 결국 이익이 목적이다. 듣기로 감옥에 자주 들락거리는 사기꾼은 전문 법률가보다 법을 더 잘 안다고 한다. 법률 지식이 풍부한 사람이 욕심을 버리지 못하면 교묘하게 법망을 잘 피할 뿐만 아니라 법률 지식을 이용해 제 이익을 챙긴다. 법의 달인이라 할 전문 법률가도 무욕無欲이 무슨 뜻인지 누구보다 잘 알면서도 법률의 허점을 잘 이용해 제 배 속을 채운다고 하니 아는 것이 병인 셈이다. 식자우환識字憂患이라는 말이 있다. 지식이 많아서 되레 근심 고통 재난 고난으로 고생한다는 뜻이다. 지식은 지식일 뿐 지혜도 아니고 진리도 아니다. 바늘은 옷을 짓는 도구이지 옷이 아니듯 지식은 지혜와 진리에 도달하게 하는 도구에 지나지 않는다.

그러기에 선생이 쓴 문자는 결코 자신의 이익을 위한 지식이라는 도구가 아니다. 道의 참뜻을 깨우쳐서 이쪽 차안此岸에서 저쪽 피안彼岸으로 건너가게 해줄 나룻배와 같은 도구로 쓰라는 것이다. 차안은 배가 터지도록 먹고 탈이 나는 것처럼 온갖 세상사의 욕망이 가득 차서 병든 마음이고 피안은 조금만 먹어서 병든 뱃속을 고치듯 욕심을 최대한 줄임으로써 온갖 욕망에서 벗어난 평화의 경지이다. 무지無知는 무식이 아니라 문자에 의한 지식에 얽매이지 않음이고 무욕無欲은 욕심이 없음이다.

욕심이 없다는 것은 마음을 비웠음이고 마음을 비우면 자연히 지식에 얽매이지 않는다. 그리고 마음이 비워지면 덕을 베풀되 바라는 바 없이 덕이 베풀어지니 이에 '위함이 없이 위하면 다스려지지 않음이 없다'고 하는 것이다.

上篇 / 道

제 4 장

만물지종
萬物之宗
만물은 신의 집과 같은 곳에서 비롯되었다

道에 이른 마음은
빈 하늘같이 미묘하다

가) 비워야 쓰임새가 있고 가득 차면 쓸 수 없다

　방 안이 비어야 들어갈 수 있고, 그릇이 비어야 담을 수 있다. 배가 차면 먹을 수 없고, 창고가 가득하면 더 넣을 수 없다. 그러기에 道는 항상 비어 있어서 많은 만물을 품는다. 그에 더해 한없이 품어도 넘치는 법이 없고, 아무리 멸하여도 없어지는 법이 없다. 그러므로 道는 영원히 사라지지 않으며 쓰임새도 영원히 멈추지 않는다. 마음이 바로 그러하다. 마음이 비어 있어야 온갖 지식, 지혜, 현상, 감정, 생각을 무위하게 분별해낼 수 있다. 그리하여 세상을 위한 쓰임새 있는 인간이 된다. 하지만 온갖 생각이 가득 차면 아무것도 바르게 분별해낼 수 없다. 온갖 지식이 가득하면 지혜를 알 수 없고, 감정이 가득하면 바르게 의식할 수 없다. 괴로움만 가득하면 즐거움을 알지 못하고, 분노와 증오가 가득 차면 슬픔도 기쁨도 알지 못한다. 어느 하나의 생각과 감정이 가득 차면 道는 사라지고 없어서 세상을 위한 쓰임새가 없는 인간이 된다. 쓰임새가 있고 없음은 엄청난 차이가 있다. 그러기에 선생은 이렇게 썼다.

> 도충　이용지혹불영
> 道沖 而用之或不盈 / 道는 비어 있어서 쓰임새가 있고 혹시라도 넘치지 않는다

道를 닦는다는 말은 마음을 비우는 노력을 한다는 뜻이다. 쉽게 말하면 마음을 비우는 수행을 의미한다. 흔히 '닦는다'는 말을 거울에 비유한다. 거울은 묻은 먼지를 닦아내야 비추어 볼 수 있다. 마찬가지로 먼지에 비유되는 잡념을 떨쳐 버리는 수행을 통해 마음의 오염을 씻어내지 않으면 道를 깨달을 수 없다. 道에 도달한 마음은 빈 하늘처럼 청정해서 천하를 품어도 부족함 없는 대성인大聖人이 된다. 그런 인물을 일컬어서 참 도인이자 깨달은 자로서 붓다이고, 신인일체神人一體 자로서 최상의 존재라 한다.

연혜　사만물지종
淵兮 似萬物之宗 / 깊고 깊은 연못 같고 신의 집과 같은 그곳이 만물의 근원이다

만물을 내어나게 하는 道는 그 깊이를 알 수 없는 연못 같다고 하였다. 연淵은 물이 끝없이 깊고 한량없이 양이 많이 있는 곳을 뜻한다. 道의 깊이를 연못에 비유한 까닭은, 물은 어둠이자 道가 태어나게 한 최초의 물질이기 때문이다. 종宗은 만물의 근원이 본뜻이다. 천지지근天地之根이라 하지 않고 '신의 집과 같다'는 뜻도 있다. 따라서 종은 道의 현묘함을 상상의 신으로 묘사한 것이다. 그리고 선생은 신의 집과 같은 곳에서 만물을 태어나게 한 道의 작용을 또 이렇게 형용하였다.

<small>좌기예 해기분 화기광 동기진</small>
挫其銳 解其紛 和其光 同其塵
/ 날카로움을 꺾고 어지러움을 풀고 눈이 부신 빛을 화평하게 하고
티끌을 한가지로 아우르니

    이 구절은 道가 태어나게 한 氣가 혼돈을 거쳐 빅뱅Big Bang:대폭발에 의하여 만물이 모습을 갖추는 현상을 묘사한 것이다. 대 폭발은 그 기세가 이루 말할 수 없이 강렬했음을 형용한 말이다. 이글이글 타오르는 광명한 빛 역시 엄청난 불덩이 같았을 것이다. 하지만 道는 화산 같은 그 강력한 기세를 꺾어 마치 수증기처럼 부드럽게, 그리고 불타는 빛을 화평하게 해주었다고 하였다. 그리고 만물의 기가 쏟아져 나왔으나 아직 형태를 갖추지 못하고 기가 어지럽게 흩어진 상태였다. 이러한 기를 道는 질서정연하게 뭉치고 다져서 하늘과 땅, 그리고 만물이 형상을 갖추도록 하였다. 그러한 道의 작용은 성인의 마음과 같다. 도에 이른 성인은 결코 분노하지 않으며 한없이 부드럽다. 분노할 일이 있어도 마음을 다스려서 평온을 유지한다. 그러므로 하는 말과 행동이 거칠지 않고 부드러워서 인자하기만 하다. 이에 선생은 道를 또 이렇게 묘사하였다.

<small>담혜 사혹존 오불지수지자 상제지선</small>
湛兮 似或存 吾不知誰之子 象帝之先
/ 그윽이 잠기고 잠겨서 존재하는 것 같지만 나는 누구의 자식인지
알지 못한다. 아마도 모습이 없는 하느님보다 먼저였을 것이다

이 구절은 수행을 통하여 삼매三昧:잡념을 버린 경지에 들었을 때와 비교된다. 완전한 삼매에 들면 무아無我:자신의 존재를 잊음에 든다. 무아는 자신이 누군지도 모르는 깊고 깊은 경지에 들었음을 의미한다. 깊이 잠겨서 자신이 존재하는 것 같기도 하고 자신이 어디서 누구로부터 존재하였는지 조차도 알지 못한다. 道의 세계가 그런 것이다. 신은 인격적인 실존 자이다. 실존하므로 道보다 뒤에 나타난 것이다. 道 그 자체는 무엇이라 이름할 수 없어서 있는지 없는지 존재 자체를 알지 못하므로 신보다 우선이다. 道와 하느님에 대하여 이렇게도 해석할 수도 있다.

道는 본래 아무것도 없는 상태였다. 그러나 만물을 태어나게 한 그 자체는 道의 존재를 의미한다. 무에서 유가 시작된 것이다. 따라서 유 이전에는 신이란 존재가 있을 수 없다. 하지만 무인 道가 유를 있게 한 무형의 힘이 있었을 테니, 나는 그 힘의 존재를 상제象帝:하느님라 정의한다. 따라서 제帝를 상象이라 하였던 것이다. 상象은 형이상의 道로서 존재하지만 어떤 형상인지 알 수 없는 힘을 가진 존재를 의미한다. 道로부터 만들어진 '진일기'眞一氣:진실한 하나의 기인 것이다. 창조론을 풀이한 역易에서 말하기를 '어둠뿐인 저 때에 일기一氣가 엉켰으니……' 일기는 어떤 힘과 존재가 천지가 나누어지기 전 우주에 가득 찬 기운으로 그것이 바로 상象이며, 최초의 상이 일신一神을 뜻한다.

제 5 장

천지불인
天地不仁
하늘과 땅은 어질지 않다

들이쉬고 내쉬는 숨은
하늘과 땅의 기운이다

하늘과 땅은 어질지 않다고 하였다. 왜일까? 제아무리 간절한 마음으로 하늘과 땅을 향해 소원을 빌어도 불쌍히 여기고 소원을 들어주지 않아서일까? 태풍이 몰아치고 폭우가 쏟아져 천하가 물바다가 되어도 하늘과 땅은 안타까워하지 않는다. 폭염이 대지를 불타게 하고 땅이 쩍쩍 갈라져서 모든 생명이 죽어가도 돌아보지 않는다. 성인 역시 인자하지 않다고 하였다. 사람은 초목이 병들고 짐승이 병들고 사람이 병들어 고통을 당하면 인자하게 덕을 베푸는 데 주저하지 않는다.

하지만 보통은 자신의 명예를 위하는 등 대가를 바라고 베푸는 유위한 덕이라 진정한 덕이라 할 수 없다. 병든 동물을 치료하는 것도 자신의 즐거움이나 잡아먹기 위하여 베푸는 덕이라면 불인不仁을 감추고 행하는 유위라 역시 인자하지 않다. 성인이라면 마땅히 일체 생명을 구원해주어야 하는데 어찌하여 인자하지 않다고 하는 것일까? 그것도 추구芻狗:고대 중국에서 제사 지낼 때 풀잎으로 엮어 만든 개처럼 여긴다고 하니 참으로 냉정하다.

천지불인　이만물위추구
天地不仁 以萬物爲芻狗 / 하늘과 땅은 인자하지 않으며 만물을 추구처럼 여긴다

성인불인　이백성위추구
聖人不仁 以百姓爲芻狗 / 성인도 인자하지 않다. 백성을 추구처럼 여긴다

　　추구를 제사상에 올렸다가 제사가 끝나면 하찮은 풀이라 아무 데나 버렸다. 그런데 왜 하필 개 모양으로 풀을 엮어 제사상에 올렸을까? 개는 귀신을 보는 동물이다. 그러기에 옛날부터 개를 엄무閻茂:궁문을 열고 닫는 하인라 하여 개가 도둑을 지키듯 귀신의 침범을 지키는 수문장쯤으로 여겼다. 그래서 제사 지낼 때 잡귀를 물리치기 위해 풀을 개 모양으로 엮어 제단에 올렸다. 하지만 제사가 끝나면 하찮은 풀이라 쓰레기 취급을 한 것이다. 이처럼 천지는 만물을 추구처럼 버리고 성인 역시 백성을 추구처럼 내버려 둔다. 그런데 다음 구절은 뜬금이 없어 보여서 여간 의아스럽지 않다.

천지지간　기유탁약호
天地之間 其猶槖籥乎 / 하늘과 땅 사이는 풀무질하는 것과 같다

허이불굴　동이유출
虛而不屈 動而愈出 / 구부러지지 않고 텅 비었으니 움직일수록 기운이 점점 더 나온다

다언수궁 불여수중
多言數窮 不如守中 / 말이 많으면 곤란한 일을 자주 당하니 치우침이 없어
야 헛되지 않다

하늘과 땅 이야기가 뜬금없이 풀무질 이야기로 변한다. 위의 구절 모두 첫째와 둘째 구절이 셋째 구절 이하의 뜻과 통하지 않는다. 마치 모양이 다른 두 개의 토막을 이어놓은 듯하다. 하지만 성질이 전혀 다른 음양이 화합하듯 서로 다른 두 뜻이 하나로 묶여 심오한 무언가가 있을 것 같다. 어쩌면 문자 이면을 증득證得:바른 지혜로 깨달아 얻음 하게 하려는 선생의 속뜻일지도 모른다. 이에 숙고하는 긴 시간을 보내다가 한 가지 번쩍이는 깨달음이 있었다. 이해를 돕기 위해 셋째 이하의 구절을 피상적皮相的으로 풀이하면 이러하다.

풀무는 튜브 같은 빈 관 속에 굵고 긴 막대를 넣어 밀고 당기면서 바람을 일으키는 도구다. 옛날에는 대장간에서 풀무로 바람을 일으켜 숯불을 타 올려서 쇠를 녹여 창칼이나 농기구를 만들었다. 쇠를 녹일 때 풀무질을 지나치게 하면 거센 불길에 쇳물 그릇마저 녹아 내려서 도구를 만들기 어렵다. 그렇다고 너무 느리게 하면 불꽃이 약해 쇠를 녹이지 못하므로 역시 도구를 만들지 못한다. 그러한 풀무처럼 텅 빈 하늘에 기운이 거세면 폭풍이나 폭우가 쏟아지고 화기火氣가 많으면 폭염暴炎이 땅을 갈라놓고 초목이 말라 죽는다. 또 한기寒氣가 많으면 냉기가 쏟아져 나와

자연을 얼려 죽인다. 그리하는 빠른 풀무질이나 거센 기운처럼 아무리 성인이라도 말이 많으면 백성을 교화하기는커녕 싫증을 느끼게 한다.

옛말에 '듣기 좋은 꽃노래도 세 번만 들으면 귀찮아진다'고 하였다. 같은 내용을 반복하면 듣는 사람도 흥미를 잃는다. 따라서 적당한 풀무질로 좋은 연장을 만들 듯 명료하게 할 말만 하는 것이 효과적이다. 이같이 전자와 후자에 나열된 문자의 피상적이고 보편적인 뜻풀이를 해 보았다. 그러면 전자와 후자의 구절에서 문자가 품고 있는 속뜻은 무엇일까? 선생이 말한바 성인, 불인, 추구, 풀무라는 뜬금없는 용어는 뜬금 있는 진실을 말하기 위하여 에둘러 비유한 것이라 할 수 있다. 이 속뜻이야말로 선생이 말하고 싶었던 진실일 것이다. 그러한 진실을 말하기 전에 먼저 인간과 자연의 관계부터 생각해보자.

인간을 일컬어 소우주라 한다. 대우주의 성분과 성질과 작용을 인간도 갖추었기 때문이다. 대우주와 인간을 구성하고 있는 요소는 오행五行이라는 문자로 표시한다. 따라서 오행은 하늘과 땅의 일체 존재물의 요소이자 그 성질과 성분과 작용을 나타낸다. 대우주와 마찬가지로 오행을 온전하게 다 갖춘 인간 역시 천지자연의 그 모든 요소를 빠짐없이 함축하고 있다. 태(胎生)에서 난 것, 알에서 난 것(卵生), 변화해서 난 것(化生), 습기에서 난 것(濕生) 등 일체 생명체와 무생명체에 이르기까지 성분과 성질과 작용 그리고 습성까지 인간의 몸과 마음에 오행이 빠짐없이 함축돼있다. 그러므로 인간은 범처럼 포악하거나 용맹하고 여우처럼 교활하기도 하고 늑대처럼 잔인하고 양처럼 순진해지는 등 온갖 존재물의 습성을 알게 모르게 마음으로 혹은 행동으로 나타낸다.

인간에게 있어서 그러한 습성을 번뇌라 하는 것이다. 수많은 번뇌 중에서도 분노, 미움, 증오, 욕망, 사랑, 우정 등으로 인한 번뇌가 유별나다. 심지어는 덕을 베푸는 마음까지도 진여일심眞如一心에 이르는 방해꾼이므로 버려져야 한다. 이 모든 번뇌가 마음과 행동으로 나타나는 인간의 모습은 하늘과 땅의 성분과 성질과 작용이 동일하다. 그러기에 인간을 소우주라 하였을 것이다. 따라서 풀무와 같이 하늘과 땅 사이에 유행하는 덥고 춥고 건조 등의 여러 가지 기운과 눈보라 폭우, 폭설, 폭풍 등의 기운에 자연의 모든 것들이 영향을 받는다. 그런데 하늘과 땅은 물론 성인 역시 본래부터 불인不仁한 적이 없다. 본성 자체가 불인하지 않기 때문이다. 만물을 낳고 길러주는 만큼 인자한 덕은 세상 어디에도 없다. 오히려 무한한 덕을 베풀기만 한다. 그 모든 현상이 무위한 道의 작용이다.

道의 본성은 무위하게 만물을 낳고 길러주는 덕을 끝없이 베푼다. 그러함에도 왜 불인하여 추구처럼 여긴다고 하였을까? 그 까닭은 천지의 道는 무위하기 때문이다. 천상천하 그 모든 것에 무위로 덕을 베풀기만 할 뿐 베풀어 준 대상에게 대가를 바라고 관여하지도 않는다. 그러니 설사 생명을 잃어가는 것이라 하여도 자비롭게 구원해주지 않으므로 추구처럼 버려지는 것이다. 그것이 바로 자연이다. 성인이 불인한 것도 천지의 이치와 다르지 않다. 다만 천지가 만물을 추구처럼 여기듯 성인은 일체 번뇌를 추구처럼 버림으로써 대도大道를 무위로 행한다. 이에 대하여 자세히 논하면 이와 같다.

선생은 그렇게 무위한 하늘과 땅의 기운을 풀무에 비유하였다. 그런데 왜 하필 풀무에 비유하였을까? 그것은 바로 소우주인 인간의 들이쉬고 내쉬는 호흡에 대하여 이해를 돕기 위한 비유인 것이다. 호흡! 그렇다. 들이쉬고 내쉬는 숨은 하늘과 땅의 기운이자 道의 운행이며, 풀무질하는 것과 같다. 그러기에 기운은 인간의 생명줄이자 마음을 부채질하는 풍로이다. 거기다가 발광하는 마음을 잠재워 일체 번뇌를 여의고 깨달음을 얻게 하는 최고의 수행법이기도 하다. 하늘 기운이 거칠면 땅의 기운도 거칠어 자연재해가 일어나고, 하늘 기운이 고요하면 땅의 기운도 고요하여 천하가 평화로운 것은 하늘과 땅의 기운이 상응하기 때문이다. '천지지간 기유탁약호天地之間 其猶橐籥乎에서, 하늘과 땅 사이는 풀무질하는 것과 같다'의 약籥은 피리를 뜻한다. 피리는 세게 불면 소리가 거칠게 나고 부드럽게 불면 아름다운 음색이 나온다. 즉 수행할 때는 숨도 마음도 피리 소리처럼 부드럽고 아름답게 쉬게 한다는 의미가 있다.

상응하는 천지 기운처럼 숨도 마음도 상응한다. 욕망 분노 증오 등의 번뇌가 광란을 일으키면 숨이 거칠어지고, 마음이 고요하면 숨도 따라서 고요해진다. 숨이 마음을 따르고 마음이 숨을 따르기 때문이다. 그러므로 거친 마음속의 번뇌가 광란을 일으키면 즉시 피리를 불 때처럼 숨을 부드럽고 고르게 아름답게 쉬면 마음이 상응하여 고요하고 아름다워지는 것이다. 그리고 들숨에서 천지 기운이 몸속으로 들어와서 몸의 기혈을 유통시켜 육신을 온전하게 보존해주고 부족한 정기를 보충하여 생명을 지탱시켜준다.

날숨에서는 몸속에 쌓인 삿된 것들이 굴뚝으로 빠져나오는 연기처럼 뿜어져 나온다. 심지어는 사랑하고 덕을 베푸는 마음까지 버려야 고요에 들 수 있다. 그리하여 고요를 지키면 사라지는 번뇌를 따라서 업業도 함께 씻겨져 나간다. 그것은 마치 피리를 불 듯 풀무질을 부드럽게 하여 은근한 불을 피워올려 좋은 쇳물로 좋은 그릇을 만드는 것과 같다. 명상할 때 대개는 마음을 명문命門:두 신장 사이에 두고 풀무질하듯 숨을 들이쉬고 내쉰다. 그렇게 오래 집중하여 숨을 쉬어 삼매에 들면 단전丹田에 은근히 피어오르는 숯불처럼 양기가 뭉쳐서 추워도 추위를 모른다. 그리고 자신의 참모습이 단전에 선명하게 나타나면서 환희가 온몸을 휩싸고 돌기도 한다. 드디어 道의 문이 열려서 대각大覺의 문턱을 넘어서는 것이다.

고요함은 곧 道다. 고요함을 지키면서 숨을 부드럽고 길게 집중하면 온갖 번뇌가 추구처럼 마음 밖으로 버려져 나간다. 그리하여 道를 얻어 드디어 성인이 된다. 성인은 마음속의 부귀를 향한 욕망, 습성, 온갖 들 끓는 희로애락을 마음 밖으로 추구처럼 버린다. 그리고 항상 고요함을 지켜서 덕을 베풀면서도 베푼다는 의식조차 하지 않는다. 그러기에 덕을 베풀면서도 베푸는 자취도 없으므로 타인이 보기에 인자하지 않아 보인다. 그렇게 대도를 얻는 숨에 대하여 석가모니 붓다가 설한 경經이 있다. 안반수의경安般守意經:불교의 호흡 명상 수행법이다.

안安은 들숨이고 반般은 날숨이며 수의守意는 집중한다는 뜻이다. 숨을 들이쉴 때는 '숨을 들이쉰다'고 생각하고 들이쉬는데 들이쉬는 숨에 마음을 집중하고 숨을 내쉴 때도 호흡에 집중하여 천천히 내쉰다. 그리고 들숨에서 날숨 날숨에서 들숨으로 바뀌는 분기점에 온 마음을 집중하여 들이쉬고 내쉰다. 그렇게 부드럽게 풀무질하듯 숨을 쉬면서 마음을 집중하면 번뇌가 차츰차츰 조금씩 줄어들다가 어느 순간부터 자신도 모르게 번뇌가 추구처럼 버려지고 道에 이르러 환희에 젖는다.

제 6 장

곡신불사
谷神不死
현묘한 골짜기 신은 죽지 않는다

골짜기 물은 대지를
적시고 만물을 길러준다

내가 선생을 '메타의 마법사"라 부른 이유 중 하나가 이 제6장에 있다. 마법을 부리지 않고서야 천지 만물을 탄생시키는 道의 작용을 마치 눈으로 본 듯 자세하게 설명할 수 없을 것이기 때문이다. 道가 만물을 탄생시키는 곳을 곡신谷神이라 하여 암컷의 자궁을 비유하여 설명하였으니 이 얼마나 놀라운가. 그것은 마치 가만히 앉아서 북극성의 성분과 작용을 파악한 것과 같다. 道의 높이와 깊이는 한도 없고 끝도 없어서 파악은 영원히 불가능하다. 인간의 인식 한계를 한없이 초월하지 않고는 무어라 말할 수조차 없다. 그런데도 선생은 마치 마법을 부려서 그곳에 가 본 듯이 설명해놓았다. 석가모니 붓다는 죽음을 불사한 고행 끝에 대각을 얻은 후 가만히 앉아서 천상천하를 다 볼 수 있었다. 선생도 필시 옛 성인의 글에서 얻은 지혜와 명상의 깊음 속에 들어 그런 깨달음을 얻었을 성싶다. 명상에서의 깨달음으로 얻은 능력은 보통 사람의 인식으로는 불가사의한 도술道術이라 할 수도 있다. 마법을 부린 것처럼 보일 수도 있다. 선생이 깨달은 道가 만물을 낳는 곳의 모양과 그 작용에 대하여 생각해보자.

道는 자연이고 자연이 道이다. 그리고 실재하는 자연은 道가 낳은 道의 자식이다. 자식은 아버지의 정기를 받아서 모태 속에 잉태되었다가 어머니의 자궁에서 나와 세상에 모습을 드러낸다. 아버지와 어머니는 인간만을 뜻하는 것은 아니다. 모든 생명은 다 그에 속한다. 셀 수 없는 수많은 생명체의 부모는 道에서 비롯된 道의 자식이다. 그리고 그 자식들도 면면히 자식을 낳아 道의 대를 잇는다. 그리고 그 근원으로부터 삼라만상이 면면히 생겨 나오는데 그 부지런한 작용은 한도 없고 끝도 없다.

선생은 모든 생명체가 쉼 없이 이어져 나오는 신령한 골짜기가 있다고 하였다. 그리고 만물을 탄생시키는 그 골짜기를 곡신谷神이라 명명하였다. 현묘玄妙하고 신비로워서 만물을 낳는다는 단순한 뜻만으로 이해하기 어려운 형용形容 언어이다. 무어라 표현할 수 없는 아득한 그 옛날, 이기理氣를 일원一元하게 잉태하고 있다가 일기一氣를 탄생시킨 그 현묘한 우주적 자궁, 그것을 신령하고 신비롭다 하여 '골짜기 신'谷神이라 묘사한 선생의 식견이 놀랍다. 곡신이라 할 道의 자궁은 자식인 만물을 단절 없이 탄생시킨다. 그리고 인간을 비롯한 일체 생명체는 자신을 낳고 길러주는 道로부터 내림 받아서 대를 이어 자식을 낳고 기르기를 반복한다. 만약 道의 자궁 곡신의 문이 닫히거나 불임不姙이면 道는 사라지고 천상천하도 사라질 것이다. 하지만 선생은 이렇게 썼다.

곡신불사 시위현빈
谷神不死 是謂玄牝 / 골짜기 신은 죽지 않는다. 골짜기 신을 일컬어 현묘한 암컷이라 한다

현빈지문 시위천지근 면면약존 용지불근
玄牝之門 是謂天地根 綿綿若存 用之不勤
　　　／ 암컷 문은 천지 근원이며 지치지 않고 만물을 낳는다

　현빈玄牝은 현묘한 암컷이라는 뜻이다. 그리고 현묘한 암컷의 자궁이 바로 현빈지문玄牝之門이자 곡신이다. 곡신은 하늘과 땅의 근원이며, 그 근원이 곧 道이다. 그리고 영원히 죽지 않으므로 만물을 탄생시키는 작용을 한도 없고 끝도 없이 연속한다고 하였다. 따라서 道로부터 대물림 받은 자연의 일체 생명체 역시 영원히 사라지지 않고 자식을 낳고 기르는 윤회 작용을 반복한다.

上篇 / 道

제 7 장

천장지구
天長地久
하늘과 땅은 영원히 변하지 않는다

하늘과 땅은
삶과 죽음에 초연하다

붓다가 금강경에서, 유有 아상我相, 인상人相, 중생상衆生相, 수자상壽者相이라 하였다. 아상은 나에 대한 이기적 집착이고, 인상은 인간만이 가지고 있는 욕망 등의 집착이며, 중생상은 일체 생명체의 습성으로서의 집착이며, 수자상은 목숨에 대한 집착으로 인하여 깨닫지 못한다는 뜻이다. 여기서 말하는 상相이란 본성 자아에 반하는 상대적 개념이다. 생명이 있는 존재는 자신을 위한 이기적 집착에서 벗어나지 못한다. 생각 감정 등 삶의 방식이 오직 자신을 위주로 판단하고 생각하고 감정을 발산한다. '나'라는 이기적 존재 의식이 항상 우선하므로 '너'라는 상대적 존재를 나의 이익에 반하는 적으로 설정함으로써 갈등이 시작된다. 기뻐하고 성내고 사랑하고 애통해하고 미워하고 슬퍼하는 그 모든 감정의 변화는 스트레스의 원인이 된다. 스트레스는 만 가지 병의 원인이다. 심하면 죽음에 이르기도 한다. 설사 병들지 않거나 금방 죽지 않아도 몸을 상하고 수명도 짧아진다. 특히 인상에 있어서, 짐승이 아닌 인간으로서의 욕망이라 할 명예욕 권력욕 물욕 등이 지나치면 영혼도 탁해져서 정신적 장애가 빠르게 진행된다. 또 수자상이 있으니 목숨을 오래 부지하기 위해 생명이 있는 것들을 가리지 않고 죽여서 먹기도 하여 정신과 육신을 오염시킨다. 중생상은 온갖 짐승 온갖 미물의 습성을 항상 발현시킴으로써 몸과 마음을 오염시켜서 스스로 생명을 단축한다. 그러므로 오래 살지 못한다. 하지만 하늘과 땅은 아상, 인상, 중생상, 수

자상이 모두 없다. 네 가지 상이 없으므로 영원히 생존하는 것이다. 이에 선생이 이렇게 썼다.

천장지구
天長地久 / 하늘과 땅은 장생한다

천지소이능장차구자
天地所以能長且久者 / 하늘은 영원하고 땅이 오래 존재하는 까닭은

이기불자생 고능장생
以其不自生 故能長生 / 스스로 살고자 하지 않기 때문에 능히 장구하게 존재하는 것이다

　하늘과 땅이 자연을 낳고 기르지만, 결코 스스로 살기 위해 앞장서서 자연을 지배하려 하지 않는다. 아상 인상 중생상 수자상 네 가지 상이 없을 뿐만 아니라 특히 수자상이 없어서 오래 살고자 하지도 않으므로 장구하게 생존한다. 그러나 비록 하늘과 땅이 집착하는 바가 없어서 영원하다 하여도 인간은 어차피 죽음에 이르기 마련이다. 선생이 굳이 천장지구를 예로 든 것은 아마도 무위를 말하기 위함인 것 같다. 무위는 삶도 죽음도 초월한 경지에 이르렀음을 의미한다. 불경 마하반야바라밀다심경摩訶般若波羅密多心經에서 붓다가 '무노사역무노사진無老死亦無老死盡 완전한 무아에 들어 무위에 이르면 늙음도 없고 죽음도 없고 죽어 없어질 것도 없다'라 하였다. 삶과 죽음을 초월하였으니 일찍 죽고 오래 살고 따위는 아무런 의미가 없다. 그런데 선생이 써놓은 다음 글을 보면

천지와 같이 오래 살기 위해서는 스스로 살고자 애쓸 것이 아니라 하늘과 땅처럼 무위의 삶을 실천하라는 것이다.

그런데 한 가지 의문이 있다. 하늘은 장長하고 땅은 구久한다(天長地久)는 구절에서, 그냥 하늘과 땅은 天地長久(천지는 장구한다)라 하면 될 것을, 왜 장과 구를 하늘과 땅에 각각 분리하여 '하늘은 장長하고, 땅은 구久한다' 라고 하였을까? 장과 구는 '오래다'로 뜻은 같다. 하지만 구의 상형象形은 장과 사뭇 다르다. 장은 뜻 그대로 '오래다' 혹은 '길다'이다. 그러나 구는 가는 사람을 붙들어놓은 모양을 상형한 문자다. 가는 사람을 붙들어놓았다는 것은 언젠가는 반드시 가게 된다는 뜻이다. 따라서 천장지구의 본래 뜻은 하늘은 오래 영원하지만, 땅은 언젠가는 붙들려있는 하늘에서 떨어져 어딘가로 사라질 것이란 의미가 있다.

그러기에 세간에서 지구종말론이 심심찮게 떠도는 것일까? 하늘에 매인 셀 수도 없는 별들, 많고 많은 별 중에 유성流星이 되어 하늘에서 벗어나 사라지는 별도 많다. 수백 수천 년, 아니 수백 수천억 년이 지나는 중 어느 날 문득 지구별도 유성이 되어 하늘에서 떨어져 어디론가 사라지는 것은 아닐까? 그렇다면 우리 인간도 지구와 함께 영영 사라지는 것일까? 지구는 몰라도 인간은 아마도 아닐 것이다. 나의 꿈같은 상상의 날개는 인간만은 살아남아 영생을 누리는 쪽으로 날아간다.

지구는 흙과 물의 원소가 뭉쳐진 하나의 물질 집합체이다. 그리고 에너지만 있을 뿐이다. 그러나 인간은 다르다. 육신은 땅과 같은 원소의 물질 집합체이지만 육신 안에는 道의 정기精氣인 영혼이 존재하고 있다. 그 영혼은 道에서 태어난 일체 생명체의 습성을 다 함축한 대표적 존재이므로 道와 함께 영생할 것이다. 그러면 존재의 터였던 지금의 지구가 사라지면 인간의 영혼은 어디로 가서 터를 잡을까? 나의 상상의 날개는 또 한 번 넓고 높게 비약한다. 한량없이 많은 별 중에 우리가 살아가고 있는 지구와 환경이 비슷한 별로 옮겨 가 새로운 삶을 영위하게 될 것이다. 한민족의 상고대 역사서 환단고기桓檀古記에 기원전 3898년 음력 10월 3일 신시神市를 개천하고 국시를 홍익인간이라 천명한 1세 환웅桓雄 거발환居發桓 천황天皇이 온 누리 백성에게 가르친바 기록이 있다.

"하늘에는 칠백세계가 있나니 너희가 살고 있는 이 땅이 큰 듯하나 일백 세계 중 하나의 세계일 뿐이니라 너희 세계는 땅속 불덩이가 솟아올라 바다와 육지가 아득히 펼쳐진 것이니라"

우리가 살아가는 지구가 칠백세계 중 백 세계라 하였으니 그래서 백일기도가 있는 것일까? 하여튼 우주는 우리가 살아가는 태양계가 여섯 개나 더 있는 실로 상상을 초월하고 초월하여 무한하고 무한하다는 말밖에 달리 표현할 그 무엇도 찾을 수 없다. 하여튼 이 이야기는 여기서 맺고 몽상夢想에 취해 그려본 내 염원의 메타버스 세계를 마음속에 남겨

두고 다음 구절을 보자.

<small>시이성인 후기신이신선</small>
是以聖人 後其身而身先 / 성인은 그 몸을 뒤에 둔다. 그리함으로써 오히려 몸이 앞선다

하늘과 땅은 자연을 태어나게 하되 자연을 소유하거나 앞장서서 다스리지 않는다. 묵묵히 삶과 늙음과 병듦과 죽음을 거듭하는 자연을 그대로 내버려 둔다. 하지만 하늘은 봄 여름 가을 겨울 밤낮 없이 자연을 변화시키니 늘 앞서 있다. 그런데 만약 道가 무너져 천지 기운이 질서를 잃으면 어떻게 될까? 아직 봄기운의 때가 오지 않았는데 가을 기운이 먼저 와서 낙엽을 지게 하고, 겨울 기운의 때가 왔는데도 더위가 지속된다면 자연재해로 인한 괴변이 곳곳에 일어나 천하가 혼란에 빠지고 말 것이다. 따라서 덕을 베푸는 성인은 무위하여 하늘과 땅처럼 백성 위에 혹은 앞에 서려고 하지 않는다.

성인은 결코 백성 위에 군림하거나 앞장서서 나라를 끌고 가려 하지 않는다. 항상 있는 듯 없는 듯 처신하므로 하늘과 땅처럼 백성을 내버려 둔다. 그러나 말 없는 가운데 가르쳐서 나라와 백성이 바르게 나아가게 한다. 천군만마를 거느리고 지휘하는 대장군처럼 앞장서서 나라와 백성을 위하고 있다. 그런데 백성이 너도나도 잘난 체하여 타인 앞에 혹은

위에 서려고 하면 어떻게 될까? 질서가 무너져서 나라는 망하고 말 것이다. 대중 앞에 나서기를 좋아하는 간교한 정치인이나 현란한 혀끝으로 잘난 체하는 얄팍한 지식인이 그들이다. 그들은 한때 명성을 얻어 보지만 어느 사이 자취도 없이 사라진다. 하지만 산중에 몸을 숨기고 있지만 한 마디 진리로 천하를 진동시키는 대종사大宗師의 자취는 다르다. 대종사는 항상 뒤에 있는 듯 없는 듯이 처신한다. 그러나 늘 백성을 바르게 나아갈 길을 무위로 깨우쳐 주므로 그 실은 천하 백성들을 앞에서 이끌어 주고 있다. 이같이 몸을 뒤에 둠으로써 오히려 앞선다는 의미는 겸손한 몸가짐으로 무위의 위로서 천하 만민을 이끈다는 뜻이다. 거기다가 道가 자연을 품듯 성인이 할 바 품행을 선생은 또 이렇게 이었다.

외기신이신존
外其身而身存 / 그 몸을 밖에 둠으로써 스스로 존재하는데

비이기무사야
非以其無私耶 / 사사로움이 없기 때문이 아니겠는가?

고능성기사
故能成其私 / 그러므로 능히 사사로움을 성취하는 것이다

   몸을 밖에 둔다는 것은 감싸 안음이다. 천지가 자연을 감싸 안고 있으므로 자연이 존재한다. 그런데 천지가 자연을 사사롭게 감싸고 있는 것이 아니다. 그러므로 장구하다. 만약 감싸기 위해서 감싸고 있다면 무위가 아니고 유위이니 사사로워서 장구할 수가 없다. 그리고 사사로우면

자연을 소유하려 들고 지배하려 할 터이니 무위가 아니다. 하지만 자연 하나하나는 사사롭다. 헤아릴 수없이 많고 많은 뭍 생명은 제각기 이익을 위해 생존하므로 사사롭다. 천지는 그렇게 사사로운 자연을 품고 있다. 따라서 사사로움을 품은 그 자체가 사사로움이지만 그 실은 사사로움을 성취하고 있는 것이다. 하지만 그 사사로움은 무위이니 제 이익을 위한 사사로운 성취가 아니다.

보자기가 그러하다. 보자기는 사사롭게 쓰일 물건을 밖에서 감싸 안는다. 하지만 보자기는 제 이익을 위한 감싸 안음이 아니다. 따라서 감싸 안아야 할 사사로움을 무위로 성취하고 있다. 성인의 처신이 그러하다. 사사롭게 살아가는 백성을 보자기처럼 안아서 품는다. 그리하여 백성 개개인이 사사로움을 바르게 성취할 수 있도록 해준다. 따라서 백성을 보자기처럼 감싸 안아서 사사로움을 성취하지만, 무위로 싸안기에 성인의 사사로움은 성인 자신을 위한 사사로움이 아니다.

上篇 / 道

제 8 장

상선약수
上善若水
물은 세상에서 가장 강하고 착하다

성인의 본질은
물처럼 베푸는 데 있다

가) 재상의 자리도 버린 성자 이야기

옛날에 예禮를 행함에 규범을 중시하는 성자가 있었다. 그의 몸가짐은 항상 반듯하였다. 높은 학문에 말과 행동이 다르지 않았다. 그의 덕망은 천하 사람들이 우러러볼 정도였다. 그를 따르는 제자들도 많았고 명성은 왕들보다 높았다. 그는 '똥을 피하는 것은 무서워서가 아니라 더럽기 때문'이라고 했다. 가까이할 사람과 멀리할 사람을 구분 지어 교류하라는 가르침이다. 그는 제자들과 수레를 타고 천하를 다니면서 예와 인의를 설파하였다. 왕들이 그의 가르침을 받고자 했다.

초나라 왕이 그에게 재상이 되어 나라를 잘 다스려 주기를 청했다. 그는 왕의 청을 허락하고 즉시 수레를 몰아 초나라로 갔다. 그가 재상의 자리에 오를 다음날을 기약하고 잠자리에 들었을 때였다. 두 명의 제자가 다른 방에서 함께 잠자리에 들었는데 둘 다 잠을 이루지 못하고 뒤척였다. 두 제자는 초나라 왕의 부도덕한 행실을 알고 있었다. 초나라 왕이 왕비로 맞이한 여인이 그 전 왕이었던 아버지의 첩이었던 것이다. 인의를 중시하는 스승이 어찌 그런 부도덕한 왕의 재상이 되려고 하는지 이해가 가지 않았다. 고민하던 한 사람이 동료에게 물었다.

"우리 선생님이 내일 정말로 재상 자리에 오르실까?"

그 말을 들은 동료가 갑자기 몸을 벌떡 일으켰다. 그리고 옆방으로 가서 스승에게 물었다.

"선생님, 백이伯夷와 숙제叔齊가 의롭습니까 의롭지 않습니까?"

백이와 숙제는 상나라 임금 주紂의 신하였다. 그런데 임금 주가 달기妲己라는 애첩과 방탕한 생활을 하자 희발姬發이 반란을 일으켰다. 이에 백이와 숙제 두 형제는 희발의 말고삐를 잡고 '신하가 임금을 해치려는 것은 의롭지 못하다'며 한사코 저지하였다. 그러나 희발은 만류를 뿌리치고 주왕을 공격하여 상나라를 멸망시켜 나라를 빼앗고 주周 나라를 세워 무왕武王이 되었다. 이에 백이와 숙제는 의롭지 못한 임금 밑에서 녹봉을 받아먹을 수 없다며 깊은 산속으로 들어가 고사리를 캐 먹으며 연명하다가 죽었다. 불의한 자와 함께할 수 없다며 목숨까지 버린 백이와 숙제를 들먹이는 제자의 말을 들은 성자는 짤막하게 대답했다.

"의롭다!"

다음 날 아침, 그는 제자들에게 수레를 돌리라 명하고 초나라를 떠났다. 그가 성인으로 추앙받는 공자孔子다. 다음 이야기를 보자. 진정한 성인은 오히려 불의한 곳을 찾아가 덕을 베풀어 바르게 이끌어 주는 진실한 의로움의 본보기라 할 수 있다.

나) 불의한 도적을 찾아간 성자 이야기

옛날 인도에 왕자의 신분을 버리고 걸식으로 한세상을 살다간 성자가 있었다. 그는 예의범절이라는 규범에 얽매이기보다 마음을 중시하는 사람이었다. 그는 천하를 두루 다니면서 자신의 사상과 철학을 널리 전파하였다. 제자들도 많았고 백성과 왕들로부터 존경을 받았다. 하지만 그는 벼슬에는 뜻이 없었다. 고귀한 신분이든 천한 신분이든 조금도 차별하지 않았다. 상대가 누구든 덕을 베푸는 데만 평생을 바쳤다. 더러운 것을 피하지 않았으며 깨끗하다고 특별히 가까이하지도 않았다. 그렇게 백성을 제도하던 어느 날 흉흉한 소문 하나를 들었다. 깊은 산중에 강도질을 일삼는 도적 떼가 있는데 인의나 예 따위는 안중에도 없고 살생도 마다하지 않는 흉악한 자들이라 하였다.

왕도 어찌하지 못할 만큼 용맹하기까지 하여 백성들의 공포가 이만저만이 아니라는 말을 들은 성자는 혼자 도적들의 소굴을 찾아갔다. 그리고 도적 무리 500명을 설복하여 모두 제자로 삼았다. 후일 그 도적들은 크게 깨달음을 얻어 새사람이 되었다. 후세 사람들은 그들 도적을 오백나한五百羅漢이라 하여 오늘날까지 존경하고 있다. 도적이었던 그들을 존경받는 나한羅漢으로 이끈 성인이 바로 석가모니 붓다. 붓다는 의롭지 않다고 배척하지 않음으로써 의로웠다. 오히려 의롭지 못하고 흉악한 그들을 찾아가서 새사람으로 일깨워 놓으니 참 의로움이라 할 것이다.

성인으로 칭송받는 공자와 붓다 두 인물을 어떤 방식으로 비교할 수 있을까? 다음 이야기와 뒤를 이은 구절을 보자

다) 道를 얻은 진정한 성인은 물과 같다

물은 위에서 아래로 흐른다. 청정한 샘터이건 더러운 시궁창이건 가리지 않고 흘러들어 그곳을 적셔준다. 결과적으로 대지에 덕을 베풀어 자연을 낳고 길러준다. 거기에는 착한 짐승, 악한 짐승, 귀한 인간, 천한 인간의 차별이 없다. 모두 골고루 마시게 하여 생명을 자양해준다. 물은 한없이 부드러워서 다투지 않으며 높이 오르려고도 하지 않고 막히면 돌아간다. 세상에서 가장 부드럽지만 다른 것에 꺾이지도 않는다. 세상에서 가장 단단하다는 다이아몬드를 세공할 때 물의 압력으로 자르는 것을 보면 물은 제일 강한 존재다. 道를 얻은 진정한 성인이 바로 물과 같다. 물처럼 성품이 부드러워서 다투지 않으며 원한을 사지도 않으며 항상 덕을 베풂에 무위로 하므로 의지가 꺾여서 중단하는 바가 없다. 성인의 성품이 이러하므로 선생은 이렇게 적었다.

상선약수
上善若水 / 세상에서 가장 착한 것은 물과 같다

수선리만물이부쟁
水善利萬物而不爭 / 물이 착하다 함은 만물을 이롭게 하되 다투지 않기 때문이다

처중인지소악
處衆人之所惡 / 물은 모든 사람이 싫어하는 더러운 곳이든 가리지 않고 머문다

_{고기어도   거선지}
故幾於道 居善地 / 그러므로 땅에 흘러들어 땅을 살리는 ^道의 조짐을 물에서 알 수 있다

_{심선연   여선인}
心善淵 與善仁 / 마음은 연못처럼 깊고 고요해야 하고 줄 때는 선하고 인자해야 하며

_{언선신   정선치}
言善信 正善治 / 말은 믿음이 있어야 하고 나라는 선하게 다스려야 한다

_{사선능   동선시}
事善能 動善時 / 일에는 능력이 있어야 하고 움직일 때는 때를 알아야 하고

_{부유부쟁   고무우}
夫唯不爭 故無尤 / 이 중에서도 물처럼 오직 다투지 않는 것이 가장 훌륭하다. 참으로 위하되 위한다는 생각이 없이 위해야 허물이 없다

사람이 살아가는 데에 가장 중요한 것은 마음이다. 마음이 깊지 못하면 경망_{輕妄}되어 타인의 눈살을 찌푸리게 한다. 타인에게 덕을 베풀 때는 아무에게나 베풀어서도 아니 된다. 한마디 말이라도 믿음이 없으면 신용을 잃는다. 일을 도모하려면 당연히 능력이 있어야 한다. 일을 꾀함에 시와 때를 알지 못하면 실패한다. 봄에 심어야 할 씨앗을 여름에 심으면 씨앗이 썩고, 가을에 심어야 할 씨앗을 겨울에 심으면 씨앗이 얼어 죽는 것과 같다. 특히 나라를 다스리는 자가 올곧게 하지 않으면 나라를 망친다. 이러한 모든 인간사에서 가장 중요한 것이 물처럼 부드럽고 다투지

않아야 한다는 것이다. 사람이 바르게 살아가기 위한 갖가지 지혜 중에서 가장 귀하게 행해야 할 지혜가 바로 물처럼 무위로 위하고 낮은 곳에 임해야 한다는 것이다. 바로 성인이 할 바 진정한 의로움이 아니겠는가?

上篇 / 道

제 9 장

지 이 영 지 불 여 기 이
持而盈之不如其已
넘치게 지녔는데 더 보태면 잃는다

부귀하면서 교만하면
재앙이 미친다

곡식 한 되를 담을 수 있는 보자기에 한 말을 억지로 쑤셔 넣으면 보자기가 터진다. 밥 한 그릇이면 족한데 두 그릇 세 그릇 먹으면 위장이 병난다. 세상을 사는 이치가 그렇다. 타고난 재물 복이 백만 원인데 일억 원 욕심을 내면 백만 원도 잃고 나중에 빚까지 진다. 회사에서 과장이 알맞은 수준인데 이사가 되려고 무리하면 과장직도 잃는다. 세상사를 지켜보니 저마다 타고난 복이 있음을 알 수 있다. 재물 복 그릇이 크면 큰 만큼 부자가 되고 그릇이 작으면 작은 만큼만 얻는다. 그릇은 작은데 재벌 행세하면 거지가 될 것이다. 아울러 한 단체를 평화롭게 이끌려면 두루두루 살펴서 화합시켜야 한다. 누군가를 편애하면 서로 배척하고 시기와 질투로 다툼이 일어나 그 단체는 해체되고 말 것이다. 가정도 그렇고 국가도 그렇다. 어느 하나에만 편중되면 가정도 나라도 혼란에 빠진다. 자연을 보자. 뒤틀어진 나무가 보기 싫다고 잘라내면 자연의 미와 덕을 잃고 말 것이다. 세상의 이치가 이러하므로 선생은 이런 글을 남겼다.

지이영지 불여기이
持而盈之 不如其已 / 가졌는데 넘치면 지니고 있지 않음만 못하고

취이예지 불가장보
揣而銳之 不可長保 / 단련되어 있는데 날카롭게 하면 오래 보관할 수 없다

금옥만당 막지능수
金玉滿堂 莫之能守 / 금은보화가 집에 가득하면 능히 지킬 수 없고

부귀이교 자유기구
富貴而驕 自遺其咎 / 부귀를 누리면서 교만하면 재앙이 미친다

공수신퇴 천지도
功遂身退 天之道 / 공을 세운 후에는 물러남이 하늘의 道이다

먹이가 있는 곳에는 잡것들이 모여든다. 음식 찌꺼기에는 파리 개미 새 물고기 벌레가 모여들어 다툰다. 집안에 재물이 가득하면 온갖 인간들이 모여든다. 도적 사기꾼 강도 권력자 등 가지가지 재주꾼들이 모여들어 재물을 갈취한다. 부귀하다고 교만하면 원한과 시기로 해를 입는다. 그리 생각하면 인간 세상이나 동물 세상이나 미물 세상이나 그 속성은 다르지 않은 것 같다. 그러기에 선생은 공을 이루었으면 물러나라고 하였다. 더 채우려 욕심내지 말고 널리 베풀라는 뜻이다.

천지는 초목을 봄여름에 자라게 해서 가을에 열매를 맺어 뜻을 이루고, 그 열매로 널리 베풀어 준다. 그리고 물러나 겨울에 쉬고, 다시 봄여름에 초목을 길러 가을에 열매를 맺고 물러나기를 반복한다. 이것이 바로 천지의 道이다. 따라서 모름지기 인간이라면 뜻을 이룬 다음에는 즉시 물러날 줄 알아야 한다. 물러나지 않음은 넘치게 지니려는 욕심 때문이다. 그 욕심은 재앙이 된다. 충분히 지녔으면 물러나 널리 베풂이 무

위한 천지의 道에 부합함으로 삶이 자연과 더불어 안락해진다.

공을 이루고 욕심 때문에 물러나지 않은 사람들의 예를 들어보자.

중국 고대 역사에서, 漢한 나라 유방이 楚초 나라 항우를 제압하고 兩分양분 천하통일 초기 이야기다. 항우에게 늘 패하기만 하던 유방이 治國치국의 才士재사 장량의 계책과 병법에 능한 한신 대장군의 四面楚歌사면초가라는 전술로 최후의 전투에서 승리함으로써 천하를 통일할 수 있었다. 통일 대업 일등 공신 장량은 미련없이 물러났다. 하지만 역시 일등 공신이었던 한신은 자신의 공을 내세워 권력의 중심에 서려고 하였다. 이에 위험을 느낀 황후 여후의 계략에 빠져 죽임을 당하였다. 그뿐이 아니다. 중국을 지배한 元원나라를 물리치고 明명나라를 세운 주원장은 권력을 탐하는 신하 수천 명을 죽였다. 그리고 또 있다. 고려를 뒤엎은 조선의 3대 왕 이방원 역시 왕권 확립을 명분으로 수많은 공신을 죽였다. 이렇듯 역사는 교훈을 주는데 늙었는데도 부귀공명에 목메는 이들이 적지 않아서 탄식이 절로 나온다.

上篇 / 道

제 10 장

재영백포일
栽營魄抱一
넋을 묶어 기(氣)를 부드럽게 보내어라

혼백을 하나로 묶어야
道를 깨닫는다

이 장은 메타버스의 세계를 깨달을 수 있는 핵심 방편이다. 도덕경 전 81장이 이 한 문장에 집약된다고 해도 과언이 아니다. 선생의 가르침이 이 한 문장이 뜻하는 바를 이룸으로써 실현될 수 있기 때문이다. 지식만으로는 결코 천지의 道를 깨달을 수도 없고 본받아 행할 수도 없다. 반드시 정신을 주관하는 혼魂과 육신을 주관하는 백魄:넋 육신의 정기의 기운이 하나로 합쳐져야만 천지의 道를 본받아 성인이 될 수 있다. 넋은 육신의 정기로서 네 가지 물질 원소 지地흙 수水물 화火열 풍風에너지의 집합체이다. 그러기에 넋은 성분과 성질과 작용이 같은 세속에 탐착貪着함으로써 道를 지향하는 혼의 진심을 방해하는 번뇌의 온상溫床이다.

따라서 넋을 마치 탕아蕩兒를 바르게 이끌어 주는 아버지나 스승 같은 혼에다가 수행으로 밀착시키면 자연히 번뇌가 사라지고 道에 이르러 성인이 된다. 번뇌는 마음이 육신을 떠나 세속의 일에 관여함으로써 시작된다. 마음을 육신에 집중하여 떨어지지 않게 하면 번뇌가 일어나지 않는다. 붓다 사상의 핵심 논리 역시 '혼백을 하나로 묶으라'는 이 한 구절에 집약할 수 있다. 넋의 작용인 보고 듣고 냄새 맡고 맛보고 감각되는 오관五官을 완전하게 여의게 될 때 비로소 깨달음을 얻어 道를 실현할 수 있기 때문이다.

혼백을 일치시켜 깨달음을 얻을 수 있는 위대한 지혜 중 하나가 바로 제5장 풀무와 같은 호흡론^{呼吸論}이다. 호^呼는 몸속의 탁기^{濁氣}와 번뇌를 멸해주고, 흡^吸은 우주의 청정 기운을 받아들여 생존의 에너지로 작용하며 세속에 탐착한 넋의 탁기^{濁氣}를 맑게 해준다. 그리하여 혼백이 하나로 묶이면 대도^{大道}를 얻을 수 있거니와 선생이 깨달음을 얻는 방편을 간단하면서도 구구절절 바르게 써놓은 아래 구절을 먼저 문자 그대로 직역^{直譯}한 다음, 선생이 진정으로 말하고 싶은 뜻이 무엇인지 생각해보자.

재영백포일　능무이호
載營魄抱一 能無離乎 / 넋을 하나로 묶어 떨어지지 않게 할 수 있느냐?

전기치유　능여영아호
專氣致柔 能如嬰兒乎 / 오로지 한곳으로 기를 부드럽게 보내어 어린아이와 같이 할 수 있느냐?

다시 한번 강조하거니와 이 두 구절이야말로 道를 얻을 수 있는 위대한 가르침이다. 아마도 선생이 道를 얻기 위해 스스로 실천한 수행론이라 생각된다. 한마디로 요약하면 道를 얻을 수 있는 최상의 지혜가 수행이며, 그것은 혼백을 하나로 묶을 수 있는 호흡에 있다. 道를 얻기 위해서는 반드시 깨우침이 있어야 하고 깨우침은 일체 번뇌를 여의어야 한다. 번뇌를 여의기 위해서는 오로지 정신과 육신, 즉 혼백이 하나가 되어야만 가능하다. 정신일도 하사불성^{精神一到 何事不成精神}이 바로 그런 뜻이다. 정신이 하나가 안 되는 까닭은 오로지 오관에 있다.

오관은 넋魄이 주관하여 온갖 번뇌를 일으킨다. 넋이 정신을 혼탁하게 하여 道에 이르는 진여일심眞如一心에 이르지 못하도록 방해한다. 눈으로 귀한 것을 봄으로써 탐욕이 생기고, 마음을 빼앗는 소리를 귀로 들음으로써 유혹에 넘어간다. 거기다가 생명이 있는 것까지 먹음으로써 육신을 썩게 한다. 그리고 좋은 냄새에 취함으로써 정신을 현혹당하고, 느끼는 감각이 좋다고 색에 빠지기도 한다. 이렇듯 오관에 의해서 온갖 번뇌가 일어난다. 이러한 오관이 받아들이는 번뇌를 멸하는 최선의 방편이 혼과 백을 하나로 묶는 수행이다. 그 최상의 실천행이 호흡이다.

장자莊子가 이런 말을 하였다.

"눈은 아름다운 것만 보려 하고, 귀는 아름다운 소리만 들으려 하고, 입은 맛있는 것만 먹으려 하고, 코는 향기로운 것만 맡으려 하고, 몸은 좋은 감각만 느끼려 한다. 이렇듯 오관의 의지는 욕망을 채우려고만 한다."

그렇다! 오관이 받아들이는 욕망의 번뇌는 청정해야 할 정신을 오염시켜서 道에 이르고자 하는 참 마음을 방해한다. 따라서 육신의 정기인 넋백魄:음기陰氣을 잘 다스려야 道에 이를 수 있다. 재영백포일栽營魄抱一 구절 중에서 영營은 '경영한다'는 뜻이다. 넋魄을 잘 다스려서 오관이 번뇌를 받아들이지 않도록 하라는 뜻이다. 넋을 다스리기 위해서는 오관에 기氣를 부드럽게 보내야 한다. 기는 마음에 따라서 변화한다. 마음 가는 곳에 기가 있고, 기가 있는 곳에 마음이 있다. 동양의학에서는 심기신心氣身이라 한다. 마음이 기를 부려서 육신을 움직인다는 뜻이다. 힘이 없으면 기가 빠진 것이고 힘이 왕성하면 기도 따라서 왕성해진다. 그리고 마음이 거칠면 기가 거칠어져서 몸도 거칠어지고, 마음이 고요하면 기가 부드러워져서 몸도 부드러워진다. 기를 부드럽게 보내라는 것은 마음을 고요히 하라는 뜻이다.

마음이 고요해지면 오관이 다스려져 번뇌를 일으키지 않는다. 정신은 혼을 주관하는 양기陽氣이다. 육신의 정기인 음기가 정신의 정기인 양기를 받아들여서 음양이 결합하면 비로소 정신이 하나로 묶인다. 즉 영육이 하나가 된 정신일도에 이르러 道를 얻게 된다. 道를 얻으면 갓난아이처럼 순박해지니 이것이 바로 무위한 성인의 모습이다.

무위한 성인이 되기 위해서는 수행을 하여야 한다. 고요히 앉아서 마음을 부드럽게 하여 오관을 차례로 관觀하면서 오관이 일으키는 번뇌를 잠재워야 한다. 오관은 반야심경般若心經에서 오온五蘊이라 한다. 오온은 오관이 받아들이는 번뇌로서 붓다는 오온이 고통이요 재앙이라고까지 하였다. 따라서 수행으로 오온에서 벗어나면 보고 듣고 냄새 맡고 맛보는 감각 내지 의식되는 바가 없어진다. 그런 경계에 들면 드디어 道를 얻어 성인 혹은 대종사 혹은 붓다가 되어 늙음도 죽음도 뛰어넘을 수 있다. 선생은 그렇게 道를 얻으면 천지와 같이 무위해지고 갓난아이처럼 순일純一해진다고 하였다. 그리고 道의 기미를 알 수 있는 영아처럼 순일하기 위한 방편을 이렇게 썼다.

척제현람　능무자호
滌除玄覽 能無疵乎 / 번뇌를 씻어 제거하고 마음을 깊숙한 곳에 두어 사물을 거울처럼 환하게 꿰뚫어 볼 수 있느냐?

애민치국　능무지호
愛民治國 能無知乎 / 백성을 사랑하며 나라를 무위로 다스릴 수 있느냐?

　　수행지심修行之心으로 몸과 마음을 일체시켜 온갖 잡념을 여의고 道를 얻을 수 있느냐고 물었다. 마음을 깊숙이 둔다는 뜻은 삼매에 듦을 의미한다. 삼매는 온갖 잡념을 남김없이 버린 상태다. 그 상태가 바로 道에 이른 것이다. 道에 이르면 사랑이 샘솟는다. 선생은 그렇게 이른 道로서 백성을 사랑하여 나라를 다스릴 수 있느냐고 의문의 질문을 화두처럼 남겨 놓았다. 선생은 다음 구절에서 道에 이르렀을 때를 이렇게 썼다.

천문개합　능무자호
天門開闔 能無雌乎 / 하늘 문이 열리고 닫히듯 암컷처럼 무위로 할 수 있느냐?

명백사달　능무위호
明白四達 能無爲乎 / 모든 것을 깨달았지만 능히 무위로 할 수 있느냐?

선생은 하늘 문을 '현묘한 암컷의 문'이라 하여 여성의 자궁谷神에 비유하였다. 여성의 자궁은 배란기가 되면 성적 본능이 일어나 저절로 문이 열린다. 자궁 문은 열고 싶다고 열리고 닫고 싶다고 닫히는 것이 아니다. 때가 되면 저절로 열리고 닫힌다. 때란 무위에 따른 잉태와 탄생의 본능이므로 자연스럽다. 자연스러움은 계절이 오고 감에서도 나타난다. 겨울은 만물의 씨눈을 잉태하고 하늘 문을 닫는다. 그리고 봄에 저절로 열려서 만물을 무위로 탄생시킨다. 성인 역시 보옥 같은 덕을 품은 채 마음의 문을 닫고 있다가 때가 되면 저절로 마음의 문을 열어서 무위로 덕을 베푼다. 하지만 선생은 모든 것을 깨달아서 道와 같이 되면 아무것도 알지 못한다고 하였다. 붓다 역시 깨달음에 대해 무지역무득無知亦無得이라 하였다. 완전한 무위의 상태에 이르면 무엇을 안다는 의식조차 없다. 그냥 무덤덤하여 때가 되면 자궁 문이 여닫히듯 저절로 덕을 베풀기도 하고 그치기도 하는 것이다.

생지축지 생이불유
生之畜之 生而不有 / 태어나게 하였으나 쌓아두거나 보유하지 아니하고

위이불시 장이부재
爲而不恃 長而不宰 / 위하였으나 믿고 의지하지 아니하며 오래 주재하지도 않으니

시위현덕
是謂玄德 / 이것을 일컬어 현덕玄德:사람의 인식으로 헤아릴 수 없는 사랑이라 한다

수행을 통해 道를 얻으면 자궁문과 하늘 문이 무위로 열리고 닫히듯 무위로 덕을 베풀게 된다는 뜻이다. 무위로 나라와 백성을 위하는 성인은 하늘이 그러하듯 소유하거나 의지하지 아니하고 주재하지도 않는다. 이러한 무위의 위를 '현묘한 덕'이라 하였다.

上篇 / 道

제 11 장

당기무유기지용
當其無有器之用
만물은 빈 것에 의지하여 쓰임이 있다

성인의 마음은 텅 빈
큰 그릇과 같다

사람이 살아가는데 비어 있지 않으면 아무것도 할 수 없다. 그릇이 비어 있어야 담을 수 있고, 방이 비어 있어야 들어갈 수 있다. 집도 빈 곳을 의지해 지붕과 기둥이 있다. 하늘도 비어 있어서 무수한 별들이 존재할 수 있고, 땅도 비어 있어서 자연이 존재할 수 있다. 만물을 구성하는 소립자도 쪼개면 그곳도 비어 있다. 힌두의 경전인 우파니샤드 Upanishad에 이런 서사시敍事詩가 있다.

아들이 아버지에게 물었다.

"아버지 하느님이 어디에 있습니까?"

아버지가 대답했다.

"니그로자 나무 열매 하나를 가지고 오너라"

아들이 니그로자 나무 열매를 가져와서 말했다.

"아버지 여기 니그로자 나무 열매 가져왔습니다."

아버지가 말했다.

"칼을 가져와서 쪼개보라"

아들은 니그로자 열매를 쪼갰다.

아버지는 계속해서 쪼개라 하였다.

"아버지 아무것도 없습니다."

아들이 니그로자 씨앗까지 다 쪼개고 말했다.

"아버지 아무것도 없습니다. 비었어요!"

"아들아, 빈 그것이 바로 하느님이요 또한 너이니라"

텅 빈 것, 그것이 바로 道이자 유일자有一者다. 그 빈 것에 의지해 만물이 존재한다. 그리고 존재물 역시 빈 것에 의지해 형상을 갖추고 쓰임새가 있다. 그러므로 선생은 이렇게 썼다.

삼십복공일곡
三十輻共一轂 / 30개의 바퀴살이 한 구멍에 의지함으로써

당기무 유차지용
當其無 有車之用 / 마땅히 수레로서 쓰임새가 있으며

선식이위기
埏埴以爲器 / 진흙을 주물러 이겨 그릇을 만듦에 있어서

당기무 유기지용
當其無 有器之用 / 마땅히 그릇이 비어 있어야 그릇으로 쓸 수가 있다

착호유이위실 당기무 유실지용
鑿戶牖以爲室 堂其無有室之用
/ 창과 출입구를 만들어 방을 만드는데 마땅히 창과 출입구가 뚫려 있고 방은 비어 있어야 쓰임새가 있다

고유지이위리 무지이위용
故有之以爲利 無之以爲用
/ 그러므로 존재의 이익은 마땅히 비어 있는 데에 쓰임새가 있는 것이다

마음을 비워야 쓰임새 있는 삶을 영위할 수 있다는 뜻을 수레바퀴와 그릇을 예로 들어 비유하였다. 수레바퀴는 가운데 뚫어진 구멍 테두리에 여러 개의 가느다란 살을 이어놓았기 때문에 무거운 수레를 지탱할 수 있다. 아치Arch와 같은 이치다. 아치형으로 돌을 이어 만든 다리는 힘을 분산하기에 튼튼하다. 빈 곳을 가득 채우면 다리가 쉽게 금이 가고 무너진다. 일체 만물도 마찬가지다. 빈 곳이 있어야 한다. 해와 달과 별도 빈 하늘에 의지해서 존재한다. 자연은 땅의 빈 곳을 의지해서 존재한다. 빈 곳도 또한 존재하는 것에 의지해서 존재하고 있다.

존재하는 것有은 없는 것無에 의지하고, 없는 것無은 존재하는 것有에 의지한다. 따라서 무가 없으면 유가 존재할 수 없고, 유가 없으면 무가 존재할 수 없다. 마음 역시 비워야 쓰임새가 있다. 비운다는 뜻은 제10장 풀이대로 정신의 혼과 육신의 넋을 하나로 묶어 일체 번뇌를 여읜 상태이다. 그렇게 번뇌를 여의어 마음을 텅 비우면 하늘이 만물을 안고 있듯 천하 만백성을 한마음으로 품은 큰 그릇이 된다. 그러므로 허물이 없으니 실로 하늘과 땅과 사람의 이치를 달통한 대도인大道人이라 할 것이다.

上篇 / 道

제 12 장

색, 음, 미의 유혹
色, 音, 味의 誘惑
탐하면 나락에 떨어지는 오색 오음 오미

태어난 순간 혼백이 갈라져 道를 잃는다

10장에서 선생은 '혼백을 하나로 묶어서 떨어짐이 없이 할 수 있느냐'고 물었다. 혼은 정신이고, 백은 육신의 정기인 넋이다. 넋이 받아들이는 감정 기관은 오관이며, 혼백은 본래 모태 속에 있을 때는 떨어지지 아니하고 하나였다. 그러기에 태아는 순진무구하다. 모태 밖으로 나오는 순간, 혼백은 둘로 갈라져 갖가지 번뇌를 일으킨다. 선생이 마음과 육신을 한 묶음으로 일치시킬 수 있느냐고 물은 것도 그 때문이다. 마음을 육신에 집중시켜 마음이 육신을 떠나지 아니하고, 육신이 마음을 떠나지 않게 하면 일체 번뇌가 여의어진다. 일체 번뇌가 여의어지면 즉시 道의 세계가 나타나 대도大道를 얻는다. 그래서 선생이 모태 속의 태아처럼 혼백을 하나로 묶을 수 있느냐고 물은 것이다.

그린데 어찌하여 '수행으로 마음과 혼백을 하나로 묶으면 깨달음을 얻는다'라고 간단히 말하면 될 것을 왜 혼백을 하나로 묶을 수 있느냐고 물었을까? 그 까닭은 앞에서 여러 차례 강조하였듯 오관을 주관하는 넋이 번뇌를 일으키는 원인이고, 번뇌는 버리기 어려운 세속성이기 때문이다. 수행법을 말한 것이라 할 수 있다. 서로 떨어진 혼백의 작용에 탐착한 세속성을 여의고 한마음 한뜻에 이르기는 어렵다. 이는 포기하지 않고 끝까지 수행하기를 바라는 마음에서일 것이다. 번뇌를 여의어 일심에 든다는 것은 보통 사람으로서는 참으로 어려운 일이다.

오五는 오행을 뜻하고, 오행은 만물의 성질 성분 작용을 뜻한다. 오색은 모든 색깔의 기본이고, 오음은 모든 소리의 기본이며, 오미는 모든 맛의 기본이다. 오색은 흰색, 검은색, 붉은색, 녹색, 황색을 한 단어로 묶고, 오음은 궁宮:무거운 소리, 상商:경쾌한 소리, 각角:신명 나는 소리, 치緻:속삭이는 소리, 우羽:감미로운 소리를 한 단어로 묶고, 오미는 단맛, 쓴맛, 신맛, 매운맛, 짠맛을 한 단어로 묶은 말이다.

그런데 선생이 이 장에서 굳이 오색 오음 오미를 거론한 까닭은 무엇일까? 앞의 장에서 거론한 오관이 일으키는 번뇌 중에서 가장 일심一心을 방해하는 원인을 강조하기 위한 것이라 할 수 있다. 이렇게 풀어서 나열해놓고 보면 떠오르는 생각이 있을 것이다. 누구나 오색 오음 오미에 이성의 끈을 놓은 경험이 있지 않을까? 그리하여 나락에 떨어져 봤거나 떨어질 뻔한 순간을 지나쳐오지 않았을까?

오색은 아름다운 것만 보려는 눈을 유혹하여 번뇌를 일으킨다. 따라서 색깔은 진실한 마음을 빼앗는다. 특히 요염하거나 우아하거나 황홀하거나 정열적이고 화려한 색깔이면 더욱 그렇다. 의류 보석은 말할 것도 없고 음색 미색 등등 눈으로 받아들이는 각종 유혹의 색깔에 자아를 상실하는 경우가 허다하다. 더욱이 얻기 어려운 귀한 색깔을 보면 탐욕이 들끓고 남녀의 우아하고 황홀한 미색은 정염에 몸과 마음을 불태운다. 그렇게 마음을 빼앗기면 이성을 잃기 마련이다. 바르게 보고 바르게 느끼고 바르게 판단하여 바른 삶을 영위할 수 없다. 호된 시련을 겪거나 나락에 떨어지기도 한다, 따라서 눈으로 봄으로써 색色에 현혹되는 것은 진실을 못 보는 마음의 맹인盲人이다. 인생이 망가지면 앞을 못 보는 것만 못하다. 색깔에 현혹되지 말고 바르게 보아야 인생이 평안해진다.

오음은 아름다운 소리만 들으려는 귀를 유혹하여 번뇌를 일으킨다. 따라서 소리는 진실한 마음을 빼앗는다. 어찌 보면 소리는 보는 것보다 더 사람의 감정을 변화시킨다. 슬픔 기쁨 분노 증오 괴로움 즐거움 열정 절망 등등 귀로 듣는 소리는 사람의 마음을 사로잡는다. 세상사가 말하고 듣는 소리 때문에 펼쳐진다해도 과언이 아닐 것이다. 사기 폭력 협박 모함 유혹 간교 사랑 미움 등 갖가지 인간사가 소리 때문에 전개된다. 귀를 뜻하는 이耳는 '헤아린다'는 뜻이 있다. 바르게 듣고 바르게 헤아려서 바르게 생각하게 하는 중요한 기관이다. 하지만 사람은 유혹의 소리에 이성을 잃고 바르게 헤아리지 못하므로 재산과 명예와 신망을 잃기도 한다. 그리고 죄를 짓고 해를 입어 파탄에 이르기도 한다. 따라서 소리를 듣지만 듣는 소리를 바르게 헤아려야 한다. 상대방의 말소리를 귀담아 듣고 득이 될지 해가 될지 잘 헤아려야 탈이 없다.

오미는 좋은 것만 맛보려는 혀의 유혹이다. 맛은 진실한 마음을 빼앗는다. 오미에 대해서는 건강 면에서 생각해보는 것도 좋을 것 같다. 식도락가, 혹은 미식가라는 말이 있다. 식도락가는 음식의 道를 알고 즐기는 사람이고, 미식가는 입에 맞는 특별한 음식을 즐기는 사람을 뜻한다.

언뜻 보기에 두 말뜻이 같은 것 같지만 전혀 다르다. 음식의 道를 아는 식도락가는 맛이 있고 없고를 가리지 않는다. 그 음식만의 특이한 맛을 음미하여 즐길 줄 아는 사람이다. 그러나 미식가는 입에 맞는 음식만을 즐기는 자이다. 우리는 식도락가가 되어야 한다. 음식은 건강에 절대적인 영향을 미친다. 쓴맛은 심장 소장 심포 삼초, 신맛은 간담, 짠맛은 신장 방광, 매운맛은 폐 대장, 단맛은 비장 위장에 들어가서 그 장부를 돕는다. 따라서 체질에 맞게 음식을 먹는 것이 좋다. 여러 가지 음식을 골고루 먹으면 오장육부에 두루 좋다.

인생도 마찬가지다. 세상사에 꼭 입에 맞는 일만 있는 것이 아니다. 적성에 맞아서 마음에 맞는 일만 하는 사람이 과연 몇이나 될까? 행복한 사람은 현재 일이 적성에 맞건, 맞지 않건 가리지 않는다. 오직 그 일만이 주는 즐거움을 누리면서 일하고 콧노래를 흥얼거리면서 집으로 돌아가는 사람일 것이다. 그러나 반대의 경우 인생을 발전시킬 수 없다. 음식을 가려 먹어서 건강을 해치듯 입맛에 맞는 일만 고집하면 인생 편식가偏食家가 된다. 인생 편식가는 늘 불만에 싸여 행복을 모른다, 세상일에도 식도락가가 되어야 평안해진다. 그런 뜻에서 선생은 이렇게 썼다.

오색영인목맹
五色令人目盲　　／　오색은 눈을 멀게 하고

오음영인이롱
五音令人耳聾 / 오음은 귀를 먹게 하고

오미영인구상
五味令人口爽 / 오미는 혀를 썩게 한다

치빙전렵　영인심발광
馳騁畋獵 令人心發狂 / 말을 타고 달리며 사냥하면 마음이 발광하고

난득지화　영인행방
難得之貨 令人行妨 / 얻기 어려운 재화는 바르게 행동하는 데 방해가 된다

시위성인　위복불위목
是以聖人 爲腹不爲目 / 이에 성인의 참 마음은 재화를 재화로 보지 않는 데에 있다

고거피취차
故去彼取此 / 그러므로 얻기 어려운 재화를 취하려 하지 않는다

느닷없이 사냥 이야기가 나오니 생뚱맞다. 이에 대해 생각해보자. 사람의 마음은 이상할 때가 있다. 누구나 가까운 사람한테 한 번쯤 배신을 당해본 경험이 있을 것이다. 특히 이익을 위한 관계에서는 일상적이라 할 만큼 흔한 일이다. 그런데 이상하게도 목숨을 내놓아야 할 전쟁터에서는 거의 배신이 없다.

젊은 시절 월남전에 참전했던 필자의 경험이다. 처음 전장에 나갔을 때는 아무도 적에게 총을 쏘지 못한다. 사람을 죽이기가 두렵기 때문이

다. 그러다가 옆의 전우가 적탄을 맞고 쓰러지면 목숨을 걸고 전우를 구한다. 부모나 형제 같은 친족도 아니고 친한 사이가 아닌데도 그러한 행동을 한다. 그리고 죽음을 두려워하지 않고 적을 향해 총을 쏜다. 그러나 한 번 사람을 죽이면 다음부터는 두 명이건 세 명이건 망설이지 않는다. 눈에 핏발을 세우고 총을 난사한다. 기이하게도 사람은 피를 보면 자신도 모르게 발광한다. 그런데도 잔인해지는 자신을 알지 못한다. 물론 처음 피를 보면 두려워한다. 하지만 자신이 원해서 보는 피라면 오히려 쾌감을 느낀다. 사냥을 즐기는 사람들은 짐승이 피 흘리고 죽어가면 즐거워한다. 그래서 선생이 말을 타고 사냥하면 마음이 발광한다고 했을 것이다.

사람은 본시 얻기 어려운 재화 앞에서는 바른 생각과 바른 삶을 영위하지 못한다. 오색이 사람의 눈을 멀게 한다는 뜻은, 사냥할 짐승을 보고 느끼는 즐거움이라 할 수 있다. 오음이 사람의 귀를 멀게 한다는 뜻은, 짐승이 화살을 맞고 비명을 지르는 소리를 듣고 즐거워하는 것이라 할 수 있다. 오미가 입을 썩게 한다는 뜻은, 잡은 짐승을 먹고 즐기는 것이라 할 수 있다. 이처럼 사냥을 예로 든 까닭은 세상사가 먹이사슬이기 때문이다. 자신의 이익을 위해서 상대방이 어떤 먹잇감인지 판단할 수 있는 색깔, 유혹하기 위한 미끼로서의 소리, 먹잇감의 맛을 음미하는 자는 사냥꾼과 다르지 않다. 그러나 성인은 다르다. 자신에게 이익이 되는 재물에 현혹되지 않는다. 얻기 어려운 재물을 취할 생각을 하지 않기 때문이다.

上篇 / 道

제 13 장

위험지애
危險之愛
순수하지 못한 이기적 사랑은 일신을 그르친다

진실한 사랑은
목숨보다 귀하다

가) 임금의 총애와 신하의 충성 이야기

제나라 환공桓公:춘추오패의 첫 번째 패자霸者은 지혜가 뛰어난 관중管仲:환공의 정적에서 신하가 됨을 재상으로 삼아 천하 제후들의 맹주가 되었다. 그 제나라에 간교하고 음흉한 신하 셋이 있었다. 역아易牙 수초竪貂 개방開放이란 자들이다. 이들을 흉악한 귀신같다 하여 삼귀三鬼라고도 한다. 그들이 악독한 천성을 나타내기 전에는 하늘도 감읍할 만큼 충성심이 깊었다. 특히 역아는 임금에 대한 충심이 제 자식에 대한 사랑보다 깊었다. 역아는 본래 요리를 잘하는 천민인데 늘 귀한 신분에 오르고자 하는 마음을 가지고 있었다. 그러한 그에게 출세할 기회가 찾아왔다. 어느 날 환공이 농담 삼아 세상의 고기는 다 먹어 보았지만 사람 고기만은 못 먹어 보았다며 묘한 표정을 지었다. 그 말을 들은 역아는 집으로 돌아가 하나밖에 없는 어린 아들을 산으로 데리고 가 죽였다. 그리고 자식의 살을 베어 국을 끓여 환공에게 바쳤다. 인육 맛을 본 환공은 처음으로 맛보는 고기의 맛이 일품이라고 감탄했다. 나중에 그 고기가 역아의 어린 자식의 살코기란 걸 안 환공은 역아를 세상에 다시 없는 충신이라 칭찬하며 벼슬을 주었다.

삼귀 가운데 두 번째인 수초는 환공을 항상 곁에 모셔야 한다며 자신의 성기를 제 손으로 잘라 버리고 환관이 되었다. 세 번째 개방은 한 시도 환공의 곁을 떠날 수 없다며 부모가 죽었는데도 장례에 가지 않았다. 환공은 그들 셋의 헌신에 감복하여 역사에 길이 남을 충신이라며 애첩보다 더 총애하였다. 이를 지켜보며 묵묵히 나라를 경영하던 관중이 죽을 때가 되자 환공에게 이렇게 유언을 남겼다.

"세상에서 가장 귀한 것은 자기 자신이고 다음은 자식이요 부모입니다. 그런데 자신의 성기를 잘라내고 자식을 죽이고 부모의 장례에도 참석하지 않는 그들 셋은 반드시 임금을 해칠 것입니다. 반드시 그들 셋을 내 치셔야 합니다."

환공은 관중의 말을 듣지 않았다. 관중이 죽자 그들 삼귀는 두려울 것이 없었다. 추악한 본색을 드러내기 시작했다. 그런데도 환공은 그들을 더욱 믿고 의지하였다. 그들은 임금의 총애를 믿고 야망을 드러내기 시작하였다. 환공이 늙고 병들어 앞을 잘 보지 못하자 방안에 가두어버리고는 아무도 들어가지 못하게 아예 방 주위에 담을 쌓아 막아버렸다. 그리고 임금의 명이라며 신하들의 왕궁 출입을 막았다. 심지어는 왕비와 왕자의 접근도 막고 임금의 자리까지 넘보며 온갖 음모를 꾸몄다. 환공은 관중의 말을 듣지 않은 것을 후회하였지만 아무도 그를 구해 줄 사람이 없었다. 환공은 자신의 방에서 굶어 죽었다. 환공이 죽고 난 뒤에 삼귀도 신하들에 의해 비참한 최후를 맞았다.

모든 역사에서 총애가 지나쳐서 나라를 망친 예는 허다하다. 중국 최초의 하夏 나라 왕이 말희妹嬉라는 여자를 총애하다가 망하고, 두 번째 나라 은殷나라 왕은 달기妲己라는 여자를 총애하다가 망하고, 세 번째 나라 주周 왕 역시 포사褒姒라는 여자를 총애하다가 망조가 났다. 여인들의 치마폭에 놀아나 정사를 돌보지 않고 방탕했기 때문이었다. 요즘도 특정한 사람을 총애하다가 회사도 망치고 가정도 망치고 마침내 자신의 일생도 망치는 사람들이 적지 않다. 그리고 자신의 신분이 높아지면 겸손해질 줄을 모르고 아랫사람을 깔보고 무시하여 함부로 나대는 사람도 많다. 신분이 높을수록 근신하고 두려운 마음으로 처신을 바르게 하지 않으면 낭패를 당한다. 따라서 선생은 다음과 같이 썼다. 선생의 글을 곱씹어 볼 필요가 있다.

총욕약경　귀대환약신
寵辱若驚 貴大患若身
／총애는 욕됨이니 두려워하고 귀한 신분은 우환이니 제 몸처럼 귀하게 해야 한다

하위총욕약경　총위하득지약경
何爲寵辱若驚 寵爲下得之若驚
／어찌 총애가 욕됨이니 두려워해야 하는가? 총애는 천하여 얻음이라 두려워하고

실지약경　시위총욕약경
失之若驚 是謂寵辱若驚
／총애를 잃으면 욕이 되니 두려운 것이다

하위귀대환약신　오소이유대환자
何謂貴大患若身 吾所以有大患者
/ 어찌하여 귀한 신분이 우환이라 하는가? 자신에게 큰 우환이 있기 때문이다.

'총애를 받는 것은 욕이 된다'고 하였다. 그래서 '총애받는 것을 두려워하라' 하였다. 앞에서 예를 들었던 제나라 임금 환공과 역아 수초 개방처럼 비극적인 종말을 맞지 않으려면 그 상대가 누구이건 무모한 총애는 삼가야 한다. 고대 로마의 절대 권력자 카이사르 시저Julius Caesar도 총애하던 브루투스Brutus에게 살해당했다. 시저가 남긴 한마디가 **"브루투스 너마저?"** 였다. 우리나라 현대사에도 비슷한 비극이 있다. 1979년 10월 26일, 총애받던 중앙정보부장이 권력을 남용하던 경호실장을 죽이고 대통령까지 시해한 사건이다.

예나 지금이나 미천한 신분이 권력자의 총애를 받으면 본래의 미천한 천성을 드러낸다. 따라서 총애하는 쪽이나 총애를 받는 쪽이나 제 본분을 잘 지켜야 한다. 자신의 신분에 맞는 삶을 올곧게 살아야 하는 것이다. 그리하는 자만이 천하 만백성의 귀감이 되니 가히 성인이라 할 만하다. 이에 선생은 다음과 같이 쓰고 13장을 맺었다.

위오유신 내오무신 오유하환
爲吾有身 乃吾無身 吾有何患
　　／ 만약 자신의 몸을 앎에 있어서 귀한 신분이 아니라면 어찌 우환
　　이 있겠는가?

고귀이신위천하 약가기천하
故貴以身爲天下 若可寄天下
　　／ 따라서 제 몸 귀히 하듯 천하를 위해야 하니 천하를 맡기려면

애이신위천하 약가탁천하
愛以身爲天下 若可託天下
　　／ 천하를 제 몸같이 소중히 하는 그런 자라야 천하를 맡길 만하다

　앞에서 예를 들은 세 역적이 처음 신분처럼 천했다면 주인을 죽이고 자신도 죽이는 몹쓸 짓을 하지 않았을 것이다. 하지만 그들은 신분이 귀해지자 천하를 제 몸처럼 귀하게 여기지 않았다. 오히려 귀한 신분을 이용해 악독하게 탐욕을 부리다가 나라도 망치고 자신도 망쳤다. 모름지기 천하를 맡을만한 자는 마땅히 천하를 제 몸처럼 귀하게 하는 자여야만 한다. 선생이 뜻하는 천하를 맡을만한 자는 누구인가? 바로 道를 믿고 따르는 자이다. 자신의 이익에 득이 되면 아랫사람이 교활하고 비겁해도 총애하고, 윗사람이 사기범이고 흉악범이라도 충성하는 각계각층의 사람들, 총애 때문에 오욕을 남기지 않으려면 선생의 가르침을 주문처럼 되새기며 가정과 이웃과 나라를 자신의 몸처럼 귀하게 위하면 하늘에서 감로가 내리듯 복이 드리워질 것이다.

제 14 장

이, 희, 미 불가치힐
夷, 希, 黴 不可致詰
道는 무색 희귀 미세하여 밝혀볼 수 없다

道는 짙은 안개속의
꽃과 같다

해질 무렵 서녘에 은은한 하늘빛이라 해야 할까? 동틀 무끄무레 밝아오는 하늘빛이라 해야 할까? 산 너머 영롱한 무지개 색깔이라 해야 할까? 황홀이란 말 밖에 달리 표현할 수 없는 가상세계Metaverse를 선생은 굳이 道라고 명명하였다. 그러한 메타버스는 인식조차 하기 어렵다. 하지만 그러한 道의 존재를 알 수 있는 방법은 있다. 바로 수행으로 선정禪定에 들어 깨달음의 경지인 삼매三昧에 도달하는 것이다. 선정에 들면 오관과 의식에 어떤 인식도 없는 무아無我 상태에서 무어라 형용할 수 없는 황홀경에 놓인다. 그러한 황홀경이 바로 천지 만물을 창조한 道와 같은 것이다. 황홀경을 선생은 문자로 이렇게 표현하였다.

시지불견 명왈이
視之不見 名曰夷 / 보아도 색깔이 없어 볼 수 없음을 이夷라 하고

청지불문 명왈희
聽之不聞 名曰希 / 귀 기울여 들어도 들을 수 없음을 희希라 하며

박지부득 명왈미
搏之不得 名曰微 / 잡을 수 없어서 어렴풋하다 하여 미微라 하는데

차삼자 불가치힐
此三者 不可致詰 / 이 셋, 이夷, 희希, 미微는 밝혀볼 수가 없다

고혼이위일
故混而爲一 / 이 셋이 혼합하여 하나가 되어 있기 때문이다

선생의 글을 통해 道의 세계를 상상해볼 수 있다. 한 차원 높은 깨달음의 세계를 그려볼 수가 있어서 찬탄하여 마지않는다. 그런데 첫 번째 구절 이夷에 대하여 어처구니없는 해석을 늘어놓은 책자를 본 적이 있다. 이夷를 오랑캐라 해석하고, 짐승과 같은 오랑캐의 성질이라 하였다. 그리고 오랑캐가 중국에 침범해 재물을 약탈하고 바람처럼 빠르게 사라져서 그림자를 볼 수 없다는 뜻이라고 부연 설명까지 하였다.

이夷는 본래 사람을 뜻한다. 가까이 있으면 '이 이夷', 떨어져 있으면 '저 이夷' 또는 '그 이夷'라 하는 대명사이기도 하다. 한민족은 동쪽에 살고 있었으므로 '동쪽 사람'이란 뜻에서 동이東夷 또는 동이족이라 한다. 또는 사람 인人과 활 궁이 합해있어서 활을 잘 쏘는 사람이라고도 하고, 큰 대자가 있어서 대인大人이라고도 한다. 공자는 동쪽 한민족 나라를 군자국君子國이라고 하였다. 군자의 자子는 사람을 존칭하는 글자다.

눈으로 볼 수 없는 道를 이夷라 한 뜻은 '색깔이 없다'는 뜻으로 풀이함이 옳다. 따라서 道란 것은 자세히 살펴보고 싶어도 '색깔이 없기 때문에 볼 수 없어서 이夷라 한다'고 해석하면 억지스럽지도 않고 이치에도 맞는다. 뒤이어 道의 소리를 귀로 듣고 싶어도 들을 수 없어서 참 희귀하다는 뜻에서 희希, 그리고 道의 모양을 짙은 안개 속의 물체처럼 어렴풋하다는 뜻에서 미微라 함으로써 구절 전체가 부드럽게 이해된다. 거기다가 道는 이 세 가지가 혼합된 것이라 분별하기 어렵다고 한 데서 더욱 명료하게 이해된다. 따라서 선생은 뒤이어 이렇게 썼다.

기상불교 기하불매	
其上不皦 其下不昧	/ 그것, 즉 이夷 희希 미微가 혼합된 상태로서, 그 위는 밝지 않고 그 아래는 희끄무레하여 어둑어둑하지 않은 모양이

승승불가명 복귀어무물	
繩繩不可名 復歸於無物	/ 무궁무진하게 존재하여 이름을 말할 수 없다. 이름할 수 없는 그것 道로부터 탄생한 만물은 다시 아무것도 없는 그것, 즉 道로 돌아가거니와

시위무상지상 무물지상	
是謂無狀之狀 無物之象	/ 이러한 것을 일컬어 모양을 알 수 없는 모양(狀)이라 하고, 존재하되 무엇이라 말할 수 없는 것을 상(象)이라 하며

시위황홀	
是謂惚恍	/ 황홀하고 황홀하다 하는 것이다

道는 색깔이 없고 소리도 없고 모양도 없다. 그러나 위는 밝지 않다고 했으니 어둠이고 아래는 희끄무레하다 했으니 어둠 속에 빛이 있음을 나타내었다. 이는 어둠인 음과 밝음인 양이 결합한 상태라 할 수 있다. 즉 새벽 어둠을 희끄무레 밝히는 동이 트기 전의 여명에 비유할 수 있다. 그리고 그러한 상태가 한도 없고 끝도 없어서 무엇이라 이름 지어 말할 수 없는 것이라 하였다. 이에 대하여 우리는 환상적인 그 무엇을 보았을 때를 상상해볼 수 있다. 그것은 어떤 언어로도 표현할 수 없는 황홀경이다. 선생이 문자로 표현한 道의 세계를 그렇게 메타버스로 그려 볼 수 있을 것이다. 그렇게 환상적인 道로부터 태어난 만물은 반드시

태어난 그곳 道로 돌아간다고 하였다.

이 뜻은 어쩌면 불교의 윤회사상과 같다는 생각이 든다. 그렇게 오고 가게 하는 道를 모양을 알 수 없으나 무엇인가 있다는 뜻으로 상象이라 하였다. 상은 존재는 하는데 실제로 보지 못하기에 상상으로 그려보는 형상을 뜻한다. 상을 코끼리라 하는 것도 그 뜻이다. 동북아에는 코끼리가 없다. 누군가 남방으로 갔다가 코끼리를 보았다. 그리고 돌아와 그 짐승에 대해 말했다. 사람들은 그 말을 듣기는 했으나 실제로는 보지 못했다. 하지만 그런 짐승이 있는 것은 분명하기에 만들어진 문자다. 따라서 상이란 볼 수 없으나 존재한다는 뜻으로 쓰인다. 그리고 보이지는 않으나 존재가 분명한 상을 황홀이라 형용하였다. 황홀은 어떤 것에 마음을 빼앗겨 환상에 젖어 있는 상태를 형용한다. 道를 그렇게 형용한 선생은 뒤이어 이런 글을 써놓고 14장을 맺었다.

영지불견기수
迎之不見其首 / 헤아려 보자니 머리가 보이지 않고

수지불견기후
隨之不見其後 / 따라가자니 뒤(꼬리)가 보이지 않는다

집고지도　이어금지유
執古之道 以御今之有 / 옛날부터 지금까지 전해오는 道에 대한 그와 같은 모습을 살펴본 바가 있었으니

> 능지고시 시위도기
> **能之古始 是謂道紀** / 그 옛날 만물이 생겨난 처음의 모양(이夷 희希 미微)을 일컬어 만물의 기원이라 하는 것이다

이 구절에서 집고執古:옛날부터 전해지는 것란 뜻을 생각해보면 도서관 관리였던 선생이 오래 전부터 전해오는 책을 읽어보았다는 사실을 알 수 있다. 예전부터 전해지는 道에 대한 지식을 거울삼고 스스로 잘 깨우치고 있었기에 '이夷, 희希, 미微가 혼합된 곳이 만물이 시작된 기원이다'하고 자신 있게 썼을 것이다.

上篇 / 道

제 15 장

미묘현통
微妙玄通
미묘 현통한 선비는 깊이를 알 수 없다

道를 얻은 선비는 지극히
순박하고 자상하다

옛 성현의 뛰어난 지혜와 지식은 현대인의 학식을 뛰어넘는다. 우리는 성인이라 칭송하는 붓다, 공자, 소크라테스, 예수의 언행을 존중하고 신성하게 생각한다. 종교적 숭배 대상으로 격상했다. 행적은 기록으로 남아 있다. 그러나 그들 성인에 못지않은 옛사람들의 행적과 언행은 기록에 남지 않아서 아무도 알지 못한다. 기원전 4천 년 혹은 6천 년의 것으로 추정되는 하늘의 별자리를 그린 천문도天文圖가 있다. 천지 만물의 창조와 자연의 변화규율을 표시한 음양오행이란 문자 외에도 과학적으로도 검증하기 어려운 불가사의한 종적을 남긴 성인과 선비들이 있다. 생각하면 경이로울 따름이다. 그러기에 선생은 옛날에 완전한 덕을 행한 뛰어난 선비의 지식과 능력의 깊이를 감히 알 수가 없다고 하였다. 그리고 그들이 남긴 지식과 지혜를 거울삼아 도덕경 오천여 자를 써서 세상에 전하였다. 자신의 무위사상을 실천하려 한 것일까? 위대한 고대인들의 행적을 따른 것일까? 선생은 어느 날 홀연히 사라졌다. 언제 어디서 삶을 마감했는지 아무도 모른다.

선생이 옛 성현을 극찬하여 써놓은 내용은 이러하다.

^{고지선위사자}
古之善爲士者 / 옛날에 훌륭하게 덕을 실천한 성인 혹은 선비(士者)는

^{미묘현통　심불가식}
微妙玄通 深不可識 / 미묘한 것(道)을 환하게 깨달아서 앎의 깊이를 알 수 없다

^{부유불가식　고강위지용}
夫唯不可識 故强爲之容 / 비록 앎의 깊이를 지식으로 알 수 없더라도 억지로 일상의 몸가짐을 형용해보면

^{예혜약동섭천　유혜약외사린}
豫兮若冬涉川 猶兮若畏四隣 / 얼어붙은 겨울 내를 건너가듯 조심조심하고 사방 이웃 예와 겸손으로 대하였으며

^{엄혜기약객　환혜약빙장석}
儼兮其若客 煥兮若氷將釋 / 공손하고 삼가는 자상한 모습은 얼음이 녹듯 부드러웠다

^{돈혜기약박　광혜기약곡}
敦兮其若樸 曠兮其若谷 / 덕행은 통나무처럼 순박하고 텅 빈 마음은 만물을 길러주는 골짜기와 같았다

　　자상한 용모를 어디에다 비유하는 것이 좋을까? 아름답기로는 레오나르도 다빈치의 <모나리자>가 꼽히지만 포근함은 없는 것 같다. 불교의 관세음보살은 어떨까? 신성한 느낌은 들지만 어딘지 어질고 화평하고 포근하여 안기고 싶은 어머니 모습과는 거리가 있는 것 같다. 차라리 인자하고 포근한 할머니나 어머니상은 어떨까? 득도한 성인을 상상으

로 그려보면서 '공허하기로는 골짜기 같다'는 대목을 생각해보자.

광혜기약곡曠兮其若谷에서 광曠은 '밝다' '빛나다'는 의미지만 텅 비었다는 뜻도 있다. 곡谷은 골짜기이기도 하고, '흘려보낸 물로 만물을 길러준다'는 뜻도 있다. 따라서 이 구절은 道의 형용과 덕행을 득도한 성인의 마음으로 비유하여 말한다. 선생은 만물이 탄생하는 道를 곡신谷神이라 하였다. 따라서 여기에 쓰인 곡谷은 만물을 낳고 길러준다는 뜻으로 풀이된다. 그리고 광曠은 道의 또 다른 형용이자 득도한 성인의 마음을 비유한 말이기도 하다.

혼혜기약탁　숙능탁이정지서청
混兮其若濁 孰能濁以靜之徐清
　　　　　　／ 밝음과 어둠이 뒤섞여 흐릿한데 누가 능히 흐릿한 것을 급하지도 느리지도 않게 고요함으로 맑아지게 할 수 있는가?

숙능안이동지서생
孰能安以動之徐生　／ 누가 능히 안정되게 움직여 덕이 서서히 자라나게 할 수 있는가?

보차도자　불욕영
保此道者 不欲盈　／ 이러한 道의 덕을 지키고 보전하는 이는 덕을 넘치게 베풀려는 욕심을 내지도 않으며

부유불영　고능폐불신성
夫唯不盈 故能蔽不新成　／ 더 채우려고도 하지 않으며 새롭게 이루려고도 하지 않는다

밝고 어둠이 나누어지지 않아서 흐릿한 것은, 만물을 태어나게 한 그 이전의 道의 세계를 말함이다. 흐릿한 빛이 선명해지는 것은 어둠의 음기가 밝음의 양기와 화합해서 만물이 탄생 됨을 의미한다. 그리고 道가 만물을 탄생하게 하고 천천히 그리고 차고 넘치지 않게 한다고 하였다. 道가 그리하듯 성인 또한 道의 덕을 본받아 덕행을 할 때는 많이 베풀려고 하지 않으며 알맞게 베풀어 뜻을 이룬다. 덕을 베풂으로 무엇을 새롭게 이루고자 하지도 않는다. 道가 급하지도 않고 넘치지 않게 만물을 탄생시키듯 득도한 성인 역시 道와 같이 베푼다는 것이다.

제 16 장

만물운운 각복기근
萬物芸芸 各復其根
만물은 제각기 잘 자라서 근본으로 돌아간다

근본은 道이고
사람은 본성에 회귀한다

붓다는 삼매에 들어 깨달음을 얻은 다음, 마음의 눈으로 세상을 두루 살펴보았다. 타락한 중생이 하도 많아서 안타까웠다. 이에 결심하고 오십 년 세월을 중생 구제에 일신을 바쳤다. 그는 항상 명상으로 지극한 삼매에 들어 세상을 살폈다. 필자도 젊은 시절 한때 치열하게 명상 수행을 한 적이 있었다. 그때 화두는 수행의 바른 자세였다. 많은 시행착오를 거듭하던 어느 날 어쩌다 깜박 삼매에 들었다. 백두산 같은 우람한 산이 보이고, 경사가 거의 없는 넓은 기슭에는 잔디처럼 파릇파릇한 어린 풀이 아름답게 펼쳐져 있었다. 산자락으로 내려오니 노란 꽃이 활짝 핀 정원이 나타났다. 그리고 놀랍게도 그 꽃밭 가운데 책 한 권이 놓여 있었다. 미풍이 책갈피를 한 장 한 장 넘기는데 그렇게 염원하던 수행 자세가 그려진 그림이 나타났다. 나는 그림을 더 자세히 보려고 하였다. 하지만 그 순간 책도 꽃밭도 산도 사라졌다. 삼매가 두텁지 못한 까닭이었다.

명상 수행을 오래 하면 불가사의한 현상을 경험할 수 있다. 하지만 붓다나 선생처럼 오래도록 깊은 삼매에 들기란 매우 어렵다. 완전한 삼매에 들면 어떤 번뇌도 침범할 수 없도록 마음의 벽이 흔들리지 않는다. 마음의 벽이 얕으면 고요가 깨져서 가지가지 번뇌가 침범한다. 그러면 오래 삼매에 들어 세상의 그 모든 것을 살펴볼 수가 없다. 그런데 선생은 삼매에 들어 지극히 텅 빈 마음으로 오래도록 고요를 지켰다고 하였다. 그리고 그 고요함으로 천지자연을 살펴보니 만물이 한꺼번에 나타난다고 하였다. 그다음에는 만물이 무럭무럭 자라서 다 자란 뒤에는 다시 태어난 근본 자리인 道의 세계로 돌아가더라고 하였다. 참으로 대단한 능력이라 찬탄하지 않을 수 없다. 가히 붓다와 버금갈 정도로 득도한 인물이라 여겨진다. 그래서인지 선생의 사상과 철학에서 불경과 같은 내용을 많이 발견할 수 있다. 특히 불경에서처럼 득도의 근원은 한결같이 삼매에 들어 도탑게 고요를 지키는 데서 비롯됨을 다음 구절에서 알 수 있다.

> 치허극 수정독 만물병작
> **致虛極 守靜篤 萬物竝作** / 텅 빈 마음으로 고요를 흔들림이 없이 굳게 지키면 만물이 한꺼번에 환하게 나타난다
>
> 오이관복 부물운운 각부귀기근
> **吾以觀復 夫物芸芸 各復歸其根**
> / 내가 만물을 거듭하여 관찰해보니 쑥쑥 잘 자라서 다시 제각기 근본으로 돌아가더라

보통 사람은 치밀어 오르는 온갖 번뇌를 어찌하지 못한다. 하지만 오랜 수행으로 고요에 들어 자신을 관찰해보면 알 수 있다. 자신으로부터 솟아 나온 온갖 번뇌는 반드시 본성으로 되돌아가 고요해진다는 사실을 알게 된다. 그리고 번뇌가 본성으로 회귀하는 찰나가 바로 지극히 고요

해진 삼매경이다. 득도하여 성인이 되는 마지막 단계라 할 수 있다. 그러기에 근본에 회귀한 후의 상태를 선생은 이렇게 설명하였다.

<small>귀근왈정 시위복명</small>
歸根曰靜 是謂復命 / 근본으로 돌아감을 고요함이라 하고 고요함은 본성으로 돌아오는 것(命)이라 하며

<small>복명왈상 지상왈명</small>
復命曰常 知常曰明 / 본성으로 돌아옴을 항상 함(常)이라 하고 항상 본성으로 돌아옴을 아는 것을 밝음(明)이라 하며

<small>불지상 망작흉</small>
不知常 妄作凶 / 사람이 본성으로 돌아옴(常)을 알지 못하면 망령되게 흉을 짓는 것이다

근본으로 돌아간다는 것은 일체 번뇌를 여의고 고요한 상태인 지극한 삼매에 드는 것이다. 그 상태가 사람으로서 마땅히 행해야 할 본성으로 회귀한 道에 이른 것이다. 선생은 이것을 알지 못하면 재앙災殃이라 하였다. 그리고 아래와 같이 쓰고 16장을 맺었다.

<small>지상용 용내공</small>
知常容 容乃公 / 道를 알고 받아들이면 사사로움이 없이 공평하고

<small>공내왕 왕내천</small>
公乃王 王乃天 / 사사로움이 없어야 함이 왕이 할 바이며 왕은 곧 하늘이고

天乃道 道乃久 / 하늘이 곧 道이며 道는 곧 영원함이니
천내도 도내구

沒身不殆 / 몸이 없어질 때까지 오래오래 위태롭지 않다
몰신불태

道는 천지 만물 온갖 것들을 차별하는 법이 없다. 온 누리에 골고루 퍼져나가 물처럼 바람처럼 무위로 위해준다. 귀하고 천하고 예쁘고 흉하고 깨끗하고 더럽고 착하고 악하고를 가리지 않는다. 그리고 치우침이 없이 낳고 숨쉬게 하며 먹이고 길러주는 덕을 베푼다. 그러함에도 道는 자신을 위하지 않으며 오직 일체 존재를 위해 덕을 베푼다. 따라서 사사로움이 없다. 道가 그러하듯 모름지기 왕도 제 욕심을 버리고 만백성을 위해야 한다. 만백성을 위하는 것이 곧 하늘이 내리는 덕이며 道인 것이다. 하늘의 덕은 몸이 죽어 없어질 때까지 위태롭지 않게 보호해준다. 사람이 득도하여 신선의 반열에 올라 유유자적悠悠自適하는 이상적인 모습을 상상해볼 수 있는 대목이다.

제 17 장

<small>태상하지유 기차친이예</small>
太上下知有 其次親而譽
최상의 존재 道를 알면 道와 친해진다

道의 존재를 의심하거나
무시하지 마라

두둥실 뜬 보름달은 시상에 젖게 한다. 이태백이 호수에 비친 달을 움켜쥐려고 물에 뛰어들었다는 일화가 있다. 그만큼 달은 사람의 감성을 자아낸다. 그러나 막상 인공위성을 타고 가서 본 달은 지구와 같은 흙이란 것을 알고 나서 달의 신비는 사라졌다. 무지개도 그렇다. 비가 온 뒤에 하늘에서 땅으로 내린 오색 무지개는 황홀감에 젖게 한다. 그러나 무지개가 내린 곳으로 달려가 보면 무지개는 없고 허허한 땅과 하늘만 보인다.

선생은 道를 깨우친 심성은 추하고 아름다움을 분별하지 아니하고 오직 청정할 뿐이어서 가만히 앉아서도 천하의 일을 다 알고 죄를 지어도 용서받을 수 있다고 하였다. 그러나 道의 참됨을 모르면 어떻게 될까? 道를 얕은 지식으로만 알면 道를 칭송하지 않을 사람은 없을 것이다. 하지만 道는 얻기도 어렵고 세속적 이익이 되지 않는 것을 알고 나면 어떤 생각을 하게 될까? 틀림없이 道를 무시할 것이다. 그러기에 선생은 이와 같이 썼다.

태상하지유지　기차친이예지
太上下知有之 其次親而譽之
／최상의 존재(道)를 깨닫고 나면 그다음에는 최상의
　존재와 친해지지만

_{기차외지   기차모지}
其次畏之 其次侮之 / 그다음에는 두려워하다가 나중에는 무시한다

_{신부족언   유불신언}
信不足焉 有不信焉 / 믿음이 부족해서 그러함이니 道의 존재를 믿지 않고 의심하기 때문이 아니겠는가?

　태상太上은 위 없이 높은 곳을 뜻한다. 깨달음의 경지다. 그 경지가 바로 일체 번뇌를 여읜 道의 참모습이다. 불경 반야심경에서 '아누다라사삼보리'阿耨多羅三邈三菩堤라는 구절이 있다. 최상의 경지에 도달한 이상적 세계를 뜻한다. 따라서 '태상하지유지'太上下知有之란 道의 존재가 어떤 것인가를 알면 道와 가까워지려 한다는 뜻이다. 道와 가까워진다는 것은 道를 행하고자 노력하는 것을 의미한다. 그러나 그다음은 두려워한다고 하였다. 道와 가까워지려 하니 득도의 노력이 필요하고 득도의 노력을 하자니 보통 인간으로서 누리고 싶은 온갖 욕망을 절제해야 한다. 거기다가 치열하게 노력해야 하므로 보통 사람은 거의 불가능하다. 道의 길을 걷고 싶지만 쉽지 않으니 결국 포기하기 마련이다. 포기하고 나서는 생각은커녕 아예 무시해 버리기 일쑤다. 그런 자들을 선생은 道의 존재에 대한 믿음이 부족해서 의심하고 무시하는 것이라 하였다. 그리고 뒤이어 이렇게 썼다.

> 유혜기귀언 공성사수
> **悠兮其貴言 功成事遂** / 귀한 말을 따르지 않고도 일을 성취하여 공을 이루면
>
> 백성개위아자연
> **百姓皆謂我自然** / 사람들은 모두 자신에 의해 저절로 그리된 것이라 한다

천지 만물은 道로부터 탄생하고 道에 의해 존재하고 있다. 인간을 비롯한 자연의 모든 동식물과 미물은 물론 먼지 한 알까지 道로부터 태어나서 道의 작용으로 존재하지 않는 것은 없다. 자연을 변화시키는 기후와 숨을 쉬게 하는 공기, 몸을 움직이게 하는 에너지, 삶을 영위하게 하는 운명의 파노라마까지 道가 관여하여 전개된다. 다만 일상생활에서 덕을 얼마만큼 펼치면서 살아가느냐의 차이가 있을 뿐이다. '도력이 대단하다거나 없다거나' 하는 말은 그 때문에 생겨난 본능적 삶의 표현이라 할 수 있다.

태어난 것은 근본으로 돌아가는데, 道가 처음으로 만물을 태어나게 하였으나 근본으로 돌아오게 하였기 때문에 그 업業, karma의 작용으로 현재의 존재물도 근본으로 돌아가는 것이라 하였다. 이 말뜻은 불교의 윤회사상에 비교해볼 수 있다. 현재 삶의 상태는 이전에 지은 업에 의해 윤회한 응보라 한다. 따라서 道의 덕목을 얼마만큼 행하였는가가 삶의 잣대가 된다. 그러나 道와 가까워져서 道의 덕목을 온전하게 실천하기란 쉽지 않다.

道를 행하면 천지 만물을 한눈에 파악할 수 있다고 하였다. 세상 삶에 어떤 걸림도 없이 자유롭게 살아갈 수 있다고도 한다. 그런 사실을 알고 나면 道를 칭송한다. 그러나 막상 행하자니 부닥치는 여러 가지 난관을 극복하지 못함으로써 초심을 잃고 道와 멀어진다. 그러기에 보통 사람들은 道를 칭송하던 초심을 버리고 의심하기 시작하다가 나중에는 무시해 버린다. 그리고 道의 덕목을 지키고 행하기는커녕 자신의 물불 가리지 않고 욕망을 성취하고 나면 보란 듯이 자랑한다. 그다음에 기다리고 있는 것은 욕망을 위한 부도덕한 행위에 대한 응보이다. 세상사는 응보이자 동시에 응보의 시작이다. 그런 의미에서 현재 겪고 있는 삶의 행로를 스스로 지은 업이란 화두로 돌이켜 봄이 어떨까? 나라는 존재가 걸어온 과거의 삶을 곰곰이 반추해 보자.

上篇 / 道

제 18 장

대도폐유인의
大道廢有仁義
대도가 폐하고 나서야 인의가 있었다

혼란 속에서
진정한 도리를 찾는다

가) 소 잃고 외양간 고친다

예전에는 소 없이 농사를 지을 수 없었다. 그러니 소가 재산 1호였다. 이렇게 소중한 소를 농경시대 사람들은 누구나 끌고 가서 부렸다. 사람들은 이웃끼리 가족처럼 서로 믿고 의지하면서 살았기에 가능했다. 외양간 문을 막을 필요도 없었다. 이러한 농부의 마음이야말로 사람이 지켜야 할 마땅한 도리를 무위로 함이었다. 그런데 도둑이 들어 소를 훔쳐 갔다. 도둑을 맞은 농부는 망연자실하였다. 농부는 이웃을 의심하고 도둑맞지 않을 지혜를 짜낸답시고 외양간을 고치고 문을 걸어 잠갔다. 이 소문이 퍼져나가자 너도나도 서로를 의심하고 외양간을 고쳤다.

이 이야기는 우리에게 두 가지 사실을 깨닫게 한다. 하나는 외양간을 아무렇게 내 버려두어도 소를 잃지 않을 때까지는 사람이 지켜야 할 도리가 관습이어서 무위의 道가 물처럼 흐르고 있었다. 그러나 소를 잃고 나서는 무위한 道는 무너지고 작위적인 법칙이 생기게 되었으니 순박한 인심이 야박하게 변한 것도 다 그 때문이었다. 또 하나는 소 잃기 전에 예방해 두라는 뜻도 있다. 하지만 사람의 도리가 무위하게 지켜지면 굳이 예방도 필요가 없다. 그런 예방법이야말로 규범이어서 인간의 간교한 지혜로 인해 언제든 무너질 수 있다. 이러한 이치를 선생은 이렇게 표현하였다.

大道廢 有仁義 / 사람의 도리가 무너지고 나서야 인의가 있었다
대도폐 유인의

　대도^{大道}란 사람이 지켜야 할 마땅한 도리다. 인의^{仁義}는 넓은 의미에서 대도와 뜻이 같다. 대도는 무위한 道로서 꾸밈이 없고 질박하게 행하는 관습이다. 인의는 어질고 의로움을 뜻한다. 사람이 마땅히 지켜야 할 도리가 무너지면 가정도 사회도 국가도 흉흉하기 짝이 없을 것이다. 따라서 인간의 이성은 자연히 인의를 깨닫게 한다. 그런데 문제가 있다. 인의를 알면 인의를 지켜야 한다는 의무감이 따르기 마련이다. 그리고 의무감은 규범이란 형식을 취하게 함으로써 제멋대로 날뛰는 인간의 속성을 길들이려 한다. 따라서 인의를 지키려는 규범은 道를 지향하는 방편이라 지키기만 하면 자연히 무위에 이른다. 하지만 인간의 속성은 자신을 제어하기 어려운데 문제가 있다. 욕망의 불꽃을 삭이지 못함으로써 지혜를 다해 만든 규범은 순식간에 무너지고 만다. 지혜를 다해 생각해낸 작위적^{作爲的}인 규범은 언제든 대도를 무너뜨리고 부도덕한 인간으로 회귀시킬 수 있다.

　그러므로 道가 저절로 행해지는 자재율^{自在律}이 법이 없는 법으로서의 무위임에 마땅히 따라야 할 참 도리라 할 것이다. 자재율이란 신라 내물

왕 시기 대학자이자 충신이었던 박제상朴提上, AD 363-419이 저술한 한민족의 창세신화 <부도지>符都誌에 실린 한민족의 사상과 철학의 시원始原이다. 고대 한민족 나라의 국시인 홍익인간 사상이 자재율에서 나온다. 노자 선생의 무위자연 사상의 시원 역시 자재율로 스스로 발현하는 법을 이른다. 예를 들면, 나무는 좋은 공기를 내고 탄산가스를 배출하여 공기를 청정하게 해준다. 그리고 아름다움을 주고, 좋은 물을 주고, 온갖 먹을 것을 주고, 집을 비롯하여 온갖 것들의 재료가 되어 인간을 비롯한 일체 생명과 무생명 할 것 없이 덕을 베푼다.

베푸는 덕은 물과 같아서 그 무엇도 차별하지 않으며 대가도 바라지 않는다. 그러므로 자제율은 인간을 널리 이롭게 하는 홍익인간이요, 무위로 베풀기만 하는 道의 원형이다. 그러나 나무는 반드시 산소와 탄산가스를 내 뿜어야 하고, 온갖 것들의 먹이가 되어야 하고, 온갖 것들의 재료가 되어야 한다는 절대적 법이 정해지면 이때부터 나무의 존재 가치는 사라진다. 유위법이 그래서 생기는 것이다. 유위법이 생기면 나무는 쓰임새에 따라 하나둘 사라지고 땅은 황폐해지고 물과 공기는 탁해지고 먹을거리도 없어지고 만다. 그런 뒤에야 나무의 소중함을 알고 나무를 심고 보호하려 한다. 인간사가 다 그렇다. 무엇을 잃고 난 뒤에야 소중함을 알고 지키려고 후천적으로 꾸며낸 법이란 것을 정한다. 그 법이 배우고 익혀야 할 지식인 것이다. 이에 선생은 이렇게 썼다.

지혜출   유대위
智慧出 有大僞 / 지혜가 나타나서야 후천적으로 꾸며낸 것(大僞)이 있었다

소를 도둑맞으면 힘들여 외양간을 고치고 도둑질해서는 안 된다는 규범을 정해 놓는다. 하지만 아무리 훌륭한 규범도 인간의 속성을 고치지 못하면 헌신짝과 같다. 탐욕을 버리지 못한 인간은 고친 외양간을 더 교묘한 방법으로 무너뜨리고 훔칠 것이다. 예로부터 오늘날까지 그런 교묘한 지혜와 수단은 진화를 거듭하였다. 그에 상응하는 법규도 비례하여 늘었다. 따라서 순박하고 무위한 관습만이 진정한 대도大道라 할 것이다.

나) 육친이 불화하니 효도하고 자애하더라

부모 형제 처자가 서로 눈을 흘기는데 어째 자식은 부모에게 효도하고 부모는 자식을 사랑하게 되는 것일까? 육친은 부모 형제 처자식을 뜻한다. 반드시 서로 아끼고 사랑해 주어야 할 피붙이들이다. 그러함에도 불화하면 사람의 도리를 저버리는 것이니 道를 배반하는 것이다. 가정이 화목해야 만 가지 일이 잘 이루어지고 육친이 불화하면 가정은 풍비박산 난다. 하지만 생각해보자. 오래된 집이 비바람에 허물어지면 그 터에 훌륭한 집을 다시 세우고 옷이 낡으면 새 옷으로 갈아입는다. 마찬가지로 가난해야 악착같이 일해서 부자가 된다. 집안이 불화하면 당연히 망한다. 그런데 어떤 일이건 상대적인 일이 응하기 마련이다. 인간은

본래 道에 의해 태어난 道의 자식이다. 부도덕한 행위를 자성할 줄 아는 본성이 반전을 일으킨다. 불화함으로써 가정이 피폐해지면 저절로 본심으로 돌아가 불화를 극복하고 사람의 도리를 다하고자 한다. 그래서 인의와 충효가 나타난다. 세상사도 그렇다. 나락에 떨어져 보아야 제정신을 차리고 본래의 자리로 돌아오고자 한다. 그러므로 선생은 다음과 같이 쓰고 18장을 맺었다.

육친불화 유효자
六親不和 有孝慈 / 부모 형제 아내와 자식이 화목하지 않음으로써 부모는 자식을 사랑하고 자식은 부모에게 효도하였다

    육친불화가 그러하듯, 나라도 마찬가지다. 조선 선조 때 임진왜란이 일어나서 나라가 혼란에 빠졌을 때 비로소 목숨 바쳐 나라를 구하려는 충신이 벌떼같이 일어났다. 현대사에서도 다르지 않다 군부독재로 나라가 흉흉할 때 목숨을 내걸고 들고 일어난 의사들이 있어 민주국가로 거듭날 수 있었다. 프랑스혁명이나 미국 독립전쟁 등도 나라가 어려울 때 의로운 자들이 일어났다. 그러기에 선생은 계속해서 이렇게 쓰고 18장을 맺었다.

국가혼란 유충신
國家昏亂 有忠臣 / 나라가 암울하고 어지러워지고 나서야 충신이 있었다

제 19 장

절인기의 민복효자
絶仁棄義 民復孝子
인의를 버리면 백성은 부모에 효도한다

교묘한 수단은
악을 담는 그릇과 같다

가) 지혜를 버리면 백성에게 이익이 있다

지혜는 바른 삶의 도리와 방편이다. 강을 건너게 해주는 배와 같다. 배를 타고 강을 건넜으면 배를 버려야 한다. 배를 짊어지고 갈 수는 없다. 깨달았으면 지혜를 버려야 한다. 같은 이치로 바른 도리와 방편을 알고 행하였으면 마땅히 그 언행을 잊어야 한다. 잊지 않으면 내가 그 일을 지혜롭게 했다는 자만과 교만으로 바른 도리를 행하기 어려워진다. 전쟁에서 적을 이기기 위해서는 작전이 중요하다. 싸우기 위해서는 총칼이 있어야 한다. 하지만 전쟁에 이겼으면 마땅히 총칼을 버려야 한다. 총칼을 지니고 있으면 화를 입는다. 총칼을 녹여 농기구로 만들어 쓰면 천배 만배 이익을 남길 수 있다. 지혜란 무엇을 성취하기 위한 슬기로운 도구이민 쓸 일이 없으면 버림이 마땅하다. 그러기에 선생은 이와 같이 썼다.

절 성 기 지 　 민 리 백 배
絶聖棄智 民利百倍 / 성스러움을 끊고 지혜를 버리면 백성은 백배 이익이 있다

나) 인의仁義를 버려야 부모 자식 사이가 아름다워진다

천지는 바라는 바도 없고 조건도 없이 만물을 탄생시키고 길러준다. 하지만 병이 들거나 삶이 고달파도 구원해주지 않는다. 게다가 때가 되면 생명을 무자비하게 거두어간다. 그래서 천지는 인자하지 않다고 하였다. 천지의 덕행과 인자하지 않은 작용은 무위의 소치이다. 천지가 만물을 낳는 것은 인仁이고, 곧고 바르게 길러주는 것은 의義이다. 결코 작위적이지 아니하고 무위로 그리한다. 무위로 그리하므로 진실하다. 하지만 백성의 일은 작위적이다. 마땅히 어질어야 하고 일을 바르게 지키고 행해야 한다는 도리를 법칙으로 가르쳐 주었기 때문이다. 인의의 이치를 깨달았으면 버려야 한다. 버리지 않으면 작위가 된다. 작위는 규범이다. 규범의 울타리에 갇히면 위선이 따르기 마련이다. 깨달았으면 오직 무위로 해야만 위선 없는 진실이 바르게 나타난다.

장자는 인의는 인위적으로 만들어 낸 미덕美德이며, 인위적 미덕은 악을 담는 그릇과 같다고 하였다. 왜냐면 작위적인 인의는 규범에 얽매이기 때문이다. 규범에 얽매이면 자랑하는 마음이 생기고 위선과 아집이 발현된다. 따라서 천지처럼 무위하게 바라는 바 없이 어질고 의로워야 거짓이 없어진다. 그리함으로써 마땅히 지켜야 할 부모에 대한 효도와 자식에 대한 사랑이 더욱더 깊어질 것이다. 즉 본성에 의해서 저절로 우러나와 행하는 무위한 관습이야말로 작위적 인의를 초월한 무위의 道

라 할 것이다. 인의예지신仁義禮智信은 오상五常:사람이 지켜야 할 다섯 가지 도리으로서 중국 춘추전국시대에 사람의 도리가 무너지고 나라가 혼란에 빠지자 이를 바로 잡기 위하여 공자가 내세운 규범이다. 그것이야말로 작위적 규범이라 진정한 도리라 할 수 없다. 문자나 말로 인의를 깨달았으면 작위적인 인의는 버려야 한다. 그러기에 선생은 부모와 자식 간에도 작위적인 인의는 버리라 하였다. 본성에서 무위로 우러나오는 인의가 아니면 언제든 자식은 불효하고 부모는 자식을 미워할 수 있기 때문이다. 그러므로 선생은 이렇게 썼다.

절인기의 민복효자
絶仁棄義 民復孝慈 / 인을 끊고 의를 버리면 백성은 부모에게 효도하고 부모는 자식을 사랑한다

다) 교묘한 수단을 부리면 도적이 생긴다

인간사는 권력, 재물, 사랑 등을 쟁취하기 위한 원풀이 마당이 아닌가 싶다. 세상에는 이익을 위해 교묘한 수단, 방법, 모함, 음모, 기교가 난무한다. 비열한 자들에게 교묘한 수단은 삶의 방편이다. 남의 것을 훔치는 것만이 도적이 아니다. 올바르지 못한 수단을 부려서 이익을 취하는 것도 도적 행위이다. 이치에 맞게 공평하게 취해야 할 것을 수단을 부려서 더 많이 가져도 도적이 된다. 자연 생태계서도 그런 일은 다반사다. 도

적이 없는 세상은 오직 천지의 무위한 덕행밖에 없는 것 같다. 덕은 베풂이고 행은 실천이다. 덕을 베푸는 이타적 행위야말로 제 이익을 위하여 교묘한 수단을 부리지 않으니 도적이 생길 리가 없다. 이에 선생은 다음과 같이 썼다.

> 절교기리 도적무유
> **絶巧棄利 盜賊無有** / 교묘한 수단을 부리지 아니하고 이익을 멀리하면 도적이 없어진다
>
> 차삼자 이위문부족
> **此三者 以爲文不足** / 차 삼자(仁義 利巧)는 꾸며(文)서 표현하기는 부족하다
>
> 고령유소속 견소포박 소사과욕
> **故令有所屬 見素抱樸 少私寡欲**
> / 그러므로 지니고 싶거든 소박하게 부족한 듯 욕심낸다

차삼자此三者는 인의, 이익, 교묘한 수단을 뜻한다. 그리고 이 셋은 버리기 어렵다. 작위적인 인의도 버려야 하지만, 이익을 취하고도 만족하지 못하는 마음도 버려야 한다. 이익을 위한 수단은 무어라 표현할 수 없을 만큼 교묘하다. 양의 머리를 쓴 여우에 비유할 수 있다, 속으로는 음흉한 욕망을 품고 겉으로는 인의를 배반하는 자를 맹렬히 비난하고 분개하면서 자신의 가치를 이익의 대상에게 각인시키려는 자들도 많다. 그렇게 자신을 포장했다가 때가 이르면 욕망의 발톱을 드러낸다. 그런 자들은 후안무치해서 자신으로 인해 절망의 나락에 떨어진 상대를 가엾게 여기지도 않는다. 오히려 욕망을 채운 만족감에 쾌재를 부른다. 현세

에서도 이러한 인과응보는 끊임없이 시행되고 있다. 따라서 선생은 자신을 꾸미지 말고 선의에 대한 욕심이라 할지라도 조금만 내라고 하였다. 선의란 착한 마음이다. 착한 마음일지라도 무위가 아니면 위선이 될 수 있다. 과한 선의는 자기희생이 따르기 마련이고, 자기희생은 언제든 무위한 진심을 기만할 수 있기 때문이다.

上篇 / 道

제 20 장

절학무우
絶學無憂
배움을 끊으면 근심 걱정이 없다

선악의 차이는
얼마나 나는가?

'아는 것이 많으면 배를 굶는다'는 말이 있다. 식자우환은 지식이 많으면 근심 걱정이 많고 고난도 따른다는 뜻이다. 지식이 넘치는 탓에 자만에 빠져 어느 하나에 전념할 수 없어 궁핍해진다. 그리고 교만해지기 쉬워서 타인의 빈축을 사기도 한다. 배움은 지식을 받아들이는 것이다. 그러나 지식은 무엇을 깨우치기 위한 도구일 뿐 지혜도 아니고 목적 달성도 아니다. 유교의 예를 들어보자 공자와 맹자 주자의 가르침은 사람이 지켜야 할 도리를 규정해 놓은 훌륭한 지식이다. 예를 지킨다는 것은 규정해 놓은 도리를 어김이 없이 행하는 데에 있다. 하지만 지식이 높고 규정을 잘 알고 있다 해도 진심이 없으면 위선이 된다. 사람의 마음은 천변만화한다. 싫은데도 마지못해 지키는 예는 마음속의 음흉함을 감추는 것이다. 깍듯한 그 예에 속는 일은 예나 지금이나 비일비재하다.

인간의 본심은 道이므로 본래부터 예 그 자체. 예 그 자체이므로 본심대로 행하는 예는 진심이 우러나오는 것이어서 가식이 없다. 가식이 없으므로 마음에 걸림이 없고 마음에 걸림이 없으므로 근심도 없고 무위하기에 사람들로부터 해를 입을 일도 없다. 그러므로 배움이 많은 것보다 배워서 얻은 지식의 진실을 깨닫는 것이 중요하다. 깨달으면 손가락 하나 움직이는 것까지 도리에 어긋남이 없어서 근심 걱정은 물론 해를 입을 일도 없다. 그래서 선생은 이렇게 썼다.

절학무우
絶學無憂 / 배움을 끊으면 근심 걱정이 없어진다

유지여아 상거기하
唯之與阿 相去幾何 / 공손한 소리와 아첨하는 소리가 얼마나 차이가 나는가?

선지여악 상거하약
善之與惡 相去何若 / 선하고 악하고 서로 얼마나 차이가 나는가?

인지소외 불가불외
人之所畏 不可不畏 / 사람이 두려움에 놓이면 두려워하지 않을 수 없다

    배움을 끊어버린다는 것은 인의라는 규범에 속박되지 않는다는 뜻이다. 배워서 알게 된 것을 억지로라도 지키고 행하고자 하는 것이 걸림이 된다는 뜻이기도 하다. 선생의 탄식 어린 독백 같기도 하고 뒷사람들에게 남긴 화두 같기도 하다. 옳고 그름의 차이란 없다는 사실을 각각 독립된 문구로 남긴 구절이기도 하다. 공손한 소리로 말한다고 해서 그것이 옳다고 단정 지을 수는 없다. 예의 바른말에도 거짓은 있고 듣기 싫은 소리에도 진실은 있다. 소리에의 분별은 듣는 사람의 판단에 맡길 일이다. 인간의 상반된 마음을 조심하여야 한다. 진심을 알면 두려워하지 않아도 된다. 선악이란 본래 분별 되지 않는 하나였다. 사용하는 자에 의해 뱀 혓바닥처럼 나누어졌을 뿐이다. 선생은 고요한 道에 들어 분별하지 않은 마음을 다음 구절에서 이렇게 표현하였다.

<small>황혜기미앙재　중인희희</small>
荒兮其未央哉 衆人熙熙 / 삭막하고 삭막한데 사람들은 아직 해가 덜 떠오른 아침에 기뻐하고 기뻐하는구나.

<small>여형태뢰　여춘등대</small>
如亨太牢 如春登臺 / 사람들이 기뻐하며 소 양 돼지로 제사를 지내는데 누각에 오르니

<small>아독박혜　기미조　여영아지미해</small>
我獨泊兮 其未兆 如嬰兒之未孩 / 나만 홀로 담백하여 웃지 않는 미숙아처럼 어떤 기미도 나타내지 않는다

　　상상해보자. 이른 새벽 사람들이 즐거워하며 좋은 음식을 차려놓고 제사를 올리고 있었다. 하지만 선생은 홀로 사방이 보이는 높은 누각에 올라 세상만사를 잊었다. 누각은 마치 기척도 없는 깊은 산중처럼 고요한 정적만 흘렀다. 누각에 홀로 선 선생의 마음은 어땠을까? 선생은 갓난아이와 같다고 하였다. 일체 감정을 끊어버리고 정적과 하나가 된 적막한 삼매경에 든 것을 선생은 그렇게 표현했다. 이 문구에서 신선의 모습이 보인다. 하지만 다음 구절에서 무척 외로웠던 선생의 심중을 읽을 수 있다.

래 래 혜 약 무 소 귀
儽儽兮若無所歸 / 나만 홀로 지쳐서 피곤해도 돌아갈 곳이 없구나

중 인 개 유 여
衆人皆有餘 / (제사 지낸) 사람들은 남아서 모두 여유가 있는데

이 아 독 약 유
而我獨若遺 / 나만 홀로 버려져 오고 갈 데가 없는 것 같으니

아 우 인 지 심 야 재   돈 돈 혜
我愚人之心也哉 沌沌兮 / 나만 어리석고 사리에 어두운 사람처럼 흐리멍덩하구나

적막한 누각에 홀로 섰는데 돌아갈 곳이 없다는 대목에서 선생의 외로움을 짐작할 수 있다. 그러나 그 외로움은 보통의 외로움이 아니다. 적막한 가운데 혼자이니 외로운 것은 맞지만 우매한 사람의 마음 같다는 표현沌沌兮:돈돈혜이 남다르다. 돈沌이란 글자는 아직 음양이 분리되지 않은 어둠 속의 희끄무레한 빛과 같음을 뜻한다. 날이 밝지 않았으나 여명이 드리운 새벽을 생각해보자. 그리고 정신이 맑지 못한 우매한 사람 혹은 비몽사몽간의 정신이 돈沌에 비유된다. 그러한 돈의 상태가 바로 현묘한 道이다. 따라서 선생은 보통 사람이 느끼는 외로움과는 다르다. 세속과 동떨어진 외로움이 없을 수는 없지만, 道에 취한 기쁨 또한 없을 수는 없으므로 다음 구절을 이렇게 이었다.

속인소소　아독혼혼
俗人昭昭 我獨昏昏　　　/ 보통 사람은 환히 밝은데 나만 홀로 정신이
　　　　　　　　　　　　 흐릿하고

속인찰찰　아독민민
俗人察察 我獨悶悶　　　/ 보통 사람은 자세한 일까지 가차 없는데 나
　　　　　　　　　　　　 만 홀로 사리에 어두우니

담혜기약해　료혜약무지
澹兮其若海 飂兮若無止　/ 욕심이 없고 담박한 마음은 바다와 같은데
　　　　　　　　　　　　 바다에 부는 바람이 멎지 않듯

중인개유서　이아독완사비
衆人皆有徐 而我獨頑似鄙　/ 사람들은 평온하지만 나만 홀로인 고집이
　　　　　　　　　　　　　 천박하구나

아독이어인　이귀식모
我獨異於人 而貴食母　　/ 하지만 나는 타인과 달리 道를 먹고 사노라

　보통 사람들은 세상을 살기 위해 매사에 밝은 정신으로 살고 있건만 선생만 홀로 정신이 흐릿하다 하였다. 흐릿하다는 것은 술에 취하거나 정신이 해맑지 않다는 뜻이 아니다. 세상사를 여의고 무심한 道의 상태에 놓인 것을 의미한다. 무심하면 무엇이나 안개가 낀 듯 정신이 흐릿하게 느껴진다. 보통 사람들은 세상을 살피면서 이익이 되지 않거나 해가 되는 일은 가차 없이 처리한다. 하지만 선생은 세상사에 무심하여 욕심이 없으니 마음은 담박하여 바다와 같이 깨끗하고 넓고 깊다고 하였다. 거기다가 보통 사람들은 바다에 부는 바람 소리처럼 삶의 아우성을 그

치지 않지만, 선생 자신은 마치 쓸모없는 천박한 음식 찌꺼기같이 홀로 인 외로움을 고집한다고 하였다. 세속에 매이지 않는 자신의 처지를 있는 그대로 표현한 구절이다. 평범한 사람들 삶의 근본은 먹고살기 위한 것이지만 선생 자신의 근본은 道를 먹고 살기 위한 것이라 함으로써 세속을 초월한 정신세계를 표현하였다.

제 21 장

恍惚 (황홀)
道는 황홀하고 황홀하다

만물의 정기精氣는
눈부시게 빛난다

상^{象}과 정^{精}은 그 뜻이 심오하다. 이 두 문자가 道 자체이자 자연의 근원을 뜻한다. 선생은 道를 무어라 표현할 수 없어서 황홀이라 하였다. 황홀이란 환상적인 빛을 형용한 언어다. 무지개를 보았을 때나 극도로 아름다운 광경을 보았을 때 혹은 사랑이 극에 도달했을 때의 감정 등을 우리는 황홀이라 한다. 다만 선생이 형용한 황홀은 명상 중 삼매에 든 상태에서 마음의 눈에 환히 펼쳐져 보이는 광경이라 할 수 있다. 왜냐면 그 광경이 바로 道이기 때문이다. 그러한 광경을 보는 마음의 눈을 좀 더 깊이 집중하면 황홀한 그중에 만물의 상이 있다고 하였다. 존재하되 생각과 느낌으로만 알아차린 물질의 모양을 상이라 한다. 질^{質}은 만물의 성질 성분 작용을 품은 소립자^{素粒子}라 할 수 있다. 선생은 황홀경에서 질량^{質量}이 두텁게 믿음으로 보전돼 있음을 보았던 것이다.

공덕지용   유도시종
孔德之容 惟道是從 / 텅 빈 구멍에서 나온 덕을 용납하는 것만이 오직 道를 따를 뿐이다

구멍은 덕의 영기$^{靈氣:신령한\ 기운}$가 뿜어져 나오는 텅 빈 道의 곳에서 덕이 쏟아져나오는 곡신^{谷神}을 이른다. 이곳으로부터 나오는 덕은 道에 의한 道의 영기로서 道만을 따른다고 하였다. 덕은 베푸는 것이다. 만물을

낳아주고 길러주는 신령한 기운이 덕으로 나타나는 道의 정기이다. 따라서 덕을 용납하고 수용하는 것도 道이고, 그 작용 역시 道만을 쫓는다. 이렇게 道의 품에서 태어나서 덕을 입는 것은 道의 정기가 만물의 질적 성분과 성질이며, 그것이 만물의 최소단위인 소립자素粒子라 할 수 있다. 그리고 道의 작용으로 소립자가 뭉치고 뭉쳐서 만들어진 것이 하늘이요 땅이며 자연이다. 이것을 일컬어서 선생은 이렇게 썼다.

도지위물 유황유홀
道之爲物 惟恍惟惚 / 道라는 물건은 오직 황홀하고 황홀한데

홀혜황혜 기중유상
惚兮恍兮 其中有象 / 황홀하고 황홀한 그중에 상象:모습을 알 수 없는 물질이 있고

황혜홀혜 기중유물
恍兮惚兮 其中有物 / 황홀하고 황홀한 그중에 물物:성질과 성분과 작용이 있으며

요혜명혜 기중유정
窈兮冥兮 其中有精 / 그윽하고 그윽하며 어둡고 어두운 그중에 정精:만물의 원기이 있으며

기정심진 기중유신
其精甚眞 其中有信 / 그 정기는 진실하고 진실하여 믿음이 보존되어 있다

자고급금 기명불거
自古及今 其名不去 / 예로부터 지금까지 그 이름(象精)이 사라진 적이 없었으니

> 이열중보　오하이지중보지상재!　이차
> **以閱眾甫 吾何以知眾甫知狀哉! 以此**
> / 그래서 살펴보면 모든 것(眾, 만물)을 내가 어찌 무엇이라 하겠는가! 모든 것을 깨달으니 자연히 이와 같음을 알 수 있었다

道를 물건이라 한 것은 모태가 자식을 품듯, 道가 만물의 상과 질과 정기를 머금고 있음을 뜻한다. 그리고 그 정기가 진화한 것이 만물의 씨눈이며, 이 씨눈이 모태 속의 태아처럼 만물의 핵核이 된다. 그리고 싹으로 자라나 완성된 것이 천지와 자연인 것이다. 선생은 이러한 사실을 깨달아 알 수 있었다고 하였다.

제 22 장

자연법칙
自然法則
자연은 스스로 존재하여 완전을 이룬다

곧으면 쉽게 꺾이고 굽히면
오래 보존된다

이 장은 곧고 바르게 하여 완전을 이루는 자연의 법칙에 대한 것이다. 자연의 법칙은 인간이 할 바 바른 행의 본보기가 된다. 그 본보기의 핵심은 곧은 나무는 목수의 도끼에 쉽게 베이지만 굽은 나무는 오래 보존된다는 데에 있다. 그러기에 굽고 못생긴 나무가 자연을 지켜준다. 인간 세상에서도 못난 사람이라고 소외시키면 사회가 불온해지는 것과 같다. 곧은 나무는 잘난 체하며 굽힐 줄 모르는 자존심과 교만함이고, 굽은 나무는 숙일 줄 아는 겸손함을 의미한다. 선생이 강조한 문구도 그런 뜻으로 풀이되거니와 남긴 교훈은 다음과 같다.

곡즉전 왕즉직
曲則全 枉則直 / 치우친 것은 온전해지고 어긋난 것은 곧아지며

와즉영 폐즉신
窪則盈 幣則新 / 오목한 것은 채워지고 해진 것은 새로워지며

소즉득 다즉혹
少則得 多則惑 / 적은 것은 얻어지고 많으면 미혹해진다

시이성인포일 위천하식
是以聖人抱一 爲天下式 / 성인은 하나를 끌어안아서 천하를 위해 본보기로 삼는다

불자견고명 불자시고창
不自見故明 不自是故彰 / 자신을 드러내지 않아서 밝아지고 자신이 옳다고 하지 않으므로 드러나고

부자벌고유공 불자긍고장
不自伐故有功 不自矜故長 / 자신을 뽐내지 않으므로 공이 있고 자신의 재
능을 내세우지 않으므로 공이 오래 지속된다

   천지의 道는 부족하면 채우고 어긋나면 펴 준다. 하지만 많으면 무엇에 미혹된다고 하였다. 그런데 선생은 하나를 끌어안아서 천하의 본보기로 삼는다고 하였다. 하나란 무슨 뜻인가? 道가 하나를 낳고 하나가 둘을 낳고, 둘이 셋을 낳고, 셋이 만물을 낳았다고 하였다. 하나가 하늘과 땅의 어머니(天地之母)라 하였다. 천부경에서는 하늘도 하나에서 생하고, 땅도 하나에서 생하고, 사람(萬物)도 하나에서 생하였다고 하였다. 따라서 성인이 하나를 끌어안는다는 것은 道가 낳은 하나의 모성적 작용을 말한다. 천지인을 낳되 만물을 이익되게 하고 곧고 바르게 품고 덕을 베푸는 道의 성품을 본보기로 삼아 천하를 위한다는 뜻이다. 따라서 성인의 마음이 곧 道이고 道의 성품이 성인이라 할 것이다.

   성인은 道와 같이 공덕을 내세우지 않으므로 그 공덕이 사라지지 않는다. 인간 세상에 자신을 내세워서 명성을 얻으려는 자는 많다. 그러나 눈에 잘 뜨이면 해를 입는다. 잘 뻗은 나무는 목수의 도끼에 베이고 아름다운 꽃일수록 쉬이 꺾인다. 사납거나 살찐 짐승은 목숨이 짧다. 주머니 속의 송곳은 언젠가는 드러난다고 하였다. 자신을 낮추고 묵묵히 제 일만 하면 저절로 드러나서 칭송을 받는다. 맡겨진 일에 충실하고 공이

있어도 내세우지 않고 자신을 낮추는데 누가 시기하고 질투하겠는가? 그것이 바로 무위의 道가 아니던가.

부유불쟁 고천하막능여지쟁
夫唯不爭 故天下莫能與之爭 / 싸우지 않으니 천하가 싸움을 걸 수 없다

고지소위곡즉전자 기허언재
古之所謂曲則全者 豈虛言哉 / 옛말에 휘어진 것은 온전해진다고 한 것을 어찌 빈말이라 하겠는가?

성전이귀지
誠全而歸之 / 진실로 온전하게 되돌려야 하는 것이다

굽은 것은 바르게 된다는 뜻이다. 자연처럼 세상사에서도 그릇된 것은 언제인가는 반드시 온전해지기 마련이다. 그리고 자신이 옳다고 우기고 자신을 자랑하고 겸손하지 못하고 굽힐 줄 모르는 교만이 다툼의 원인이다. 바르지 못한 언행을 온전하게 하고 자신을 낮추어 겸손하면 자연히 싸울 일도 없을 테니 어찌 허언이라 하겠는가.

上篇 / 道

제 23 장

표풍불종조
飄風不終朝
폭풍은 아침을 넘기지 못한다

큰 비가 내린 뒤에
태양이 밝게 빛난다

인생살이를 폭풍에 비유한 장이다. 폭풍은 무시무시한 파도를 일으켜 웬만한 배는 순식간에 집어삼킨다. 마을을 쓸어가고 자동차도 뒤집고 건물도 무너뜨린다. 그러나 폭풍은 아침을 넘기지 못한다. 대개는 아침 해가 뜨면 쥐 죽은 듯 잠잠해진다. 미쳐서 발광하다가 제풀에 지쳐 쓰러지는 짐승 같다고나 할까? 폭우가 그치지 않으면 천하가 물바다가 될 것이다. 그러나 천지의 道는 그리되도록 내 버려두지 않는다. 道는 많으면 덜어주고 적으면 채워주기 때문이다.

인생살이도 폭풍이나 폭우와 다를 바가 없다. 화급한 일을 당하면 사람들은 정신을 차리지 못한다. 혼이 나가고 넋이 빠져서 세상이 다 무너지는 것처럼 허둥댄다. 하지만 그때뿐 쉽게 잊고 만다. 성질이 급한 사람을 폭풍 폭우에 비유된다. 작은 일인데도 기분에 맞지 않으면 불같이 성질을 낸다. 어떤 사람은 죽일 듯이 덤빈다. 설사 성질이 급하지 않다고 하더라도 기분이 상하면 울분을 삭이지 못하고 벼락같이 성을 낸다. 하지만 성을 잘 내는 사람은 대개 소나기 온 뒤에 해가 떠오르듯 금방 화를 푼다. 성이 난다고 평생 화를 품고 살면 화 때문에 생명이 단축된다. 폭풍이 몰아치는 날과 분한 성질은 금방 지나가고 전혀 새로운 일과 마주하게 된다. 세상일이라는 것이 평화롭게만 전개되지 않는다. 언제 어느 때고 폭풍이 몰아치고 폭우가 쏟아진다. 그러나 인생에 잠시 잠깐 스쳐가는 비바람일 뿐 어느 사이 희망의 날은 저절로 찾아온다. 인생의 끝자락에서 돌이켜보자. 얼마나 누리고 살았나가 아니라 얼마나 회한 없는 인생을 살았는가가 잘 살고 못 살고의 잣대가 될 것이다. 그런 뜻에서 선생은 이와 같이 썼다.

희언자연　고표풍불종조
希言自然 故飄風不終朝 / 고요함은 자연의 본질이다. 그러므로 폭풍은 아침을 넘기지 못하고

취우불종일
驟雨不終日　　　　　　/ 폭우는 온종일 내리지 못하고 그치고 만다

숙위차자천지　천지상불능구　이황어인호
孰爲此者天地 天地尙不能久 而況於人乎
　　　　　　　　/ 이렇게 하는 자 누구인가? 천지가 오래지 못하도록 하는데 하물며 사람이라 하겠는가?

천지가 폭풍을 아침을 넘기지 못하도록 하고 폭우가 한낮을 넘기지 못하도록 한다. 고요함이 천지의 본질이듯 인간의 본질 역시 고요함이다. 고요함이 道이니 당연하다. 천지가 그리하는데 하물며 사람의 일이 오죽하겠는가. 이치가 그러하므로 설사 눈앞에서 태산이 무너지더라도 묵묵히 현실을 받아들이면 좋은 일이 오기 마련이다. 이러한 선생의 충고를 마음에 새겨두고 삶의 교훈으로 삼는 이가 현명한 자이다.

고종사어도자　도자동어도
故從事於道者 道者同於道 / 그러므로 道를 좇아 일하는 자 道와 같이 되고

덕자동어덕　실자동어실
德者同於德 失者同於失 / 덕을 베푸는 자는 덕과 같이 되고 道를 잃은 자는 道를 잃은 행동을 한다

　　천지의 道가 기후변화를 저절로 조절해주듯, 道를 좇아 道를 행하면 道와 같이 되고, 덕을 베풀면 덕과 같이 되고, 道를 잃으면 道를 잃은 것 같이 행동한다고 하였다. 무슨 뜻인가? 천지가 기후변화를 조절하니 천지가 바로 道이고, 폭풍 폭우를 거치게 하니 덕 그 자체이다. 다시 말해 그림을 그리다 보면 화가가 되고, 학문을 하다 보면 학자가 된다. 마찬가지로 道를 좇아 道를 행하면 道 자체가 되어 도인이 되고, 덕을 베풀면 베푸는 자로서 덕 자체가 된다. 하지만 道를 잃고 행하지 않으면 道를 잃은 자로서 자연히 부도덕한 자가 된다. 훔치는 버릇을 고치지 않으면 도둑이 되는 것과 같다.

동어도자　도역락득지
同於道者 道亦樂得之 / 道와 함께하는 자, 道로서 역시 즐거움을 얻고

동어덕자　덕역락득지
同於德者 德亦樂得之 / 덕과 함께 하는 자, 덕으로 즐거움을 얻는다

그림을 그리는 자가 그림을 그릴수록 즐거움을 얻고, 타인에게 베풀면 베풀수록 베푸는 즐거움을 얻는 것과 같은 뜻이다. 그러나 道를 잃으면 다음과 같이 된다.

<small>동어실자 실역락득지</small>
同於失者 失亦樂得之 / 道를 잃으면 잃은 자로서 행동하는데 역시 道를 잃은 즐거움을 얻거니와

<small>신불족언유불신언</small>
信不足焉有不信焉 / 道에 대한 믿음이 부족하면 道의 즐거움을 믿지 못한다

道를 잃으면 道를 잃은 자가 되니 곧 부도덕한 자가 된다. 농부가 일손을 놓고 노름에 빠지면 농부가 아니고 노름꾼이다. 道를 행하기 어렵거나 귀찮아서 道를 잃고 부도덕해지면 부도덕한 즐거움에 빠진다. 마치 일하기가 귀찮아서 일손을 놓으면 노는 즐거움에 빠지고, 허랑방탕에 빠지면 허랑방탕한 즐거움에 빠지는 것과 같다. 사람은 대개 道를 행하기 어려워서 道의 즐거움을 알지 못한다. 그러므로 道 아닌 세속의 즐거움에 빠지기 쉬워서 중생이란 존재에서 벗어나지 못한다.

제 24 장

도유자처신
道有者處身
道가 있는 자는 처신이 바르다

과신, 교만, 탐욕은
일신을 망친다

선생의 질펀한 말주변이 돋보이는 대목이다. 잘 난 체하거나 야심, 교만, 탐욕이 과하면 반드시 넘어지고, 자빠져서 일신을 망치게 된다. 그러기에 선생은 이렇게 썼다.

_{기자불입 과자불행}
企者不立 跨者不行 / 발뒤꿈치를 돋우어서 서는 자, 바로 서지 못하고 가랑이를 벌려서는 바로 가지 못한다

_{자견자불명 자시자불창}
自見者不明 自是者不彰 / 자신을 드러내 보이려는 자는 명료하지 못하고 자신이 옳다는 자 드러나지 못하며

_{자벌자무공 자긍자불장}
自伐者無功 自矜者不長 / 자신을 과시하는 자 공이 없고 자신의 재능을 믿고 자랑하는 자 오래 가지 못한다

_{기재도야 왈 여식췌행 물혹오지}
其在道也 曰 餘食贅行 物或惡之
/ 그런 것들을 道에서 말하자면 음식 찌꺼기 같고 혹을 달고 다니는 물건처럼 괴이쩍어서 싫은 것이다

_{고유도자불처}
故有道者不處 / 그러므로 道가 있는 자는 그런 처신을 하지 않는다

발을 돋운다는 것은 자신을 드러내 보이려는 인간의 속성을 비유한 말이다. 천리만리 길도 한 걸음부터 내디뎌야 하듯 큰 재물은 적은 것부터 차근차근 쌓아야 하는데 단숨에 거금을 움켜쥐려는 탐욕을 비유한 말이기도 하다. 뒤꿈치를 들고 발가락 힘으로 서면 바로 서기 힘들다. 오래 서 있으려고 애를 쓰면 앞뒤 좌우로 몸이 휘청이거나 넘어진다. '가랑이를 벌리면 바로 걸을 수 없다'도 재미있다. 가랑이를 벌리고 어찌 똑바로 걸을 수 있으랴! 세상을 바르게 살아야 하는데 도둑이 사타구니를 벌려서 담장을 타고 넘듯 모든 것을 급하게 이루려 타인을 뛰어넘는 비정상적인 삶의 자세로는 뜻을 성취하기 어렵다.

道가 있는 자는 현실에 만족할 뿐 욕망을 위하여 꾀를 부리지 않는다. 자신을 위장하여 타인의 부러움과 찬사를 받으려고 노력하지도 않는다. 허세를 부리지 않으며 공이 있어도 공을 자랑하지 않는다. 천하를 아우를 만한 재능이 있어도 재능을 드러내려고 하지 않는다. 그러므로 찌꺼기 같은 흔적을 남기지 않아서 현세는 물론 후세에도 그 자취가 아름답다.

上篇 / 道

제 25 장

_{인, 지, 천, 도, 자연}
人, 地. 天, 道. 自然
사람은 땅, 하늘은 道, 道는 자연을 본받는다

道와 천지만물은
서로 의지하고 있다

사람은 땅의 법도를 본받는다. 사람의 몸은 흙, 물, 열, 숨(地水火風) 네 가지 원소의 집합체이다. 흙地은 몸 전체를 구성하고, 물水은 몸을 자양하는 피이고, 열火은 몸을 보호하고, 숨風을 쉬는 기氣는 생명 활동을 하게 하는 에너지다. 이 네 가지는 땅의 원소와 같다. 흙은 지구의 몸이고, 강은 혈관이며, 열은 태양의 빛을 받아 땅속으로부터 발산하는 온기이고, 기는 자연을 숨 쉬게 하고 운동하게 하는 에너지다. 이러한 땅은 뭇 생명을 낳고 길러준다. 이로 인해 생명이 유지된다. 좋은 공기와 좋은 물 그리고 먹을거리로 덕을 베풀어 줄 뿐 보답을 바라지 않는다. 어디 그뿐인가! 일체 생명을 살아가게 해주되 더럽고 깨끗하고 악하고 선하고 부귀하고 빈천하고를 가리지 않고 받아주며 차별하지도 않는다. 생명을 다하면 그 주검까지 품어준다. 그리하는 것이 땅의 법도이고, 그 법도는 변하지 않으며 한결같다. 따라서 땅의 원소로 태어난 인간은 마땅히 땅의 무위한 법도를 본받아야 한다.

땅은 또 무엇을 본받는가? 하늘이다. 하늘은 땅이 없어지지 않도록 그 광대한 품으로 품어주며 사시사철 기후변화로 땅의 기운을 번갈아 주어서 새로운 생명을 탄생시켜준다. 거기다가 태양을 빛내어 땅을 따뜻이 하여 뭇 생명을 길러주고 광대한 품에 안고 영원히 사라지지 않게 한다. 그러므로 땅은 무위한 하늘의 법도를 본받는다.

하늘도 본받을 대상이 있으니 道를 본받아서 존재한다. 주지하다시피 道는 하늘과 땅을 탄생시킨 어머니와 같은 존재다. 어머니는 보답을 바라지 아니하고 베풀어만 주는 사랑의 여신이다. 사랑은 미움도 증오도 싫어함도 분노도 욕심도 배신도 없는 불가사의한 신의 절대적 덕이다. 따라서 道야말로 하늘이 본받아야 할 유일한 자에게 붙일 수 있는 호칭이다. 이름이 있다는 것은 상대적인 무언가가 존재한다는 뜻이다. 이름이 붙은 신은 유일한 자가 아니라 여러 무리 중의 하나일 뿐이다. 유일하다면 당연히 상대적 존재가 없는 절대적 존재이다. 따라서 道는 유일하여 이름이 없다. 다만 만물을 탄생시키고 덕만을 베푸는 존재가 있다는 사실을 말하기 위해서 굳이 붙인 이름 아닌 호칭인 것이다.

'道는 자연을 본받는다' 이 대목이야말로 본받아야 할 인간과 땅과 하늘과 道의 법도를 태동시킨 무위자연 사상과 철학의 근본이라 할 것이다. 필자가 알기로는 자연이란 용어를 최초로 쓴 인물이 선생이다. 선생의 무위론無爲論이 바로 자연에서 비롯되었다. 우리가 알고 있는 사연이란 초목을 비롯한 일체 생명체와 무생명체를 총칭한다. 틀린 말은 아니다. 하지만 자연의 궁극窮極의 뜻은 그게 아니다. '스스로 존재하여 우주에 저절로 이루어지게 하는 존재나 그 상태'가 자연의 참뜻이다.

선생은 제21장 자연의 법칙에서 황홀한 道 중에 상象 정精이 있다고 하였다. 스스로 존재하는 것은 道이며, 道의 핵심은 상과 정에 있다. 상과 정이 스스로 존재하여 만물을 이루어지게 한 道이자 자연인 것이다. 따라서 상, 정은 형이상의 존재로서 道이며 道가 곧 상정이다.

그러므로 상과 정이 스스로 존재하여 이루어지게 하는 자연이자 道인 것이다. 상은 코끼리를 상형한 문자이며, 모습을 알 수 없는 모습을 뜻한다. 일반인은 보지 못한 희귀한 코끼리를 보았던 누군가에 의해 만들어진 문자이다. 그러므로 道의 핵이라 할 상象은 '볼 수도 없고 만질 수도 없으나 존재하는 것만은 분명하다'는 뜻이다. 따라서 형이상形而上을 표현한 문자이며 모습이 없는 모습으로서 일체 만물의 원형이다.

그러므로 만물의 모습은 형이상의 상象에서 비롯되어 분화된 모습이며, 자연의 모습(상像)으로 존재하였다. 사람 인人 글자에 코끼리 상象이 결합한 '상像'은 실존하는 모습으로서 형이하를 표현한 문자다. 발로 걷는 것, 하늘을 나는 것, 땅속으로 다니는 것, 배로 기는 것, 물에서 헤엄치는 것 등 움직이는 생명체와 한자리에 있는 초목은 물론 생명이 없는 존재까지 보고 듣고 감각될 수 있는 일체가 상像이다. 그러므로 온 누리에 펼쳐져 있는 존재가 바로 형이하形而下의 道로서 실재하는 자연自然의 모든 모습(像)인 것이다.

정精은 천지 만물의 정기精氣이며, 참 생명과 참 성품의 근원이다. 따라서 형이상의 정기이며, 일체 생명의 목숨과 성품의 원핵原核이다. 정은 신령한 영기靈氣로서 마르지 않는 샘물처럼 영원하며, 그 성품은 참되고 그윽하여 오로지 덕만을 베푼다. 하지만 형이상의 정에서 비롯된 형이하의 정은 눈으로 보고 손으로 만질 수 있는 실재하는 물질적 속성의 집합체이므로 영원하지 못하다. 이러한 사실은 사물을 궁구窮究하면 형이상인 이理와 형이하인 氣가 동시에 존재한다는 주희朱熹, AD1130-1200 중국 남송南宋 유학자가 주장한 이기론理氣論 태동의 근거이기도 하다.

필자는 道의 본질인 상象과 정精을 '성스러운 영기靈氣로 존재하는 절대자'라 규정한다. 따라서 '누구로부터 태어나지도 않았고 무엇으로부터 만들어지지도 않은 스스로 존재하여 일체를 이루어지게 하는 자'로서, 상과 정은 道의 영靈이라 할 수 있다. 영을 신격화하면 유일신이며 하느님, 또는 하나님으로 정의할 수 있다.

위도 없고 아래도 없고 사방도 없는 광대무변한 대우주가 신의 몸이며, 몸을 부리는 자가 곧 신의 영靈인 것이다. 그리고 그 몸은 가늠할 수 없는 하나이므로 그저 크다는 말 외는 달리 표현할 수가 없어서 선생은 대大라고 하였다. 대, 즉 광대무변한 몸이야말로 상 정을 품은 道로 하여금 그 모든 것을 무위로 이루어지게 하는 존재로서의 형이상과 형이하의 자연(象精)이며, 신격 존재로서는 유일자唯一者인 것이다. 그러므로 유일자와 자연은 하나이며, 자연과 道 역시 한 묶음 속의 하나이다. 따라서 道는 자연을 본받거니와 道 역시 유일자를 본받는다. 따라서 자연과 道는 둘이 아니다. 유일자 역시 삼라만상의 모든 것과 둘이 아니다. 이치가 이러하므로 선생은 이렇게 표현하였다.

유물혼성　선천지생
有物混成 先天地生 / 존재하는 것(象 精)은 혼돈으로 이루어졌는데 하늘과 땅보다 먼저 생겼다

적혜요혜　독립불개
寂兮廖兮 獨立不改 / 적막하고 공허한 곳에 홀로 존재하여 새롭게 바뀌지도 않았다.

주행이불태　가이위천하모
周行而不殆 可以爲天下母 / 두루 행하여도 위태롭지 않았으니 실로 천하의 어머니라 할 만하다

오불지기명　자지왈도
吾不知其名 字之曰道 / 그렇지만 나는 그 이름을 알지 못하여 문자로 道라고 하였다

제1장부터 천지만물의 탄생론을 반복한 내용이다. 다른 장에서도 같은 뜻을 반복하는 문장이 더러 있다. 하지만 선생의 글은 일관되게 道의 논리 안에서 기술되어 있다. 이 구절 역시 앞의 장을 되짚어 상기하면서 해석하면 다음과 같다. 적막하고 빈 데서 저절로 일어난 카오스에서 만물이 탄생되었다. 하늘과 땅도 카오스 다음에 생겨났다. 만물은 우주에 널리 퍼져나갔다. 그러므로 천지사방의 그 모든 것의 어머니라 할 수 있다. 선생은 그 이름을 알지 못하여 道라고 호칭하였다는 뜻이다. 그리고

뒤이어 이렇게 썼다.

<small>강위지명왈대　대왈서</small>
强謂之名曰大 大曰逝　　／ 굳이 이름하여 광대함이라 하고 광대함은 널리 퍼져나가는 것이며

<small>서왈원　원왈반</small>
逝曰遠 遠曰反　　／ 멀리 퍼져나간즉 아득하고 아득한즉 되돌아온다

<small>고도대　천대　지대　왕역대</small>
故道大 天大 地大 王亦大　　／ 그러므로 道는 광대하고 하늘도 광대하고 땅도 광대하고 왕 역시 광대하다

<small>역중유사대　이왕거기일언</small>
域中有四大 而王居其一焉　　／ 道 중에는 네 가지 광대한 것이 있는데 왕도 그중 하나다

<small>인법지　지법천　천법도　도법　자연</small>
人法地 地法天 天法道 道法 自然
　　／ 사람은 땅을 본받고, 땅은 하늘을 본받고, 하늘은 道를 본받고, 道는 자연(象精)을 본받는다

여기서 강<small>强</small>은 기운과 세력이 왕성하다는 뜻이다. 그리고 대<small>大</small>는 광대<small>廣大</small>함이니, 곧 道이고 道는 광대한 모든 곳에 퍼져나가므로 서<small>逝:퍼져나감</small>라 하였다. 그리고 아득하도록 광대하게 퍼져나간 道는 본래의 자리로 되돌아오므로 반<small>反:되돌리다</small>이라 하였다. 따라서 道를 광대하다고 하는 것이며 하늘도 땅도 왕도 대<small>大</small>로서 道를 본받는 것이다. 道와 하늘<small>天</small>과 땅

地과 王 이 네 가지가 道를 본받는데 그중에서 왕도 광대하다고 한 것은, 道는 결국 인간을 위한 도리이기 때문이다. 인간을 위한 도리는 백성을 다스리는 왕이 솔선수범해야 한다. 그러면 백성이 본을 받아서 도리를 행하므로 천하가 태평해진다. 따라서 사람은 땅을, 땅은 하늘을, 하늘은 道를, 道는 자연(또는 唯一神)을 본받는다고 하였다.

제 26 장

성인종일행 불이치중
聖人終日行 不離緇重
성인은 천하의 짐수레를 떠나지 않는다

가볍고 조급함은
잃음의 근본이다

가) 가벼우면 잃고 무거우면 얻는다

'가벼우면 잃고 무거우면 얻는다' 이 말은 요즘같이 각박한 세상에서 새겨들어야 할 좌우명이다. 나이가 들다 보니 특히 이 말이 가슴에 와닿는다. 실제 얻은 것 보다 잃은 것이 많아서 그런 것 같다. 잃은 것이 많다는 뜻은, 무겁지 못하고 가벼웠다는 자책에서 나온 말이다. 가벼움의 원인은 크게 보아 다섯 가지로 나눌 수 있다. 하나는 신중하지 못함이고, 둘은 급한 성미고, 셋은 귀가 얇음이고, 넷은 쓸데없는 동정심이고, 다섯은 별것도 아닌 자존심이 아닌가 싶다. 그런데 그런 다섯 가지 원인을 제공한 또 다른 것이 있다. 그것은 바로 욕심이다. 이익을 전제로 다섯 가지 원인이 자행되니 말이다. 동정심이라든지 자존심 같은 경우는 욕심과는 거리가 있기는 하다만 결국 무엇을 기대하고 자행한 것이기에 욕심이란 테두리에서 벗어나기는 어렵다.

무거움과 가벼움이란 말뜻을 모르는 이는 없을 것이다. 무엇을 하던 욕심이 앞서면 반드시 위에서 말한 다섯 가지 잃는 원인을 자행하게 된다. 이익이 눈앞에 그려져서 이성적 판단을 하기 어렵기 때문이다. 그러기에 급해지고 귀가 얇아지고 자존심이 발동하고 호기를 부리고 동정심도 생기는 것이다. 특히 귀가 얇으면 남의 말을 잘 믿었다가 낭패 보는 경우가 허다하다. 이익을 위한 것이 아니더라도 상대방이 무엇을 해주겠다든지 혹은 존경한다거나 사랑한다는 등 듣기 좋은 칭찬에 이성적 판단이 흐려진다. 거기다가 잘 보이려고 혹은 호기를 부리거나 혹은 은근한 유혹이나 예사롭게 내뱉은 언어에 가슴이 설레기도 한다. 그렇지만 그 말이 헛된 것임을 알면 허망해져서 원망하고 분노하기도 한다. 그것은 잘못이 없으면서도 죄를 짓는 것이라 할 수 있다. 따라서 선생은 무거운 본성과 가벼운 속성을 짧게 한 문장으로 썼다.

중위경근 정위조군
重爲輕根 靜爲躁君 / 무거움은 가벼움의 뿌리이고 고요함은 조급함을 주재한다

    강물은 깊이 내려갈수록 무거워서 고요할 뿐 흔들림이 없다. 얕은 물은 바람이 불면 파도를 일으킨다. 나뭇잎은 미풍에 흔들리지만 뿌리는 흔들리지 아니한다. 사람의 본성인 道는 깊은 연못 같고 뿌리 깊은 나무와 같아서 고요를 지킬 뿐 흔들림이 없다. 오직 무위의 덕을 베풀 때만 곡신의 문을 열어 그윽한 기운을 내뿜어 베푼다. 하지만 속성은 얕은 물이나 가지 끝의 잎새처럼 가볍기가 이를 데 없다. 괴팍한 날씨처럼 천변만화한다. 욕망과 희로애락이 끓어오를 때는 본성인 道는 고요를 지키건만 세속적인 천성은 마른 잎새처럼 휘둘린다. 그러므로 도리를 잃고 조급해져서 해를 입는다. 이는 천하를 주재하는 왕이 백성을 도탄에 빠

지게 하는 것과 같다. 따라서 본성 道를 무겁게 지켜야 한다. 흔들림 없는 道로서 무겁게 처신하여 바르게 보고 바르게 생각하고 바르게 판단하고 바르게 말하고 바르게 행동하도록 타고난 천성을 길들이라는 성인의 가르침이다.

나) 천하의 짐수레를 떠나지 않는 마음

사람은 누구나 삶이라는 무거운 짐을 실은 수레를 끌고 한평생을 살아간다. 그러다가 짐을 내려놓는 날 저세상으로 떠난다. 삶의 짐이 많을수록 수레바퀴는 더디게 굴러가고 끄는 사람은 고달프기만 하다. 한세상 살아가는 대부분은 자신의 수레를 끌기에 여념이 없어서 남을 거들떠보지도 않는다. 나 살기도 버거운데 남의 삶을 돌아볼 겨를이 어디 있느냐 하는 마음 때문이다. 하지만 그렇지 않은 사람도 많다. 삶이 고달픈 늙은이가 폐지라도 주어 싣고 힘들게 삶의 수레를 끌면 뒤에서 밀어주는 고마운 사람도 적지가 않다. 어디 그뿐이랴! 삶의 무게를 감당하지 못하고 겨우 살아가는 이들이 있지만 그들의 짐을 덜어주는 천사 같은 이도 있다. 대개 그들은 무거운 삶의 수레를 고달프게 끄는 이들을 위해 봉사한다고 자랑하지 않는다. 홍익을 실천하는 의로운 마음은 천하의 짐수레를 떠나지 않는다. 그들은 한결같이 '나의 존재'를 지키면서 '너와 내가 하나인 우리'라는 인식이 마음속에 자리하고 있다. 따라서 때가 되면 자신도 모르게 의인의 마음을 일으킨다. 무위의 덕을 베푼다. 그

순간이 바로 성인의 모습이다.

   성인 역시 천하 백성을 다 구원하지는 못한다. 그러나 그 마음은 만백성의 고달픈 삶을 실은 수레를 떠나려 하지 않는다. 그 마음은 항상 천하의 짐수레가 되고자 삶의 영광을 초개같이 버린다. 석가모니 붓다가 그리하였고 예수 그리스도 역시 그리하였다. 가장 낮은 곳으로 가서 그들과 '우리'가 되어 세상을 널리 이롭게 하는 데 일생을 바쳤다. 우리의 역사에서는 대표적으로 세종대왕, 이순신 장군, 최재우, 최시영 선생 등이 천하의 짐수레 곁을 떠나지 않았다는 생각이 든다. 모름지기 한 나라의 수장이거나 높은 직분에 있는 이라면 마땅히 천하의 짐수레를 자청해서 끌어야 한다. 그래서 그런 인물을 일컬어 나라의 동량지재^{棟梁之材}라 하지 않았던가. 그런데 요즘 세상에 대통령을 비롯하여 하급 관리까지 나라의 동량이 몇이나 되는지 의심스럽다. 홍익인간의 탯줄을 이어받은 한민족이라면 천하가 아니더라도 삶의 무게에 짓눌려 사는 이를 위해 손을 내밀어 밝혀주어야 한다.

시이성인종일행 불이치중
是以聖人終日行 不離緇重 / 성인은 종일 할 일을 하되 무거운 짐수레를 떠나지 않으며

수유영관 연처초연
雖有榮觀 燕處超然 / 비록 영화로운 것을 본다고 하여도 편안한 즐거움에 초연히 처신하는데

내하만승지주　이이신경천하
奈何萬乘之主 而以身輕天下 / 어찌하여 왕이 몸을 가벼이 놀릴 수 있겠는가?

경즉실본　조즉실군
輕則失本 躁則失君 / 가벼움은 잃음의 근본이고 조급하면 권위를 잃는다

　　道는 만물을 낳고 품어서 생을 다할 때까지 돌보아 준다. 성인도 그러하다. 성인은 항상 천하 백성의 곁을 떠나지 않는다. 일국의 통치자도 그리함이 마땅한 도리이다. 만백성이 평생 끌고 가는 삶의 수레를 자신의 수레인 양 그 곁을 떠나지 아니하고 위해준다. 그리고 모름지기 일국의 통치자라면 나라와 백성을 무겁게 생각하고 신중해야지 가볍게 행동해서는 안 된다. 대통령부터 말단 공무원에 이르기까지 나라의 녹을 먹고 사는 공직자라면 선생의 교훈을 잊지 말아야 한다. 경망 되면 나라의 기틀이 무너지고 급하게 서둘면 주어진 권위를 잃는다. 부모 된 자가 집안일을 대충하면 가산이 탕진되고 가족 간에 불화가 생기듯, 통치자가 경망 되면 나라가 위태해진다. 나라가 위태해지면 백성의 신뢰를 잃기 마련이고 통치자로서 권위를 행사를 할 수 없다. 백성이 말을 듣지 않는데 어찌 나랏일을 주재할 수 있으랴. 그리하여 백성들로부터 화를 입는다.

上篇/道

제 27 장

선수불용주책
善數不用籌策
만 가지 일을 잘 헤아리면 계산이 필요 없다

마음 닦는 공부는
번뇌를 없앤다

가) 道의 문은 저절로 열리고 닫히지 않는다

나는 이 장을 세상을 달통한 현인賢人 내지 마음 작용의 논리로 해석하고자 한다. 원효대사가 풀이한 불경의 논서論書 대승기신론大乘起信論의 심체론心體論이 선생이 내린 정의定義에 가장 부합하기 때문이다. 사실 도덕경은 불경의 논리와 같은 부분이 많다. 거기다가 석가모니 붓다와 노자 선생의 지론은 일상적인 비유라 할지라도 지향하는 궁극은 깊고 높은 경지에 두고 있으므로 피상적인 해석은 진실을 왜곡할 수 있다. 하여간 선생이 써놓은 27장 첫 구절부터 보자.

선행무철적 선언무하적
善行無轍迹 善言無瑕謫 / 좋은 일을 행한 후에는 흔적이 없어야 하고

선수불용주책
善數不用籌策 / 좋은 말은 허물이 없어야 하고 헤아리기를 잘하면 계산이 필요 없다

금강경 제4장 묘행무주분妙行無住分과 뜻이 같다. 보시를 할 때 베풀어 준다는 마음을 갖거나 보여주기 위해서 혹은 대가를 바라고 하는 보시는 보시가 아니라 하였다. 상대방에 대한 우월감이나 명예와 명성을 기대하고 타인을 돕는다면 그 자체가 교만이다. 이는 선행이라기보다 자

신의 이익을 위한 투자와 같은 것에서 어떡하든 흔적을 남기려 하므로 진정한 보시라 할 수 없다. 예수 그리스도는 '오른손이 하는 일을 왼손이 모르게 하라'고 가르쳤다.

붓다가 법을 설하기 위한 어느 날이었다. 명성이 자자했던 그에게 경배하고 보시하려는 사람들이 모여들었다. 왕을 비롯해 귀족과 부자들은 값비싼 예물을 들고 왔다. 보통 백성과 빈천한 신분의 사람들도 제각기 가져온 예물을 붓다 앞에 보시하였다. 한 노파가 보시할 재물이 없어서 안타까워하다가 우연히 잔돈이 화장실 바닥에 떨어져 있는 것을 발견하였다. 크게 기뻐한 노파는 초 하나를 사서 붓다와 멀리 떨어진 끝자리에 앉았다. 그리고 촛불을 밝혀 보시하고 합장하였다. 그런데 갑자기 큰바람이 불었다. 여러 무리가 밝혀놓은 촛불이 순식간에 꺼지고 말았다. 하지만 노파가 밝힌 촛불은 꺼지지 않았다.

이때 붓다가 말했다. 커다란 재물을 보시한 사람들보다 가난한 노파의 보시가 복이 더 크다고 하였다. 예수 그리스도의 일대기에서도 유사한 이야기가 전해진다. 가난한 과부가 적은 돈을 헌금하는 모습을 본 예수는 그 과부가 그 누구보다도 복이 크다고 하였다. 바라는 바가 없이 무위로 덕을 베푸는 것이 진실로 복이 된다는 뜻이다.

보시뿐만 아니라 세상을 이롭게 하는 홍익 정신도 무위하게 하는 데에 덕이 있다. 만물을 낳고 길러주면서도 바라는 바가 없이 무위로 덕을 베푸는 천지의 섭리가 바로 진정한 홍익 정신이다. '좋은 말은 허물이 없어야 한다'는 뜻도 무위에 이른다. 미사여구, 과장, 허구, 거짓 등은 모두 진실을 포장한 위선들이다. 언젠가는 그 허물이 드러나거니와 음식 찌꺼기 같고 시궁창과 같다. 진실을 담은 말은 꾸밈이 없고 담백하여 변하지 않는 道의 향기가 난다.

그리고 '헤아리기를 잘하면 계산이 필요 없다'는 구절을 장사치의 산술算術, 또는 점술占術의 개념으로 보아서는 안 된다. 道를 논하는 선생의 의도와는 전혀 무관하다. 높은 경지의 무언가를 비유한 뜻으로 보아야 한다. 그것은 득도하여 세상을 달관한 도인道人의 혜안을 비유한 것으로 봄이 마땅하다. 즉 '무위한 道를 깨우치면 무엇이 이익이고 손해인지 헤아릴 필요조차 없다는 뜻'을 비유한 것이다. 주책籌策의 본래 뜻은 '이리저리 헤아린 끝에 생각한 꾀'이다. 세상사를 달관하여 무위로 말하고 무위로 행동해도 그릇되지 아니하고 도리에 어긋나지 않아서 어떤 걸림도 없으므로 일일이 셈할 필요가 없는 것이다. 다음 구절도 무위를 비유한 뜻이다.

선폐무관건이불가개
善閉無關楗而不可開 / 닫기를 잘하면 빗장이나 자물쇠가 없어도 열지 못하고

선결무승약이불가해
善結無繩約而不可解 / 매듭을 잘하면 끈으로 묶지 않아도 풀지 못한다.

이 구절에서 선생은 또 한 번 마술사처럼 신묘한 재주를 부린다. 그것은 마음 작용을 무위로 하는 최상의 지혜를 도둑 지키는 도구에 비유한 것이다. 道에 도달하기 위한 비법 아닌 비법을 깨닫게 해주려는 선생의 속 깊은 뜻이 숨겨져 있다. 따라서 이 구절의 뜻을 도둑을 지키기 위한 문단속쯤으로 해석하는 것은 무위를 훼손한다. 뿐만 아니라 앞뒤 구절이 잘 이어지지도 않는다. '빗장이나 자물쇠 매듭'이란, 천변만화千變萬化하는 인간의 마음 작용을 무위로 변화시켜 道를 얻게 해주는 지혜를 비유로 든 것이다. 그 지혜는 다름이 아닌 명상 수행법이다. 명상 수행은 온갖 번뇌를 멸하고 마음을 하나로 묶어 道에 도달할 수 있다. 그 이치는 다음과 같다.

나) 마음의 몸통과 두 개의 문

선생은 한결같이 무위한 道를 논하고 있다. 무위의 道에 이르는 방편도 기술해놓았다. 따라서 이 구절 역시 무위한 道의 관점에서 해석함이 옳다. 그런 까닭에 '빗장과 자물쇠, 그리고 매듭'을 도둑을 지키는 실질적인 물건으로 보아서는 안 된다. 두 가지로 갈라져 나오는 마음의 문을 여닫음을 비유한 것이다. 이에 대하여, 불경의 논서 대승기신론大乘起信論을 소疎한 심체론心體論:마음의 몸통이 잘 설명해준다. 원효대사가 말한다. '마음이란 있다고 말하자니 볼 수도 없고, 잡자고 말하자니 만질 수도 없다. 그렇다고 없다고 말하자니 생각과 말이 여기서 나오니 없다고도 할 수 없다' 그리고 대사는 '생각과 말이 나오는 근원적인 곳을 심체'라 하였다. 마음의 몸통인 심체의 본성은 고요함인데 선생은 고요함이 곧 道라고 하였다.

원효대사는 심체에는 닫아야 할 문이 있고, 열어야 할 문이 있다고 함으로써 유위有爲와 무위無爲를 구분했다. 제1장에서 마음은 하나인데 마음 구멍으로 나타날 때는 뱀 혓바닥처럼 갈라져 나온다고 했다. 이때 닫아야 할 문은 온갖 번뇌를 쏟아내는 유위한 문이고, 열어놓아야 할 문은 道가 면면히 쏟아져 나오는 무위한 문을 뜻한다. 따라서 번뇌를 쏟아내는 유위한 문은 마음의 빗장과 자물통을 채우거나 매듭으로 단단히 묶음으로써 바른 도리를 방해하는 번뇌를 막을 수 있다. 그러면 닫혀있던 열어야 할 무위의 문은 굳이 빗장이나 매듭을 풀거나 자물쇠를 열거나 할 필요가 없다. 저절로 열려서 골짜기 샘물처럼 무위한 道가 면면히 쏟아져 나온다. 그러므로 유위한 마음의 문만 잘 닫으면 굳이 단속할 필요가 없는 것이다.

그렇다면 어떤 연유로 빗장과 자물통을 비유로 들었을까? 대답은 간단하다. 명상할 때 요동하는 마음을 다스리기 위한 수행법을 말한 것이다. 마음이 빗장이요 자물통이며 매듭이다. 마음으로 닫아야 할 '유위한 번뇌의 문'만 단단하게 걸어 잠그면 열어야 할 '무위한 道의 문'은 저절로 열려서 닫히지 않는다. 이에 대하여 석가모니 붓다는 금강경에서, 금강金剛, Diamond을 세상에서 가장 단단한 것이라 하였다. 즉 무엇이든 자를 수 있으나 무엇으로도 부술 수 없는 다이아몬드처럼 마음을 굳게 하여 번뇌를 여의게 하는 경이란 뜻이다. 다이아몬드처럼 강하게 번뇌의 문을 단단히 걸어 잠그기를 지속하면 궁극의 목표인 道에 이르게 된다. 道에 이르면 굳이 마음의 빗장이니 자물통이니 매듭이니 하는 따위가 필요 없다. 이미 번뇌가 사라졌기 때문이다. 번뇌가 사라졌으므로 번뇌의 문을 굳이 닫을 필요도 없고, 열어야 할 무위한 마음의 문을 억지로 열 필요조차 없다. 道가 저절로 쏟아져 나오기 때문이다.

　실제 명상할 때는 끝도 없이 솟아오르는 온갖 번뇌의 문을 닫아걸어야 한다. 그리하여 분수처럼 솟는 번뇌를 가두면 닫혔던 道의 문이 저절로 열린다. 하지만 일순간이라도 번뇌가 일어나면 道의 문은 즉시 닫힌다. 번뇌는 수증기와 같아서 틈만 있으면 솟아 나온다. 굳은 결심으로 번뇌의 문에 빗장을 걸고 자물쇠로 채운 다음, 매듭처럼 번뇌를 단단히 묶어놓아야 번뇌를 여읠 수 있다. 그리하여 계속해서 번뇌의 문을 닫고 또 닫다 보면 번뇌가 조금씩 줄어들다가 어느 순간에 도달하면 유위한 번뇌의 문은 열리지 않는다. 그리고 드디어 무위한 문이 열리고 道에 이른다. 이에 천하 만민에게 덕을 베푸는 성인이 되는 것이다. 그러기에 선생은 다음 구절을 이렇게 이었다. 참고로 아래 세 구절은 바로 앞의 두 구절과 잘 이어지는 내용이다. 수행으로 닫아야 할 마음의 문을 잘 닫음으로써 득도한 성인이 마땅히 道가 만물을 위하듯 사람을 위하여 구원의 덕을 베푼다는 내용이다.

시이성인　상선구인
是以聖人 常善救人 / 성인은 사람을 잘 구원하고

고무기인　상선구물
故無棄人 常善救物 / 참으로 사람을 버리지 아니하고 만물을 잘 구원한다

고무기물　시위습명
古無棄物 是謂襲明 / 이에 만물을 버리는 바가 없으니 이를 일컬어 밝음에 이른 것이다

　　구원한다는 것은 가난한 자 병든 자, 죽어가는 자 등, 고달픈 사람을 구원한다는 뜻이 아니다. 그런 뜻이라면 천지와 성인은 인자하지 않다고 하였던 선생의 말에 위배 된다. 항상恒常은 道의 쓰임을 의미한다. 道는 만물을 낳고 길러주는 덕을 베푼다. 하지만 만물이 죽어가도 자연의 섭리에 맡길 뿐 치유해주지는 않는다. 그러나 죽은 목숨도 초목이 봄에 싹을 내듯 다시 태어나게 함으로써 결코 버리는 바 없이 섭리에 따라 무위로 구원해 준다. 성인 역시 열어야 할 문을 항상 열어놓고 있어서 무위한 道와 같이 무위로 구원할 뿐 버리는 바가 없다. 천지의 道가 자연을 떠나는 바 없듯, 성인 역시 백성을 떠나지 않고 무위로 위하므로 그러한 이치를 일컬어 습명襲明:밝음에 이름이라 하였다. 그리고 계속해서 다음 구절을 이렇게 이었다.

고선인자　불선인지사
故善人者 不善人之師 / 옛날부터 선한 사람은 선하지 않은 사람의 스승이고

불선인자　선인지자
不善人者 善人之資 / 선하지 않은 사람은 선한 사람을 본보기로(資 바탕) 삼아야 한다

불귀기사　불애기자
不貴其師 不愛其資 / 스승(善人)을 귀하게 여기지 아니함은 선한 것을 본보기로 삼지 않음이다

　　만물의 성질과 성분과 작용은 상대적으로 존재하면서 운동한다. 道가 만물을 생출生出 시키기 이전 음양이 분리되지 않은 상태가 道다. 이때는 분별함이 없어서 상대적으로 존재하지 않았다. 마찬가지로 심체의 본질은 상대적이지 않아서 차별이 없는 道 그 자체다. 그러나 세상에 태어남과 동시에 하나였던 혼백이 서로 떨어짐으로써 심체에 두 개의 문이 생겨났다. 열어야 할 문과 닫아야 할 문이다. 열어야 할 문에서 나오는 마음은 무위하여 차별이 없다. 차별이 없으므로 道의 본성인 덕만을 베푼다. 하지만 닫아야 할 문에서는 나오는 마음은 차별이 있다. 같은 마음자리(心體)에서 감정에 따라 사랑과 증오가 엇갈리게 나오는 것과 같다. 이때 사랑은 증오를 딛고 일어나고, 증오는 사랑을 딛고 일어난다. 사랑이 증오로 변하고 증오가 사랑으로 변하는 인간의 이중성이 그것이다. 이러한 이치에서 선생은 선이 악의 스승이고, 악이 선의 스승이라 하였다. 더럽고 추한 것에서 아름다움을 알 수 있고, 아름다움에서 추함

을 알 수 있으므로 둘 다 서로에게 스승이 되는 것이다.

'죄는 미워하되 사람은 미워하지 말라'는 가르침이 그 뜻이다. 인간의 본래 마음자리는 차별이 없으므로 하는 말이다. 연이어 선생은 이렇게 쓰고 27장을 맺었다.

> 수지대미　시위요묘
> **雖智大迷 是謂要妙** / 비록 지혜로우나 크게 미혹되면 묘함(道)이 필요하다 하는 것이다

지혜란 사물의 도리나 이치를 분별하는 슬기를 말한다. 그러한 슬기가 뛰어나도 정당한 도리나 이치를 실행하지 못하면 쓸모가 없다. 가령 사람은 착해야 한다는 원칙이 있다. 착한 것이 어떤 조건을 충족하기 위함이라면 욕망에 미혹된 것이어서 무위가 아니다. 무위가 아니므로 묘함이 필요하다고 하였다. 묘함이란 닫아야 할 유위의 문을 닫아거는 데에 있다. 그러기 위해서는 오직 하나, 마음 닦는 공부를 시작하는 데서 비롯되며, 그리함으로써 일체 존재물을 구원할 뿐 버리지 않으니, 그것이 바로 밝음에 이르는 진정한 지혜로서 습명襲明:밝음이 엄습함이라 하는 것이다.

上篇 / 道

제 28 장

중용지덕
中庸之德
치우침이 없는 화합이 중용의 덕이다

중용을 지키면
덕이 물처럼 흐른다

가) 태극 문양은 위대한 창조와 중용의 원리

천지 만물은 혼돈으로부터 비롯되었다. 혼돈은 어둡고 차가운 음 위에 밝고 뜨거운 양이 쏟아져 내리면서 시작되었다. 그 모양은 바다에서 일어나는 태풍의 핵을 중심으로 회오리치는 물결과 닮았다. 그 소용돌이가 바로 음양이 결합할 때 일어나는 혼돈이며 태극 문양이다. 대한민국의 표상인 태극기가 상징하는 태극 문양은 천지 만물을 생산해내는 창조 원리이자 위대한 철학 '중용의 원리'다. 태극은 우주 만물을 치우침이 없이 온전하게 무위로 탄생시키는 모태이다. 태극 문양 위의 붉은색은 양陽으로서 우주적 남성이자 강함을 나타내고, 밑의 파란색은 우주적 여성이며 부드러움을 나타낸다. 남성의 강함과 여성의 부드러움의 결합이 '중용中庸의 덕德'을 의미한다. 남성과 남성의 만남은 강함과 강함의 결합이니 부닥쳐서 깨지거나 부러진다.

그러나 강함에 부드러움이 더해지면 강하지도 약하지도 않은 상태가 된다. 부부관계가 그러하다. 거친 남성의 기질과 부드러운 여성이 합해짐으로써 가정이 화평해지는 것과 같다. 사람이 자식을 낳고 기르는 이치는 음양 결합에 의한 천지 만물의 탄생 원리다. 따라서 사람은 강인한 남성과 부드러운 여성의 결합체이니 중용의 덕의 결정체다. 그 화합의 이치가 하늘과 땅, 그리고 만물에 파생된다. 그러기에 선생은 이렇게 썼다.

<small>지기웅 수기자 위천하계</small>
知其雄 守其雌 爲天下谿 / 수컷의 강함을 암컷의 부드러움으로 지
키면 천하계곡이 되고

<small>위천하계 상덕불이 복귀어영아</small>
爲天下谿 常德不離 復歸於嬰兒 / 천하의 계곡이 되기에 항상 덕을 떠나
지 않으니 갓 난 어린아이로 돌아간다

나) 음양 화합이 중용의 덕이다

앞의 구절은 음양 화합이 중용의 덕임을 뜻한다. 수컷은 강하고 용감하고 지배하려 한다. 동물들도 무리가 지어지면 싸워서 지배하려 하고 사람도 무리가 지어지면 지배자가 나타난다. 이때 가장 강한 자가 우두머리가 된다. 그렇게 서열이 정해지는 것이 자연의 법칙이다. 수컷끼리는 다툼이 일어나고 강한 자가 지배자가 된다. 그러나 묘하게도 암컷이 수컷과 짝을 이루면 수컷의 투쟁적 본능이 완화된다. 강함과 부드러움은 상대적 관계다. 남녀가 화합하면 거친 남성의 기질이 여성에 의해 온화해진다. 음양 결합은 자연현상이며 그것이 바로 만 가지 이치란 뜻의 철학 용어인 '중용의 덕'이다.

온화함은 어느 한쪽으로 치우침이 없는 道로서 깎지 않은 통나무처럼

꾸밈이 없고 어린아이와 같이 순수하다. 그리고 계곡물은 대지를 적셔서 만물을 자양하는 덕을 베푼다. 따라서 중용을 지킬 줄 알면 계곡물처럼 천하 만백성에게 덕을 베풀게 된다. 깨달음의 결과는 중용을 지켜서 덕을 베푸는 데에 있다. 그것이 바로 道이다. 이것과 저것으로 분별하는 것, 그것은 차별심差別心이고, 차별심은 이기적 속성으로서 분쟁의 원인이 되므로 중용에 반한다.

지기백 수기흑 위천하식
知其白 守其黑 爲天下式 / 흰색을 알고 검은색을 지키는 것이 천하의 법칙이다

위천하식 상덕불특 복귀어무극
爲天下式 常德不忒 復歸於無極 / 천하의 법칙이므로 항상 베풀되(덕德) 변하지 않는다. 그리고 무극으로 되돌아온다

흰색이 좋다고 검은색을 멀리하는 것은 수컷의 강함과 암컷의 부드러움을 떼어놓는 것과 같아서 중용에서 벗어난다. 흑백은 대표적인 상대적 관계로서 분별식分別識이자 차별식差別識을 상징한다. 그것은 깨달음에 의한 중용의 덕에서 벗어난 道답지 않은 이기적 속성이다. 그리고 흑백은 음양을 대변해준다. 음은 어둠이자 검은색(黑)이며, 양은 밝음이자 흰색(白)에 해당이 된다. 두 색깔의 화합은 중용의 道로서 천지 만물을 낳고 길러주는 무한의 덕이다. 따라서 흑백 화합은 천하가 지켜야 할 도리

로서 무위의 법칙을 뜻한다. 이 무위법을 쉼 없이 항상 지키는 것은 대지를 자양해주는 골짜기 물과 같은 것이다. 무극無極으로 돌아간다는 것은 득도했다는 뜻이다. 무극은 道이며, 道는 코스모스이자 오메가다. 즉 득도는 무극의 道에 도달함으로써 깨달음을 얻어 무한히 덕을 베풀되 변하지 않음을 의미한다. 이에 선생은 이렇게 썼다.

지기영 수기욕 위천하곡
知其榮 守其辱 爲天下谷 / 천하의 법칙(德)을 알고 그 영광스러움을 욕됨에서 지키면 천하의 골짜기가 된다

위천하곡 상덕내족
爲天下谷 常德乃足   / (득도하여) 천하의 골짜기가 되면 변함없는 덕이 넉넉해진다

영광과 더러움은 상대적 관계다. 그러함에도 깨달음의 상태에서는 더리움의 속성을 그대로 둠이 옳다. 밝음만 있고 어둠이 없거나 어둠만 있고 밝음이 없는 것은 道의 조화가 깨지는 것이다. 그리고 어둠이 있어야 밝음이 더욱 빛난다. 거기다가 밝음만 있고 어둠이 없으면 만물이 탄생될 수도 없고 탄생 되어도 존재하지도 못한다. 상대적 관계는 항상 공존해야 한다. 자연을 보아도 그렇다. 초목은 푸르고 아름답다. 푸르고 아름다운 초목이 좋아하는 것은 썩고 더러운 거름이다.

道의 본체는 상반된 이기理氣 즉 밝음과 어둠, 형이상形而上과 형이하形

而下란 극명한 두 성질이 공존한 것이다. 두 성질과 성분과 작용이 치우침이 없이 혼합해짐으로써 만물을 탄생시켰다. 그러한 운동은 단절됨이 없이 영원히 지속된다. 따라서 치우침이 없는 공존, 그것이 선악을 분별하지 않는 중용이며 중용의 덕이 곧 道다. 따라서 득도는 영광스러움이지만 더러움 또한 상대적으로 존재함으로써 서로가 스승이 되고 본받아야 할 가치다. 그럼으로써 그 영광스러움에 더러움을 지키면 천하의 골짜기가 된다. 골짜기란 덕을 면면히 뿜어내는 곳으로서 道의 문(谷神, 玄牝之門)을 일컬음이다. 따라서 중용을 지키면 천하에 덕을 베푸는 득도한 자가 되고 득도하면 천하의 골짜기가 되어 만백성에게 베푸는 덕이 충만해진다. 그러므로 선생은 다음과 같이 쓰고 28장을 맺었다.

복귀어박　박산즉위기
復歸於樸 樸散則爲器 / 무극無極으로 돌아가면 깎지 않은 통나무처럼 순수하고 질박한 그릇이 되니

성인용지　즉위관장　고대제불할
聖人用之 則爲官長 故大制不割 / 성인도 쓰임새가 있는 우두머리가 될 수 있다. 그러기에 훌륭한 법도는 임의로 일을 하지 아니하고 있는 그대로 맡겨두는 것이다

득도하여 무극無極:위없이 높은 곳의 道에 도달하면 만백성을 순수하게 품는다. 하늘이 땅을 품고, 땅이 자연을 품고, 자연이 사람을 품듯 무엇이건 배척하지 아니하고 보자기처럼 품어준다. 그렇게 질박한 보자기가

되면, 비록 부귀영화를 초월한 성인일지라도 벼슬아치의 우두머리가 되어 만백성을 위할 수 있다. 벼슬아치는 본의 아니게 정치적 성향을 나타낸다. 정치는 이해관계에 얽히기 쉽다. 하지만 성인은 이해관계에 얽히지 않으며, 제도를 만들어서 자기 뜻대로 하지 않는다. 오직 무위로 위하므로 우두머리가 된다. 그것은 자르고 다듬지 않아도 쓰임새 있고 아름다워지는 자연과 같다. 자연은 별별 것들이 한데 어울려 있어도 화목하다. 사람 사는 세상도 마찬가지다. 자연처럼 무위로 다스리면 패거리를 짓지 않고 한데 어울려 화목해진다. 무위자연의 이치다.

上篇 / 道

제 29 장

천하신기
天下神器
천하는 신령하고 신령한 그릇

욕심을 내려 놓으면
마음이 평안하다

가) 땅은 道가 낳은 만물을 담고 있다

하늘에 싸여있는 땅은 道가 낳은 만물을 빠짐없이 담고 있다. 광대한 바다와 산과 들 그리고 무수한 초목을 비롯하여 숨 쉬는 일체 생명과 생명 없는 존재까지 담고 있다. 그중에서도 사람은 하늘과 땅의 그 모든 생명과 무 생명의 습성과 성질과 작용하는 에너지를 한 그릇에 담고 있다. 땅에 존재하는 인간에게 함축된 온갖 생명의 것들을 총칭하여 천하라 하거니와 그 모든 것들은 다 지혜가 있어서 그 지혜를 다 아우르면 신이 따로 없다. 그러므로 천하를 신령한 그릇이라 한다. 신령하므로 함부로 할 수 있는 것이 아니다. 마음대로 가지고 싶다고 가져지는 것도 아니며, 마음 내키는 대로 파괴하고 버려놓아서도 안 된다. 그리하면 땅은 반드시 대가를 치르게 한다. 가뭄 홍수 태풍 오염 질병 따위로 재앙을 내려서 천하를 뒤집어 놓기도 한다. 그러므로 선생은 천하를 '신령한 그릇'이라고 하였다.

장욕취천하이위지
將欲取天下而爲之 / 천하를 취하려고 욕심을 내어도

오견기부득이 천하신기불가위야
吾見其不得已 天下神器不可爲也 / 천하를 얻을 수 없다. 천하는 신기한 그릇이라 불가하다

위자패지   집자실지
爲者敗之 執者失之 / 설사 천하를 얻으려 하여도 실패하고 얻었다 하여도 지키지 못하고 잃는다

    도시 국가끼리 빼앗고 빼앗기면서 처참히 싸운 중국 전국시대에 죽어간 인마人馬는 헤아릴 수없이 많다. 이에 진秦나라 31대 왕인 정政이 천하통일을 하고 시황始皇이 되었다. 그 과정에서도 인간과 짐승의 죽음은 헤아릴 수 없이 많았다. 엄청난 희생을 감수한 대륙 통일이었다. 하지만 그는 불과 50세의 젊은 나이에 죽고 나라도 처참하게 무너졌다. 연이어 한나라 유방과 초나라 항우가 다시 천하통일을 명분으로 엄청난 인명을 죽음으로 몰아넣었다. 그러나 승리한 유방의 한나라 역시 오래 가지 못하였다. 다음으로 유비 조조 손권 세 인물에 의해 저 유명한 삼국시대가 전개되며 다시 거대한 살육이 시작되었다. 그러나 피 흘려 통일한 나라는 다시 삼십여 년 만에 망한다.

    어디 그뿐이든가! 칭기즈칸이 세계를 정복하면서 죽인 인명은 얼마나 될까? 동생들 99명을 죽이고 왕이 되어 인도를 통일한 아쇼카Ashoka, BC 273-232, 그리스의 알렉산더, 프랑스의 나폴레옹, 독일의 히틀러 등 소위 영웅이라는 무리가 나라를 망치고 죽음으로 몰아넣은 백성의 수는 얼마나 되는가? 그렇게 사람의 목숨을 초개같이 여기고 천하를 지배했던 그들이 얼마나 오래 통일제국을 유지하였던가? 전쟁에서는 승자가 되었

으나 결국에는 나라를 잃고 말았으니 사실은 실패한 자들이다. 그러기에 선생은 천하를 신령한 그릇이라 하였을 것이다. 이 땅에서 살아가는 인간을 비롯한 무수한 생명, 그들은 道에 의한 道의 자식이자 道 그 자체이기에 道를 품고 있는 이 땅을 선생은 신령한 그릇이라 성스럽게 표현하였다. 그리고 이렇게 썼다.

고물혹행혹수 혹허혹취
故物或行或隨 或歔惑吹 / 예로부터 만물은 혹 나아가기도 하고 혹 따르기도 하고 입김을 불어 내쉬기도 하고

혹강혹리 혹좌혹휴
或强或羸 或挫或隳 / 혹 굳세기도 하고 혹 꺾어지기도 하고 혹 무너지기도 한다

시이성인거심 거사 거태
是以聖人去甚, 去奢 去泰 / 이에 성인은 편안하고 즐거움을 물리치고 사치하고 교만함을 물리친다

자연과 인간의 이치가 그렇다. 먼저 태어나기도 하고, 뒤따라 태어나기도 하고 콧김을 내쉬고 입김을 뿜어내면서 거칠게 살아가기도 한다. 굳세기도 연약하기도 하고 풍우에 초목이 꺾이듯 풍파를 겪기도 한다. 그것이 무위한 道의 작용이며 그러한 道의 작용을 품은 천하의 그릇이 신령한 것이다. 하지만 성인은 천하를 얻어 소유하려 하지 않으므로 거칠지도 굳세지도 연약하지도 않다. 사치하거나 편안하고 즐거운 일 따위에 욕심을 내지 않아서 꺾이지 아니하고 무너질 일도 없다.

上篇 / 道

제 30 장

도좌인주자
道左人主者
道로서 주인을 보좌하면 천하가 태평하다

뜻을 이룬 뒤
뽐내지 않는다

예로부터 나라를 다스리는 권력자 곁에는 국가 경영을 조언하는 참모가 있었다. 신하들이 중지를 모아서 국가를 경영하는 것이 원칙이었다. 하지만 중대한 결정은 보좌하는 참모의 조언을 따랐다. 대표적으로 중국 삼국시대 유비의 참모 제갈량이라든지, 조조의 참모 사마의 같은 인물이다. 그들의 조언을 계책이라 하는데, 권력자가 어떤 계책을 따르는가에 따라서 국가 경영이 다르게 나타난다. 나라가 잘되고 못 되고는 계책에 달렸으나 채택은 권력자의 몫이다. 간신이 내는 계책은 나라를 혼란에 빠뜨리고, 충신이 내는 계책은 나라를 부강하게 한다는 것을 역사가 말해준다.

그러함에도 옹졸한 권력자들은 대개 자기 입맛에 맞는 계책만 채택한다. 고대로부터 현대에 이르기까지 권력자들의 영욕을 보면 어떤 계책으로 나라를 다스렸는지 알 수 있다. 현재의 권력자들도 누가 영광과 욕됨을 역사에 남기게 될지 짐작이 간다. 선생은 힘으로 나라를 다스리지 말고 道로서 다스리라 하였다. 나라 경영에 참고할 道란 것이 별것 아니다. 백성에게 덕을 베푸는 것이다. 선생은 힘이 아니고 무위의 덕으로 나라를 다스리면 나라와 자신의 영광이라며 이렇게 썼다.

이도좌인주자   불이병강천하
以道佐人主者 不以兵强天下 / 道로서 주인을 보좌해야지 병력으로 천하
를 억지로 다스리게 하지 않는다

기사호환
其事好還 / 道로서 다스리면(其事) 어지러운 천하가 바
르게 되돌려진다

사지호처   형극생언
師之所處 荊棘生焉 / 군사가 주둔하는 곳에는 가시나무와 멧대
추나무가 나서 자라고

대군지후   필유흉년
大軍之後 必有凶年 / 대군이 움직인 뒤에는 반드시 흉년이 든다

가시나무와 멧대추는 온갖 고난을 비유한 초목이다. 사지호처^{師之所處}: 군사가 주둔하는 곳의 사^師는 2500명을 군단으로 하였던 주나라 군제로서 대군을 의미한다. 선생은 중국 춘추전국시대 인물이다. 나라 간의 싸움으로 무수한 인명이 희생되던 때였다. 국토가 피폐해지고 백성들의 생활은 궁핍하였다. 거듭되는 전쟁으로 국토는 만신창이가 되고 질병이 만연하여 어린아이에서 늙은이까지 숱하게 목숨을 잃었다. 거기다가 거듭되는 흉년으로 가난을 못 이긴 사람들이 초근목피로 연명하거나 굶어 죽었다. 근대도 마찬가지다. 지난 세기에 두 번의 세계대전에서 인류는 일억 명을 죽였다. 6.25 한국전쟁도 말할 수 없이 처참하였다.

<small>선자과이이　　불감이취강</small>
善者果而已 不敢以取强 / 훌륭한 사람은 강함으로 천하를 취하지 않는다

<small>과이물긍　　과이물벌</small>
果而勿矜 果而勿伐 / 뜻을 이루었으면 자랑하지도 뽐내지도 아니하고

<small>과이물교</small>
果而勿驕 / 교만하지도 않아야 한다

<small>과이불득이　　과이물강</small>
果而不得已 果而勿强 / 뜻을 이루었으면 마지못해 얻은 것으로 생각하고 힘으로 다스려서는 안 된다

<small>물장즉노　　시위불도</small>
物壯則老 是謂不道 / 만물은 굳세면 쇠퇴하니 道가 아니라 하고

<small>불도조이</small>
不道早已 / 道가 아니므로 오래 가지 못하고 일찍 그치게 되는 것이다

　권력자가 되면 진시황처럼 무력으로 나라를 다스리려 한다. 그런 자들은 道를 알지 못하므로 덕으로 나라를 다스릴 줄 모른다. 힘만 믿고 콧대가 높아져서 하늘 무서운 줄 모른다. 백성을 깔보고 천하가 제 것인 양 교만하여 천하 백성의 저주를 받는다. 백수의 왕 사자도 들개 무리의 표적이 되면 죽는다. 백성이 분노의 아우성을 내지르며 들고일어나면 비참한 말로를 맞는다.

上篇 / 道

제 31 장

살인지중 전승이상례처지
殺人之衆 戰勝以喪禮處之
사람을 죽여 승리한 전쟁은 상례를 다해야 한다

전쟁으로 살인을 즐기는 자
천하를 얻지 못한다

사람 죽이기를 예사롭게 하던 춘추전국시대를 살아온 선생의 심정을 잘 표현한 장이다. 세상에 살인을 즐기는 사람은 없을 것이다. 그런데도 우리는 가끔 끔찍한 뉴스를 대하기도 한다. 인간의 내면에 잔인한 살인 유전자가 흐르고 있는 것은 아닐까? 그렇다 하더라도 짐승이 아닌 다음에야 죽임을 당한 사람의 명복을 빌어주는 것이 인간으로서 최소한의 도리이다. 마지못해 죽일 수밖에 없는 전장에서의 희생자들은 적군일지라도 상례(喪禮)를 다해야 한다는 선생의 교훈이다. 다음 구절을 보자.

부가병자 불상지기
夫佳兵者 不祥之器 / 무릇 병사가 쓰는 훌륭한 병기는 상스럽지 못한 물건이다

물혹악지 고유도자불처
物或惡之 故有道者不處 / 상스럽지 못한 물건이므로 해가 된다. 그러므로 병기는 道가 아닌 곳에 둬야 한다

군자거즉귀좌 용병즉귀우
君子居則貴左 用兵則貴右 / 군자는 왼쪽을 귀하게 하고 병기를 쓸 때는 오른쪽을 두려워해야 한다

병자불상지기 비군자지기
兵者不祥之器 非君子之器 / 병기는 상스럽지 못한 물건이니 군자가 쓸 물건이 아니다

병기는 사람을 해치는 물건이다. 상서롭지 못하다. 병기에 대해서는 두 가지 예를 들 수 있다. 하나는 사람을 죽여야 하는 것, 둘은 적의 침입을 막기 위한 부득이한 물건이다. 침략자의 병기보다 강한 병기이면 적이 침략하지 못하므로 평화를 주는 상서로운 물건이 될 수도 있다. 그러나 근본적으로 병기는 사람을 해치기 위해 만들어진 물건이므로 군자가 쓸 물건은 아니다. 그런데, 전쟁을 할 때 군자는 왼쪽을 귀하게 여긴다고 하였다. 무슨 뜻일까? 왼쪽 손은 마지못해 직접 살인한 오른쪽 손을 대신해 살리는 역할을 해야 한다는 뜻은 아닐까? 군사를 부릴 때는 오른쪽을 두려워해야 한다는 뜻을 생각해보면 그런 생각이 든다. 사람은 대개 습관적으로 오른손에 병기를 들고 왼쪽으로 공격하는 것이 자연스럽고 힘이 강하게 작용한다. 그러기에 적을 포위 공격할 때도 오른쪽에서 왼쪽으로 하는 것도 그 때문이다.

불득이이용지 염담위상
不得已而用之 恬淡爲上 / 마지못해 병기를 쓸 때는 살기를 품지 않는 것이 으뜸이며

승이불미 이미지자
勝而不美 而美之者 / 승리는 경사스러운 것이 아니다. 승리를 경사스러워하는 자는

시락살인 부락살인자
是樂殺人 夫樂殺人者 / 살인을 즐기는 것이며 살인을 즐기는 자는

즉불가이득지어천하의
則不可以得志於天下矣 / 천하를 얻으려 한다 해도 뜻을 이룰 수 없다

전쟁 중에 살기 위해서 혹은 마지못해 사람을 죽여야 할 때는 살기를 품고 죽이지 말라고 하였다. 살기를 품는 그 자체가 동물적 살생 심성의 발로이며 업을 짓는 것이기 때문이다. 그리고 선생은 죽임으로써 승리한 전쟁에서는 축배를 들어 즐기지 않아야 한다고도 하였다. 사람을 죽였는데 어찌 술을 마시고 춤을 추며 즐거워할 수 있으랴! 상례喪禮로서 죽은 혼백의 명복을 빌어줌이 마땅하다. 즐거워한다면 살생을 즐기는 사냥꾼처럼 잔인한 살인자이니 그 죄가 매우 크다.

<small>길사상좌 흉사상우</small>
吉事尙左 凶事尙右 / 좋은 일은 반드시 좌측으로 하고 흉한 일에는 우측으로 하는데

<small>편장군거좌 상장군거우</small>
偏將軍居左 上將軍居右 / 보좌하는 부 장군은 좌측에 있고 상장군은 우측에 있다

<small>언이상례처지 살인지중</small>
言以喪禮處之 殺人之衆 / 그런 까닭을 말하자면 상례를 다함이니 죽임을 당한 무리를

<small>이애비읍지 전승이상례처지</small>
以哀悲泣之 戰勝以喪禮處之 / 애통해하고 눈물을 흘림으로써 승리한 전장에서 죽임을 당한 수많은 이들을 위해 상례를 다함으로써 죽은 혼들의 명복을 빌어줌이 마땅하다

고대 중국의 전쟁 방식은 왕은 중군中軍에 있고, 부장은 왼쪽, 상장군은 우측에서 싸웠다. 상장군의 군사는 오른쪽에서 왼쪽으로 적을 포위

하여 싸우고 부장의 좌군은 우군을 돕는 역할을 하였다. 선생이 이르기를, 그렇게 하여 전쟁에서 승리하고 나면 마지못해 죽일 수밖에 없었던 목숨을 슬퍼하며 상례를 다하라 하였다. 죽일 수 있는 권한은 오직 천도天道에만 있다. 그러함에도 죽여야 했던 자신을 비통해하여 속죄하고 마지못해 죽임을 당한 영령들의 명복을 빌어줌이 죽인 자의 마땅한 도리다. 죽임을 당한 이들의 혼백을 위로하는 그 마음이 하늘의 마음이라 할 것이다.

제32장

천지상합 이강감로
天地相合 以降甘露
천지가 상합하면 감로수가 내린다

상하가 화합하면
분쟁이 없다

만물은 이름이 있으며 이름이 있는 것은 상대적인 존재가 있다. 그리고 서로 대립한다. 먹이사슬 계는 말할 것도 없다. 상대적 관계는 비단 이름이 있는 것끼리만 대립하는 것이 아니라 부귀 빈천, 선과 악, 행복과 불행, 괴로움과 즐거움, 분노와 기쁨 등 희로애락도 상대적 대립 관계다. 특히 이익과 명예와 권력의 다툼은 치열하다. 하지만 道는 대립하지 않는다. 이름이 없으므로 상대적인 존재가 없다. 상대적인 존재가 없으므로 이기적이지 않다. 이기적이지 않으므로 이익과 권력과 명예를 두고 다투지 않으며 희로애락에 마음 쓸 필요가 없다. 항상 덕을 베풀고 베푼 덕을 되돌려 받으려고도 하지도 않는다. 그러한 정신이야말로 인류의 이상향이다.

그러한 이상향을 실천하는 언어가 있다. '우리'라는 한민족만의 독특한 언어다. 우리는 일상에서 자신도 모르게 사용한다. 우리는 너와 나를 차별하지 아니한 한 울타리 속의 하나를 뜻한다. 우리나라, 우리 민족, 우리 말, 우리 글, 우리 집, 우리 가족, 우리 친구, 우리 이웃, 우리 노래 등 모두가 내 것이 아니라 '우리 것'이다.

'우리'라는 말속에 성인 정신이 깃들어있다. 생각도 하기 전에 저절로 튀어나오는 말이기에 '우리'는 무위의 道를 실천하는 언어다. 타인의 어려움을 보면 이것저것 생각할 것도 없이 돕는 이들을 본다. 바로 '우리'라는 인연 심을 발현시켜 道를 실천하는 의인들이다. 이러한 정신은 홍익을 국시로 나라를 세운 선인들의 DNA가 우리에게 흐르기 때문이다. 공동 노동조직인 두레가 좋은 본보기다. 우리가 되어 나라를 부강하게 한 새마을 운동이 바로 홍익인간 정신의 실천행으로서의 두레다. 두레는 우리 한민족이 꽃피운 위대한 정신문명이다. 선생은 그러한 차별이 없는 道를 깎지 않은 통나무로 비유하였다.

도상무명
道常無名 / 道는 항상 존재하지만 이름이 없다

박수소 천하막능신야
樸雖小 天下莫能臣也 / 비록 통나무처럼 소박하여 보잘것없어 보이지만 천하에 어떤 것도 복종시키지 못한다

후왕약능수지 만물장자빈
侯王若能守之 萬物將自賓 / 제후와 왕이 통나무처럼 순수함을 지킬 수 있다면 마땅히 만물이 따르듯(將) 백성이 스스로 복종할 것이다(自賓)

유일한 것은 이름이 없다. 이름이 있는 것은 반드시 상대적인 것이 존재한다. 道는 이 세상을 존재시킨 처음이자 마지막이기에 이름이 없다. 하지만 道로부터 탄생 된 만물은 반드시 상대적으로 존재한다. 물과 불, 크고 작음, 쇠와 나무, 높고 낮음, 어둠과 밝음, 암컷과 수컷 등 상대적이지 않은 것은 없다. 道에 의해 나타난 음양이란 상극관계가 화합한 업의

산물이기 때문이다.

  나무를 깎으면 인위적인 형태의 쓰임새 있는 물건이 만들어진다. 하지만 깎지 않으면 원만하고 소박하고 담박해서 상대적인 성질도 없고 모양도 없고 쓰임새도 없다. 그리하여 무엇이건 만들어질 수 있는 성질과 작용과 쓰임새가 내재 돼 있다. 수많은 형태와 쓰임새를 함축하고 있다. 제후와 제왕이 통나무처럼 담박하면 모두 '우리'가 되므로 백성이 저절로 그 품에 안긴다. 그러므로 선생은 이렇게 썼다.

천지상합 이강감로
天地相合 以降甘露 / 천지가 상합하여 감로수가 내리듯 하니

민막지령이자균
民莫之令而自均 / 시키지 않아도 백성은 저절로 화합하여 조화로워질 것이다

시제유명 명역기유
始制有名 名亦既有 / 근원적으로 이름이 정해져 있었으므로 이름이 있는 만물은 반드시 다툼이 있다.

부역장지지 지지가이불태
夫亦將知止 知止可以不殆 / 이러한 이치를 알고 대립하지 않으면 제후와 왕과 백성이 위태롭지 않다

  천지 화합은 제후 또는 왕과 백성의 관계를 비유한 뜻이다. 천지가 화합하면 감로(甘露)가 내리듯 왕과 백성이 화합하면 천하가 태평해진다.

감로란 달콤한 이슬이란 뜻으로 천하가 태평함을 의미한다. 하지만 태초에 道로부터 탄생한 만물은 처음부터 음양이란 상대적인 이름이 있게 됨으로써 음양으로부터 탄생한 만물은 이름이 정해질 수밖에 없었다. 그리고 이름이 붙음으로써 대립적 관계가 성립되어 다툼이 있다. 이러한 이치를 알고 무위한 道와 자연의 관계처럼 대립하지 않아야 한다. 천지가 화합하면 달콤한 이슬이 내리듯 상하가 화합하여 '우리'가 됨으로써 천하가 태평해진다. 그럴 때 우리 모두 아름다운 삶을 영위할 수 있을 뿐만 아니라 어떤 위태로움도 없다.

비도지재천하　유천곡지어강해
譬道之在天下 猶川谷之於江海 / 비유하면 道가 천하에 존재하므로 골짜기 물이 흘러 강과 바다가 되는 것과 같다

道는 온 누리에 흐른다. 골짜기 물이 강이 되고 대지를 적시고 바다가 되어 생명을 낳고 기르듯 온갖 생명에 덕을 베푼다. 그리하여 감로수기 내리듯 천지와 만물을 화합시킨다. 모름지기 사람과 사람 사이도 道로서 화합하여 '너와 나'가 '우리'가 되면 감로수가 내리듯 천하가 아름다울 것이다.

上篇 / 道

제 33 장

지인자지 자지자명
知人者智 自知者明
타인을 앎은 지혜이고 자신을 알면 밝음이다

타인을 이김은 힘이고
자신을 이김은 굳셈이다

개가 개 마음을 알고 여우가 여우 마음을 안다. 성자는 성자를 알아보고, 사기꾼 도둑은 사기꾼 도둑을 알아본다. 종류가 같은 사람은 그 심성이 같아서 언행만 보아도 바로 알 수 있다. 하지만 선량한 사람은 선량한 눈으로만 보기 때문에 상대방을 선하게만 보고 속내를 쉽게 알아차리지 못한다. 청개구리가 나뭇잎에서는 초록색으로 색깔을 바꾸고 땅에서는 흙색으로 바꾸는 것은 생태계에서 살아남기 위한 위장술이다. 하지만 인간 세상에서는 위장술을 자신의 욕망을 채우기 위한 수단으로 이용하므로 생태계와는 비교가 되지 않는다. 사람의 심중을 알아본다는 것은 여간 어려운 일이 아니다. 오죽했으면 상대방을 알기 위해 관상과 행동거지를 관찰해보는 방법까지 생겨났을까. 그런 지식이 사람을 알아볼 수 있는 지혜이기는 하지만 그것도 노련한 위장술에는 효과를 발휘하지 못한다.

상대방을 알기 위해서는 자신을 먼저 아는 것이 현명하다. '내가 나를 모르는데 너를 어찌 알겠는가'라는 말이 있다. 맞는 말이다. 용병술에서도 '나를 알고 적을 알면 백전백승한다'고 하였다. 자신을 알면 상대방에게 절대로 속지 않는다. 내가 맑고 밝으므로 상대방을 환히 비추어볼 수 있기 때문이다. 하지만 탐욕이 들끓으면 정신계가 혼미해져서 판단력을 잃고 나락으로 떨어진다. 그러므로 선생은 이렇게 썼다.

지인자지　자지자명
知人者智 自知者明　/ 타인을 알면 지혜로우나 자신을 알면 밝은 것이다

승인자유력　자승자강
勝人者有力 自勝者强　/ 타인을 이기면 힘이 있는 것이고 자신을 이기는 것은 굳센 것이다

지족자부　강행자유지
知足者富 强行者有志　/ 부자는 만족할 줄 아는 사람이고 강한 자는 뜻을 잃지 않는다

부실기소자구　사이불망자수
不失其所者久 死而不亡者壽 / 강한 행동에는 뜻이 있다. 뜻을 잃지 않으면 죽어도 잊히지 않으니 진정한 목숨이라 한다

　잘 먹고 운동으로 근육을 다지면 힘으로 사람을 이긴다. 언변을 연습하면 말재주로 사람을 이기고, 지식이 많으면 아는 것으로 사람을 이긴다. 거짓말을 잘하면 거짓으로 사람을 이긴다. 하지만 재주가 아무리 탁월해도 어디엔가 더 뛰어난 자가 있게 마련이다. 영원한 승자는 없다. 기는 자 위에 뛰는 자 있고, 뛰는 자 위에 나는 자 있다. 그러나 자신을 이기는 사람은 드물다. 누구나 마음의 도전은 있기 마련인데 그 마음을 이기는 것이 자신을 이기는 것이다. 이를 밝음이라 한다. 하지만 그 밝음에 이르기 위해서는 무엇을 결심한 마음을 무너뜨리려는 상대적인 마음이 있다. 그것을 이기는 것이 참으로 어렵다. 사람들은 희망을 성취

하려고 다짐해 본다. 그러나 작심삼일이란 말이 있듯 쉬운 일이 아니다. 물론 부자가 되기 위한 노력이라든지, 좋은 학교나 직장에 가기 위해서 열심히 공부한다든지, 자신의 이익을 위한 희망은 웬만한 사람들은 다 극복해낸다. 그래서 부자가 되고 출세도 한다.

그러나 자신을 밝혀보는 도덕과 윤리, 신의나 정의와 미움 증오 분노 탐욕 번뇌 등을 극복하는 차원 높은 정신적 도야를 위한 다짐은 쉽게 지키지 못한다. 특히 누구나 한 번쯤 깨달음을 얻겠다는 발심發心을 해 보았겠지만, 그것이 쉬운 일인가? 그것은 자신을 넘어선 최고의 밝음으로 성인이라 부를 만한 조건을 성취한 자만이 가능하다. 거기까지는 아니더라도 정신적 인격도야를 위한 자신과의 약속을 지키기만 해도 밝음에 이른 자라 할 수 있다. 선생이 줄곧 주장해 온 참 도인으로서 성인이라 할 수 있을 것이다. 그렇게 성인의 경지에 도달하면 스스로 삶과 죽음을 초월하므로 진정한 목숨은 죽어도 죽지 않는 자가 된다.

上篇 / 道

제 34 장

대도범혜 기가좌우
大道氾兮 其可左右
道는 천하에 두루 넘쳐흘러 만물을 위한다

성인은 물처럼 신분을 가리지 않고 위한다

道는 위대하고 물도 위대하다. 道는 온 우주에 넘치게 흘러 하늘에 별을 빛나게 하고 땅에서는 자연을 낳고 길러준다. 물은 어떤가? 물은 생명의 원천이다. 물은 지구에 70%나 되고 사람 몸에도 70%나 된다. 70%에 못 미치면 지구의 생명이 말라 죽거나 사람은 수명이 짧아진다. 물이 흘러가는 곳에는 황폐한 땅도 기름지고 죽어가는 생명이 살아나고 곳곳에서 온갖 생명이 모여들어 삶을 즐긴다. 그리고 없던 생명도 음양 화합으로 잉태되고 태어나고 번식하고 물을 먹고 살아간다.

그러나 물은 생명을 낳고 길러만 줄뿐 무엇을 소유하지도 지배하지도 않을뿐더러 어떤 대가도 바라지 않는다. 그리고 물은 세상에서 가장 부드러우면서도 가장 강하다. 다이아몬드를 자를 수 있는 것도 물이다. 그뿐만 아니라 아래로만 흘러 겸손을 대변하고, 더러운 곳도 마다하지 않으니 성인의 본보기로 삼는다. 그러므로 물은 위대한 道를 상징해준다. 이에 선생은 이렇게 썼다.

대도범혜   기가좌우   만물시지이생이불사
大道汎兮 其可左右 萬物恃之以生而不辭
/ 위대한 道는 넘치고 넘치는 물처럼 왼쪽이건 오른쪽이건 가리지 않고 온 누리에 넘쳐흘러 만물이 믿고 의지하여 생겨나도 마다하지 않는다

공성불명유　의양만물이불위주
功成不名有 衣養萬物而不爲主 / 道는 공을 이루고도 이름이 없고, 소유하지도 않으며 만물이 의지해 있으며 만물을 길러줌에도 주재하지 않는다

상무욕　가명어소
常無欲 可名於小 / 항상 욕심이 없으니 작다고 해야 할까?

만물귀언이불위주　가명위대
萬物歸焉而不爲主 可名爲大 / 만물을 귀속시켜 주재하지도 않으므로 크다고 할까?

이기종불자위대　고능성기대
以其終不自爲大 故能成其大 / 그렇다고 끝내 스스로 크다고도 하지 않으니 道를 광대(大)하다 하는 것이다

　　물의 성분과 성질과 작용을 성인에 비유한 장이다. 물은 아래로만 흐른다. 이는 자신을 낮추는 것이다. 천하에 더럽건 깨끗하건 가리지 않고 어떤 곳이든 흘러 들어간다. 더러운 곳을 깨끗하게 해주고 뭇 생명을 길러주니 무위로 베푸는 최상의 존재다. 거기다가 없던 생명을 새롭게 태어나게 하여 길러주되, 못 나고 잘 나고 흉포하고 착하고를 차별하지 않는다. 그러한 공을 이루었다고 해서 덕을 입은 것들을 주재하지도 않으므로 위대하다. 따라서 실로 물의 성분과 성질과 작용이야말로 道와 하나 된 성인의 본모습이라 할 것이다. 성인은 모름지기 신분을 가리지 않는다. 그들 속에 들어가 물처럼 그들을 구원해 준다. 이로써 물은 성인의 스승이 된다.

上篇 / 道

제 35 장

집대상천하왕 왕이불해
執大象天下往 往而不害
천하 어디든 대도로 왕래하면 해가 없다

道의 쓰임새는
한도 끝도 없이 무한하다

모양 없는 모양(象) 대도大道란 물처럼 공을 이루고도 소유하지 않으며, 만물을 낳고 기르면서도 주재하지도 않는다. 무위하면서도 겸손하게 도리를 지킨다. 그리하여 세상 어디를 가던 해를 입지 아니하며 항상 태평하다. 더욱이 천하 만물을 대도로서 대하므로 물과 같이 덕을 베풀어주고도 대가를 바라지 않는다. 모든 사람이 다 그리하면 그야말로 천국이 따로 없는 이화세계理和世界가 펼쳐질 것이다. 이화세계에서는 금은보화가 땅에 떨어져도 자기 것 아니면 줍는 사람이 없고, 가난해서 굶는 이도 없고, 권력 명예 이익을 위해 다투지도 않는다. 거기다가 전쟁도 없고 가정불화도 없고 이웃 간에 서로 돕고 사니 천지가 합일하여 감로甘露가 내리듯 천하가 태평하고 성대하다. 천상에서 축복의 꽃비가 내리는 지상낙원과 같아서 상상만으로도 즐겁다. 선생은 그런 세상에서 사는 꿈에 젖어 살았던 것일까?

집대상 천하왕
執大象 天下往 / 대도大道를 지키며 천하를 다니면

왕이불해 안평태
往而不害 安平太 / 어디를 가든 해를 당하지 않으며 평안하다

락여이 과객지
樂與餌 過客止 / 즐거운 노래와 맛있는 음식이 나그네 발길을 멈추게 하여도

도지출구　담호기무미
道之出口 淡乎其無味　/ 道로서 나아가는 곳에는 음식 맛이 담백하다

시지부족견　청지부족문
視之不足見 聽之不足聞　/ 보아도 부족해 보이고 들어도 부족하게 들리니

용지부족기
用之不足旣　/ 道의 쓰임새는 아무리 써도 한도 없고 끝도 없다

　　상象은 볼 수 없으나 존재함을 뜻한다. 대도가 그러하다. 道가 천하에 두루 넘쳐나지만 보이지 않는다. 그러나 만물을 낳고 길러주는 자가 道이므로 道의 상을 대도라 한다. 여기서 뜻하는 바는 상을 道의 기운이라 하는 것이다. 그러므로 나그네가 천하를 다니면서 道의 기운으로 좋은 음식을 먹고 마시며 즐거워한다. 하지만 道로서 천하를 다니며 맛보는 음식은 道의 담박한 기운이라 음식 맛을 모른다고 하였다. 어느 한쪽에 치우쳐 중용을 잃고 마음을 빼앗기는 우愚를 범하지 않도록 道의 참뜻을 음식으로 비유한 구절이다. 道는 보고 또 보아도 다 볼 수 없으니 부족해 보이고, 듣고 또 들어도 다 들을 수 없으니 부족하게 들리는 것이다.

上篇 / 道

제 36 장

장욕약필고강
將欲弱必固强
욕망을 약화하려는 의지가 강해야 한다

탐욕은 물고기가
물을 벗어난 것과 같다

작심삼일作心三日이란 말이 있다. 사흘이 못 가서 의지를 꺾고 마는 유약한 사람을 두고 하는 말이다. 이해관계로 얽힌 인간 세상에서 그릇됨을 바로 잡으려는 의지를 끝까지 지키는 사람은 몇이나 될까? 선생은 무엇을 성취하겠다는 욕심을 풀고, 그 욕심을 풀고자 하는 마음을 굳게 지키되, 그 마음을 즐기면 반드시 뜻을 이룰 수 있다며 다음과 같이 썼다.

장욕흡지　필고장지
將欲歙之, 必固張之 / 마땅히 굳은 욕심을 줄이는 노력을 오로지 하여

장욕약지　필고강지
將欲弱之, 必固强之 / 굳은 의지로 욕심을 약하여지게 해야 한다

장욕폐지　필고흥지
將欲廢之 必固興之 / 욕심을 폐하면 즐거움이 한결같고

장욕탈지　필고여지　시위미명
將欲奪之 必固與之 是謂微明
　　　　　　　　/ 욕심이 없으면 오직 베풂이니 미묘한 밝음이라 한다.

　　솟구치는 욕망을 억누르기란 어렵다. 욕망은 탐욕으로 진화한다. 탐욕은 절제할 할 수 없는 죄의 근원이다. 기어코 버려야 할 번뇌다. 붓다는 번뇌를 없애기 위해서는 금강석같이 강한 의지가 필요하다고 하였

다. 마음을 다스릴 때 웬만큼 강한 의지는 언제든 끓어오르는 욕망 앞에 여지없이 무너진다. 그러므로 부드러움이 강함을 이긴다고 하였을 것이다. 실제 명상에서 끓는 번뇌를 억지로 누르면 더 많은 번뇌가 용솟음친다. 이때 부드러운 미소를 지으면 번뇌가 사라진다.

붓다의 그윽한 미소가 그런 뜻이 아닐까? 그리고 선생은 道를 깊은 연못이라 하였다. 물고기가 세상이 좋다고 연못 밖으로 나오면 안 된다. 사람 역시 깊은 연못 같은 본성인 道를 등지고 탐욕을 내면 재앙이고 고통이다. 따라서 선생은 다음과 같이 썼다.

> 유약승강강   어불가탈어연
> **柔弱勝剛强 魚不可脫於淵** / 부드러움이 강하고 굳셈을 이기고 물고기가 연못(道)을 벗어나면 아니 되듯
>
> 국(방)지이기   불가이시인
> **國(邦)之利器 不可以示人** / 이로운 그릇인 심체心體(마음의 몸통, 道)를 벗어난 욕심을 내보여서는 안 된다

부드럽고 약한 것이 강하고 굳센 것을 이긴다는 것은 이제는 상식으로 알고 있다. 그런데 장욕탈지필고여지 將欲奪之必固與之를 일반적으로 '장차將次 빼앗으려면 먼저 주어라' 하고 해석한 책자나 강의를 여럿 보고 들었다. 그렇게 이어진 시위미명 是謂微明 구절까지 해석해보면 '먼저 주고 빼앗는 것을 미묘한 밝음이라 한다'는 말이 된다. 도무지 말도 안 되

고 뜻도 통하지 않는다. 어찌 먼저 주어 유인하여 빼앗는 것을 '미묘한 밝음'이라 할 수 있으랴! 도덕을 논하는 선생의 의도에 위배 된다. '장차 빼앗으려면 먼저 준다'는 이 해석은 예로부터 병법에서는 많이 응용되는 이야기다. 그중에서 실감 나는 이야기 하나를 소개한다.

유방劉邦, BC 246-195이 세운 한나라를 멸망 직전까지 몰고 간 유목제국 흉노의 선우單于 묵돌BC 209-174의 이야기다. 선우는 흉노의 제왕을 말한다. 선우 묵돌은 여러 부족국가를 통일한 영웅이다. 그가 처음으로 이웃 국가를 빼앗을 때 쓴 병법이 바로 '먼저 주는 것'이다. 이웃 나라 왕이 묵돌에게 아끼는 천리마千里馬를 조공으로 바치라고 하였다. 묵돌은 두말 없이 말을 바쳤다. 그러자 이웃 나라 왕의 요구는 날이 갈수록 더해갔다. 그래도 묵돌은 원하는 무엇이건 순순히 다 내주었다. 심지어는 아끼는 애첩을 달라는 데도 망설이지도 않았다. 그러니 이웃 나라 왕은 묵돌을 우습게 보고 방비를 소홀히 하였다. 때를 기다리던 묵돌은 어느 날 이웃 나라를 급습해 멸망시켜 버렸다. 그렇게 여러 부족을 통일하여 선우가 되었다. 그의 위세는 막강한 한나라의 유방까지 죽음 직전까지 몰고 갔다. 실로 '빼앗으려면 먼저 주어라'는 해석에 알맞은 역사 이야기다.

그런 식으로 주고 빼앗는 예는 많다. 여인의 마음을 빼앗으려면 마음뿐 아니라 무엇이건 먼저 주어서 환심을 사면 된다는 이야기도 있다. 하지만 필자는 이런 비유를 바른 해석으로 생각하지 않는다. 위 구절 장욕탈지將欲奪之 필교여지必固與之를 '장차 빼앗으려면 먼저 주어라'라고 해석하지 않는다. 장將은 '하려 한다' 또는 '마땅히 하여야 한다'는 뜻으로, '탈奪'은 '뺏다' '약탈하다'가 아니라 '없어지다'로 해석함이 옳다. 따라서 이 구절의 해석을, '장차 뺏고 싶으면 먼저 주어라' 하는 일반적인 해석에 동의하지 않는다. 선생은 '욕심이 없어지면 오로지 베풂이니, 이를 일컬어 시위미명是爲微明, 미묘한 밝음'이라 하였던 것이다. 어찌 남의 것을 약탈하는 것을 미묘한 밝음이라 할 수 있으랴!

'뺏고 싶으면 먼저 주라'는 것은 책사策士가 꾸미는 계책에 지나지 않는다. 선생은 지혜와 교훈을 남기면서 무위한 道의 본질과 작용에서 벗어난 뜻은 일언一言도 내비치지 않았다. 그리고 뒤이은 구절 '물고기는 연못을 벗어나면 아니 되듯'의 다음 구절의 국國은 나라 또는 세상 세계이다. 그리 생각하면 연못은 道이고, 인간의 본성 역시 道이다. 그러므로 물고기가 세상 좋다고 안 될 욕심을 부려서 연못 밖으로 나와 숨을 헐떡이다 죽음에 이르듯, '사람은 본성 道를 등지고 탐욕을 내보여서는 안 된다'고 하였다. 이를 달리 해석할 수도 있다. 국지이기國(邦)之利器에서, 이기利器는, 날카로운 병기, 쓰기 편리한 문명의 기구, 쓸모있는 재능, 마음대로 휘두를 수 있는 권력 등의 뜻이 있다. 이들 단어 중에 마땅히 취용할 만한 뜻은 '쓰기 편리한 기구'이다. 진화하는 문명에서 쓰기 편리한 것들을 보면 인간은 소유하고 싶은 욕심을 갖는다. 문명이 발달할수록 그런 현상이 두드러진다. 따라서 석연찮기는 하지만 '세상에 욕심 나는 기물을 보지 않아야 한다'는 뜻으로 해석해볼 수도 있다.

上篇 / 道

제 37 장

불욕이정
不欲以靜
욕심이 없음은 고요함이다

욕심을 버리면
천하가 저절로 다스려진다

산과 들의 무성한 초목이 무엇을 위해서 숲을 이루고 있는 것이 아니다. 그저 거기에 있으므로 저절로 아름다움을 준다. 땅을 정화 시키고 좋은 공기로 건강을 준다. 먹을 것도 주어 생명도 살린다. 목재를 제공하는 등 인간에게 무한한 덕을 베풀어준다. 무위란 그런 것이다. 무엇을 위해서 존재하는 것이 아니라 존재하고 있으므로 지절로 위하는 것, 그것이 바로 위함이 없이 위하는 道의 성질이자 작용이다. 그러므로 만물은 道가 베푸는 무위한 덕 덕분에 존재하고 있다. 그리고 존재하고 있는 제자리에서 최선을 다함으로써 조화롭게 해준다. 이처럼 나라를 다스리는 권력자는 道가 만물을 위하듯 백성을 위해야 한다. 그러면 백성은 스스로 교화되거니와 나라의 풍속이 아름답고 새로워질 것이다. 그러므로 선생은 이렇게 썼다.

도상무위이무불위 후왕약능수지
道常無爲而無不爲 候王若能守之 / 道는 항상 무위하지만 위하지 않음이 없다. 제후와 왕이 무위를 지킬 수 있다면 그와 같이 될 것이다

만물장자화 화이욕작
萬物將自化 化而欲作 / 만물은 스스로 교화되는데 작위적인 교화를 하려는 욕심이 생긴다면

오장진지이무명박　무명지박
吾將鎭之以無名樸 無名之樸 / 그대는 작위적으로 교화하려는 그 욕심을 진정시켜야만 이름 없는 통나무처럼 질박해질 것이다

부역장무욕　불욕이정　천하자정
夫亦將無欲 不欲以靜 天下自定 / 깎지 않은 통나무처럼 질박해지면 욕심이 없어지고 욕심이 없으면 고요함이니 천하가 스스로 다스려진다

   눈을 들어 숲을 보자. 저절로 무성하게 자라서 아름다움을 자아낸다. 누가 그리하는가? 바로 道의 성분과 성질과 작용이 무위하게 그리한다. 그와 같이 권력자가 道로서 천하를 위하면 산야의 초목이 道에 의해 자라듯, 백성은 스스로 교화되어 무성한 초목처럼 풍요로울 것이다. 그런데도 자꾸만 욕심이 일어나면 굳은 마음으로 욕심을 누르되 누르는 마음을 즐겁게 하라고 하였다. 무엇이건 즐겁게 하면 싫증을 느끼지 아니하고 뜻을 이룰 수 있다. 그렇게 기쁜 마음으로 수행을 계속하면 마침내 깎지 않은 통나무처럼 질박(質樸:꾸밈이 없이 순수하다)하여 무위하게 덕을 베푸는 道에 이른다. 그러면 천하 백성이 스스로 다스려진다.

   욕심은 가장 버리기 어려운 번뇌다. 욕심을 눌러야 하지만 쉽지 않다. 선생은 마음을 즐겁게 하면 욕심을 버릴 수 있다고 하였다. 즐겁게 욕심을 누르라는 뜻은 앞의 36장에서 선생이 제시한 번뇌를 누르는 방편의

하나다. 무엇이건 억지로 하려 들면 금방 지쳐서 포기하기 마련이다. 그러나 즐거운 마음을 가지면 결코 지치거나 싫증도 느끼지 않으므로 능히 뜻을 이룰 수 있다. 그윽이 머금은 붓다의 미소가 그런 뜻이 아닐까? 사실 즐거움과 싫증은 손바닥과 손등의 차이에 지나지 않는다. 가위바위보에서 진 사람이 산꼭대기에 갔다 오기로 벌칙을 정했다고 하자. 그런데 그만 지고 말았다면 누구나 가기 싫을 것이다. 하지만 거기에 값진 물건이 있는데 찾아오면 그 절반을 주겠다고 하면 웃으며 다녀올 것이다. 또 등산을 즐기는 사람이라면 싫은 기색을 내지 않을 것이다. 이렇듯 싫증과 즐거움은 마음 하나에 메어 있는 만큼, 좋은 일이건 나쁜 일이건 웃음을 잃지 않으면 무엇이나 쉽게 이룰 수 있다. 싫증 내는 마음을 누르고 미소 짓는 그 자리에 道가 있기 때문이다.

산문으로 읽는
21세기
도덕경

下篇

德

下篇 / 德

제 38 장

무위이덕
無爲以德
상덕은 덕이 있고 하덕은 덕이 없다

덕은 말없이 베풀 때
그 복이 무한하다

'무위이덕'無爲以德 다시 한번 강조하거니와 숲은 인간에게 좋은 공기와 맑은 물과 먹을 것을 주는 덕을 베푼다. 하지만 인간을 위해서 덕을 베푸는 것이 아니다. 그냥 거기에 있으므로 저절로 덕이 베풀어지는 것이다. 그러므로 숲이 인간에게 베푸는 덕은 위대하다. 진실로 무위한 道의 절대적인 덕이다. 만약 숲이 덕을 베풀기 위해서 베풀었다면 나중에는 인간을 지배하려 들 것이다. 인간의 심성이 그러하다. 인간은 덕을 베풀면 상대방에게 베푼 덕을 잃지 않으려 한다. 상대방보다 우위에 있다는 자부심을 갖는다. 그 자부심은 은연중에 지배하려 들고 대가를 기대한다. 그러기에 덕을 입은 상대방이 자신을 따르지 않으면 배은망덕하다며 원망한다. 그러므로 자기 자신을 위한 덕은 덕이 아니다.

성인의 덕은 숲처럼 무위로 덕을 베풀기에 위대하다. 그러므로 덕을 입은 상대방은 저절로 성인을 따르고 존중으로 응답한다. 하지만 타인에게 자신의 어진 성품을 내보이려 하거나 복을 받겠지 하는 생각으로 돕는 것은 무위가 아니므로 의롭다고 할 수 없다. 덕이 있고 없음에 대하여 선생은 이렇게 썼다.

<small>상덕불덕　시이유덕</small>
上德不德 是以有德　/ 최상의 덕은 덕이 아니기에 덕이 있고

<small>상덕불실덕　시이무덕</small>
下德不失德 是以無德 / 최하의 덕은 덕을 잃지 않으려 하므로 덕이 없다

<small>상덕무위이무이위　하덕위지이유이위</small>
上德無爲而無以爲 下德爲之而有以爲
　　　　　/ 최상의 덕은 덕을 베풀기 위해 베푸는 것이 아니라 저절로 베풀어지므로 덕이 없이 보이고, 최하의 덕은 덕을 베풀기 위해서 베풀므로 덕이 있어 보인다

　성인의 덕은 소리도 없고 소문도 없으며 기미조차 없다. 따라서 성인의 덕은 마치 인간이 숲으로부터 무한한 덕을 입고 있으면서도 그 덕을 알지 못하는 것과 같다. 이에 대하여 예수 그리스도는 '덕을 베풂에 오른손이 하는 일을 왼손이 모르게 하라'고 하였다. 그렇게 무위로 덕을 베풂에 있어서 '마음이 가난한 자는 복이 있나니 천국이 너희 것'이라 함으로써 그 복이 크다는 사실도 부연하였다. 가난한 마음은 마음을 비웠음이며, 비운 마음에서 무위는 저절로 발현된다. 인간에게 있어 천국만큼 값진 이상향은 없을 테니 그 복은 실로 무한하다. 그런데 사람들은 유위로 베푸는 것을 좋아한다. 타인으로부터 찬사를 들으며 뽐내고 싶기도 하고, 야심의 하나로 선행을 널리 드러내 보이기도 한다. 선생은 그러한 덕은 덕이 아니라 하였다. 덕이 아니므로 복이 없다. 그와 마찬가지로 선생은 여러 가지 인간이 할 바에 대해서도 다음과 같이 썼다.

<small>상인위지이무이위   상의위지이유이위</small>
上仁爲之而無以爲 上義爲之而有以爲
/ 최상의 어짊은 어질기 위한 것이 아니라 저절로 어질기에 어질지 않아 보이고 최상의 의로움은 저절로 의롭기에 의롭지 않아 보인다

<small>상예위지이막지응   즉양비이잉지</small>
上禮爲之而莫之應 則壤臂而仍之
/ 최상의 예는 예가 없고 나서야 예가 응하여 나타난다. 즉 비유하면 소매를 걷어 올려 힘을 주면 팔꿈치가 저절로 움직여 손이 따라 움직이듯 저절로 어질고 저절로 의로워지는 것이다

사람에게는 불변의 본성이 있고, 본성을 누르고 돌변하는 속성이 있다. 본성은 무위의 道이므로 아무렇게 행동하여도 도리에 어긋남이 없다. 그런 사람은 속성도 어질어서 일부러 어진 티를 내지 않기에 어질게 보이지 않는다. 그것은 마치 백조가 본래 희므로 희다는 생각조차 하지 않는 것과 같다. 하지만 무위의 상대적 개념인 유위는 욕망에 따라 돌변하는 부도덕성이 따른다. '사람은 고쳐 쓰지 못한다'는 말이 있다. '제 버릇 개 못 준다'는 뜻과 같다. 유위가 그와 같다. 그런 사람은 어진 체하여 타인의 눈에 어질어 보인다. 마치 백조보다 더 빛나도록 희게 칠한 까마귀와 같아서 타인의 찬탄을 자아낸다. 그러나 우아하게 보이기 위해 칠한 흰색은 언젠가는 퇴색되기 마련이다. 때가 되면 하얗게 위장한 까마귀가 검은 본색을 드러내듯, 위선이 고개를 쳐든다. 그리하여 오욕에서 벗어나지 못한다.

의로운 사람은 의롭지 않아 보인다. 그러나 불의한 사람은 의인인 척 위장하므로 의롭게 보인다. 세상에 그런 부류는 많다. 정치인 종교인 사기꾼 중에서 쉽게 찾아볼 수 있다. 거짓은 반드시 드러난다. 흰색을 칠한 까마귀처럼 한때 명성을 얻어 보지만 민낯은 드러나고 만다.

선생은 왜 예가 없고 나서야 예가 응하여 나타난다고 하였을까? 기원전 5세기경 선생이 태어난 시기는 혼란한 시대였다. 작은 도시국가들이 전쟁을 벌이고 갖은 음모와 술수 그리고 배신이 난무하였다. 그러다 보니 인간이 지켜야 할 도리가 무너졌다. 공자는 인의와 예를 규범으로 정하여 무너진 도리를 바로 세우려 하였다. 하지만 선생은 특정한 목적 달성을 위해 의도적으로 정한 인위적인 도리는 진실이 아니라고 했다. 유위가 아니라 무위한 예야말로 위선이 없다는 뜻으로 '예가 없어지고 난 뒤에야 예가 응하여 나타난다'고 하였다. 무위한 관습은 인간의 본성에서 저절로 우러나오는 도리이다. 인의와 예의 진심은 마치 옷소매를 걷어 팔꿈치가 움직이면 손이 따라 움직이듯 저절로 행해져야 한다는 뜻이다. 그러므로 선생은 다음과 같이 썼다.

고실도이후덕
故失道而後德 / 그러므로 道를 잃고 난 뒤에야 덕이 있고

실덕이후인
失德而後仁 / 덕을 잃고 난 뒤에야 어짊이 있고

실 인 이 후 의
失仁而後義 / 어짊을 잃고 난 뒤에야 의로움이 있으며

실 의 이 후 예 부 예 자
失義而後禮 夫禮者 / 의로움을 잃고 난 뒤에야 예가 있으니 무릇 예에 의하여

충 신 지 박   이 난 지 수
忠信之薄 而亂之首 / 진심과 믿음이 얕아질 수 있음이라 어지러움의 시초이다

　道는 사람이 지켜야 할 도리이며 진리다. 道가 펼치는 진리란 만물을 태어나게 하고 길러주는 덕을 무위로 베푸는 데에 있다. 따라서 인간 세상에서 자식을 낳은 부모가 道이며, 부모에게 효도함이 마땅한 도리이며 가장 중요한 가치다. 물론 타인에게 도리를 다하는 것도 道를 행하는 것이다. 하지만 道를 잃으면 타인에게 불손하고 부모에게 불효한다. '道를 잃고 난 뒤에야 덕이 있다'는 의미는 부모를 잃은 뒤에야 부모의 덕을 알고, 함께하던 사람이 곁을 떠난 뒤에야 그의 덕을 아는 것처럼 '道를 잃은 뒤에야 덕이 있다'고 한 것이다.

　덕을 베풂에는 반드시 어진 성품(仁 사랑)이 수반되어야 한다. 어진 품성은 참 본성에서 비롯됨이니 실로 무위한 어짊이라 할 것이다. 천성이 어질지 못하면서 덕을 베풂은 자신의 욕망을 위한 유위라서 덕이라 할 수 없다. 어짊에는 사리에 밝고 도리에 어긋남이 없는 진정한 의로움(義)이 수반되어야 한다.

하지만 타인에게 의로움을 보이기 위한 의로움은 제 욕망을 위한 위선이므로 인仁을 잃은 불의이다. 인을 잃었는데 어찌 올곧은 품성이 발현될 수 있으랴.

따라서 인을 잃은 뒤에야 의義가 있다고 하였다. 하지만 선생은 의로움마저 잃고 나서 예가 있다고 하였다. 무릇 예라는 것은 올곧은 몸과 마음의 자세이니 의에는 반드시 예가 수반되어야 한다. 품행이 올곧지 못한데 어찌 의라고 할 수 있겠는가. 따라서 의를 잃으면 예의 중요함을 알게 된다. 예를 행함에도 무위가 아니면 참믿음(眞信)에서 벗어난 인위가 되므로 필요에 따라서 예를 지키기도 하고 지키지 않기도 한다. 그러면 당연히 심성이 무례하여 도리가 무너질 것이므로 어지러움의 시초라 하였다. 따라서 도덕과 인의와 예는 오직 무위에 의해야만 참 도리라 할 것이다. 이에 선생은 다음과 같이 결론지었다.

전식자도지화　이우지시
前識者 道之華 而憂之始　／ 인仁 의義 예禮의 지식은 道의 꽃이지만 우매함의 시작이다

시이대장부처기후　불거기박
是以大丈夫處其厚 不居其薄／ 모름지기 대장부라면 무위에 대한 믿음이 두터워야지 얕아서는 안 된다

처기실　불거기화　고거피취차
處其實 不居其華 故去彼取此 / 진실(實 참 도리 열매)에 마음을 두어야지 화려함(華 꽃 유위)에 두어서는 안 된다. 그러므로 저것(知識 有爲)을 버리고 이것(無爲)을 취해야 한다

　　인仁 의義 덕德 예禮를 지식으로만 통달하면 타인에게 잘 보이려고 언행을 화려한 꽃같이 한다. 꽃은 오래지 않아서 향기를 잃고 땅에 떨어진다. 그러므로 열매를 취해야지 꽃을 취해서는 아니 되는 것이다. 열매란 무위한 道의 진심이고 꽃은 道의 화려한 허상이기 때문이다. 인, 의, 덕, 예를 무위로 행하는 진정한 군자는 언제나 새싹을 틔우는 열매처럼 영원히 그 자취가 사라지지 않는다.

下篇 / 德

제 39 장

일천지지모
一天地之母
하늘과 땅을 낳은 어머니는 하나이다

하나는 천상천하에 가장 존귀한 존재

이 장에서는 한민족의 위대한 경서 천부경天符經 첫머리를 예로 들어보기로 한다.

일 시 무
一始無 / 하나는 없는 데(道)서 시작되었으며

시 일 석 삼 극
始一析三極 / 하나에서 시작된 하나는 셋으로 나누어졌으나

무 진 본
無盡本 / 근본은 다함이 없는 데에(無 즉 道) 있으며

천 일 일
天一一 / 하늘은 하나에서 처음으로 생겨났고

지 일 이
地一二 / 땅도 하나에서 두 번째로 생겨났으며

인 일 삼
人一三 / 사람도 하나에서 세 번째로 생겨났나.

일 적 십 거 무
一積十鉅無 / 하나에서 만물이 퍼져나갔거니와

궤 화 삼
匱化三 / 귀한 상자(太極)의 셋에서 비롯되었다

무無는 천지 만물이 있는지 없는지도 몰라서 부득이 호칭한 道를 일컬음이다. 그리고 하나는 道에서 처음으로 나타난 물질이며, 이 하나를 역학易學에서는 음陰이자 어둠이고 물水이라 한다. 이러한 하나에서 두 번째로 양陽이자 밝음이 생겨 나와 음양이 결합하여 태극에서 카오스가 일어남과 동시에 셋이 잉태되었다. 그리고 이 셋을 천지 만물을 탄생시킨 씨눈으로서, 신령한 기운이라 하여 '영기靈氣의 씨'라고도 한다. 하지만 영기의 씨 역시 하나에서 분화되었으므로 하나를 천지지모天地之母:하늘과 땅의 어머니라 하였다. 이러한 이치는 제39장에 수록되어있다. 다음 구절을 보면 선생이 기원전 4500여 년 전의 것으로 보이는 천부경을 읽어보았을 가능성이 매우 높다.

석지득일자　천득일이청
昔之得一者 天得一以淸 / 옛날에 하나를 얻은 것이 있었으니 하늘은 하나를 얻어서 맑아졌고

지득일이녕　신득일이녕
地得一以寧 神得一以靈 / 땅도 하나를 얻어 편안해졌으며 신도 하나를 얻어 신령해졌다

곡득일이잉　만물일이생
谷得一以盈 萬物一以生 / 골짜기도 하나를 얻어 가득 차고 만물도 하나를 얻어 생겨났으며

후왕득일　이위천하정
侯王得一 以爲天下貞　/ 제후와 왕도 하나를 얻어서 천하가 안정되었다

옛날은 만물이 창조되기 이전이고, 하나를 얻었다는 것은 道로부터 처음으로 생겨 난 하나(天 地 人 神)에서 비롯되었음을 뜻한다. 그리고 이 하나에서 하늘이 생겨나서 맑아졌다는 것은, 하늘을 생겨나게 한 수리數理가 천부경에서 말하는 하나이고, 맑아졌다 함은 하늘은 본래부터 맑다는 뜻이다. 탁한 땅의 기운이나 구름과 안개가 하늘을 가려서 맑지 않아 보일 뿐이다. 그리고 땅 역시 하나에서 생겨났으며 편안해졌다는 뜻은 땅 역시 본래 평화로웠다는 뜻이다. 인간이 자연을 파괴하기 전까지는 만물이 각자 제자리에서 편안하였다. 신도 하나를 얻어서 신령해졌다는 것은 신이란 존재 역시 하나에서 비롯되어 신령하게 되었다는 뜻이다.

골짜기는 만물을 낳고 길러주는 곡신谷神이다. 골짜기 물이 대지를 적셔서 만물을 생겨나게 하고 길러주므로 곡신은 항상 부족함이 없이 흘러넘친다. 마찬가지로 천부경에 쓰인 대로 만물 역시 그 근원은 하나에서 비롯되었다. 이에 하나는 道이자 진리이며 곡신과 같은 것이다. 따라서 제후와 왕도 천지 만물을 있게 한 하나가 되어 道이자 진리인 곡신처럼 천하를 평화롭게 해야 한다. 선생은 하나에서 비롯된 것들이 본래의 진리에서 벗어나면 모두가 혼란에 빠져서 재앙이 발발한다며 이렇게 썼다.

기치지일야   천무이청장공렬
其致之一也 天無以淸將恐裂 / 그것(天地神谷侯王)은 모두 하나에서 비롯된 것이니 하늘이 맑지 못하면 마땅히 찢어질 테니 두렵고

지무이녕장공발   신무이령장공헐
地無以寧將恐發 神無以靈將恐歇 / 땅이 편안하지 못하면 장차 어지러워질 테니 두렵고 장차 신이 없어지면 신령함이 없어질 테니 두렵고

곡무이영정공갈   만물무이생장공멸
谷無以盈將恐竭 萬物無以生長恐滅 / 골짜기가 가득 차지 못하면 장차 만물이 말라 없어질 테니 두렵고 만물이 태어나지 못하면 장차 멸망할 테니 두렵고

후왕무이귀고   장공궐
侯王無以貴高 將恐蹶 / 제후와 왕이 곧지 못하면 장차 귀하고 높음이 없어질 테니 두렵다

하늘은 본래 맑다. 하지만 천기天氣가 탁濁해지면 흐리고 천둥 번개가 하늘을 찢어 갈라놓으면 두렵지 않을 수 없다. 그처럼 천기가 요동치면 땅에서도 폭우 폭풍 지진 산불 등의 재앙이 일어난다. 하나에서 생겨난 하늘 기운이 어지럽게 뒤엉키고 부닥치면서 나타나는 현상이므로 두려운 것이다. 땅이 편안하지 못한 것도 그 때문이다. 신이 신령하지 못하다는 것은 인간의 영적 능력이 퇴보하고 정신이 혼탁해져서 천하가 혼란에 빠지므로 두려운 것이며, 골짜기가 가득 차지 못한다는 것은 물이

부족하면 대지가 마르고 생명이 말라 죽어 땅이 멸망할 테니 두렵지 않을 수 없다. 여기서 말하는 골짜기는 천지 만물을 탄생시키는 곡신이며 곡신은 道의 작용이므로 道의 덕행을 잃음을 뜻한다. 이같이 道가 그 덕행을 잃으면 만물이 멸망한다. 마찬가지로 제후와 왕이 덕행을 잃으면 천하 백성이 혼란에 빠진다. 따라서 제후와 왕의 높고 귀한 신분이 없어지므로 두려운 것이다. 그런 까닭에 선생은 이렇게 썼다.

_{고귀이천위본   고이하위기}
故貴以賤爲本 高以下爲基 / 그러므로 귀한 것은 천한 것을 바탕으로 삼고 높은 것은 낮은 것을 바탕으로 삼는다

_{시이후왕자위고과불곡   차비이천위본사   비호}
是以侯王自謂孤寡不穀 此非以賤爲本邪 非乎
/ 이에 제후와 왕은 스스로 외롭고 부족하여 과_寡라 하고 자신을 낮추어 불곡_{不穀}이라 하였다. 따라서 천한 것을 바탕으로 삼아야 한다. 그렇지 아니한가?

_{고지수예무예   불욕록록여옥   낙낙여석}
故至數譽無譽 不欲錄錄玉 珞珞如石
/ 그러므로 살펴보면 명예는 명예가 없는 것이니 아름다운 옥구슬로 치장하는 욕심을 내지 말고 굴러다니는 조약돌 같은 것으로 치장해야 한다

과인_{寡人}은 왕이 신하와 백성들에게 자신을 낮추는 말이다. 특히 불곡_{不穀}은 왕 자신을 천하다고 신분을 낮추어 겸손해하는 뜻이다. 왕은 가장

259

높고 귀한 신분이다. 그러함에도 자신을 가장 천한 신분이라 낮추는 것은, 가장 높은 곳은 가장 낮은 곳이 바탕이 되어 가장 높아지기 때문이다. 그처럼 가장 높고 귀한 신분은 가장 천한 것을 바탕으로 삼아야 한다. 마찬가지로 지극한 명예는 명예가 없는 것이 바탕이다. 명예가 없는 것을 바탕으로 지극한 명예가 있기 때문이다. 옥구슬이 귀하게 된 것은 쓸모없는 돌멩이가 있기 때문이다. 전체적인 뜻은 스스로가 높은 신분이라도 낮은 신분을 귀하게 보라는 것이다. 마치 연꽃이 진흙탕에 내린 뿌리를 바탕으로 아름답게 피는 것과 같다. 붓다처럼 귀천을 가리지 않은 인류 평등사상을 기술한 구절이다. 선생과 동시대 인물이면서도 천한 신분과 귀한 신분을 엄격히 구분한 공자와 사뭇 다른 보편적 평등사상이라 할 것이다.

下篇 / 德

제 40 장

<small>만물생어유 무생어유</small>
萬物生於有 無生於有
만물은 유에서, 유는 무에서 생겨난다

道는 부드러운 쓰임으로
무한 순환한다

천지 만물은 존재를 가늠할 수 없는 무의 상태에서 존재하기 시작하였다. 따라서 유^有는 무^無에서 시작된 일체 존재물의 처음, 즉 하나를 뜻하고, 만물은 이 하나(有)에서 탄생하였으므로 하나를 만물지모 萬物之母라 하였다. 따라서 유가 만물을 생하고, 유는 무에서 비롯된 것이다. 그런데 유와 무는 사실은 한 묶음 속의 하나이다. 다만 무는 존재를 알 수 없고 유는 존재를 알 수 있다는 차이가 있다. 이에 대하여 비유를 들기를 땅의 끝이 바다의 시작(有)이고 바다의 끝이 땅의 시작(有)의 시작이라 하였다. 따라서 유무는 동시에 존재한다. 계절에 비유하면 겨울의 끝이 봄의 시작이다. 봄과 겨울이 맞물려있는 그곳이 무이고 그곳에서 싹을 맺히게 하는 첫 양기가 유의 시작이다. 그리고 시작된 물질 하나는 무수한 별과 자연이 되어 무한히 퍼져나가 온 우주에 가득 찬다. 만물은 가득해지면 반드시 본래 자리인 무로 되돌아가고, 되돌아간 무에서 또다시 유가 시작된다. 끊임없이 순환하는 천지 만물의 이치가 그러하다. 이에 선생은 다음과 같이 이었다.

반자도자지동 약자도지용
反者道之動 弱者道之用 / 되돌아가는 것은 道의 움직임이고, 부드러운 것은 道의 쓰임이다

천하만물생어유 유생어무
天下萬物生於有 有生於無 / 천하 만물은 유에서 생겨나고, 유는 무에서 생겨난다

    道의 움직임은 부드러운 기^{氣}의 순환이다. 하늘의 양기는 오른쪽으로 돌고, 땅의 음기는 왼쪽으로 돈다. 그렇게 돌면서 자연을 순환시킨다. 봄에 태어난 싹이 여름 가을을 거쳐 겨울에 기가 묻히고 봄이 되면 양기가 다시 와서 싹을 낸다. 그리고 여름에 양기가 가득 차면 가을에 음기가 차오르고 겨울로 되돌아가 잠긴다. 이것이 道의 작용으로서 부드러운 움직임이다. 이 움직임은 무^{無}인 道가 유^{有}인 하나를 생하는 순간부터 시작되어 끊임없이 순환한다. 그리고 하나는 둘을 생하고, 둘은 셋을 생하는데, 셋은 하나와 둘의 합이며, 이 합 셋이 태극이 되어 카오스를 일으키며 만물을 탄생시켰다. 그리고 태어난 만물은 본래 자리 영$^{零, Zero}$의 상태인 원점 道로 돌아갔다가 다시 생을 받아 현실로 되돌아온다. 그렇게 오고 가는 기는 물처럼 부드럽게 온 누리에 퍼져서 만물을 생장시키기도 하고 소멸시키기도 한다.

下篇 / 德

제 41 장

대방무우 대기만성
大方無隅 大器晩成
성인의 마음은 모서리 없는 우주 같다

참 덕은 모자란 듯하고
경박해 보인다

현자와 세 가지 유형의 사람 이야기

옛날에 한 현자가 있었다. 그는 부귀공명에는 뜻을 두지 않았다. 학문에 심취하여 뜻을 이루었지만 공명功名에는 뜻을 두지 않았다. 세상 물정에도 관심을 두지 않았다. 약초를 캐다 팔아 겨우 끼니만 이어나갔다. 산에서 약초 군락을 발견해도 먹고살 만큼만 캐고 더는 욕심을 내지 않았다. 그리고 항상 마음을 고요히 하여 깊은 명상에 들기를 좋아하였다. 마을 사람들은 변변한 옷 한 벌 없이 생활하는 그를 외면했다. 그런 그에게 어릴 때부터 같이 자란 친구 셋이 있었다.

첫 번째 친구는 그의 고고한 인품을 알아보고 존경하는 마음을 가지고 있었다. 두 번째 친구는 가난한 그를 도와주고 싶어 했으나, 물질 따위는 관심을 두지 않는 모습을 속으로 비웃었다. 세 번째 친구는 가난한 그가 친구라는 걸 부끄러워하며 무시하였다. 하지만 현자는 두 번째와 세 번째 친구를 원망하지 않았으며 한결같이 부드러운 미소로 대하였다. 낮에는 약초 캐고, 밤이면 글을 읽고 명상을 하면서 고요한 마음을 즐길 따름이었다.

어느 해 가을, 현자는 지게를 지고 뒷산으로 올랐다. 산은 높고 험해서 사람들이 다니지 않았다. 그러나 그는 어릴 때부터 오르내렸기에 어디에 어떤 약초가 있는지 알고 있었다. 그날은 칡을 캘 요량으로 지난여름 칡이 무성했던 곳으로 갔다. 그중에서 줄기가 굵고 긴 넝쿨을 찾아 뿌리를 캐기 시작했다. 튼실한 칡뿌리가 어른 허벅지만 했다. 계속해서 파 들어가는데 괭이 끝에 무언가 닿는 느낌이 있었다. 큰 돌이 있나 싶어 손으로 흙을 긁어냈다. 그런데 상자 하나가 모습을 드러냈다. 기이하게 생각하며 상자를 열어보았다. 놀라웠다. 금은보화가 가득 차 있는 것이 아닌가? 하지만 그는 놀라움도 잠시뿐 이내 평정을 찾았다. 보석이 있으면 금전적 여유는 생기겠지만 그로 인해 학문을 게을리하고 명상의 즐거움을 잃을까 두려웠기 때문이다. 그는 상자를 다시 제 자리에 묻었다. 그리고 칡을 캐어 내려오면서 예전에 산적들이 금은보화를 도적질하여 이 산 어딘가에 숨겨놓았다는 아버지가 들려주신 옛이야기를 떠올리며 마을로 내려왔다.

그는 별생각 없이 묻어둔 보석을 친구 셋에게 공평하게 나누어 주면 좋아할 것 같아서 가난한 자신을 부끄러워하며 무시하는 세 번째 친구를 먼저 찾아가서 말했다.

"내가 오늘 칡을 캐러 갔다가 보석상자를 발견했는데 네가 가져와서 친구들과 나누어 가졌으면 좋겠다."

그 말을 들은 세 번째 친구가 화를 내며 말했다.

"야, 너 정신이 어떻게 된 거 아니냐? 너 먹고살기도 힘든데 그 많은 보석을 나누어 준다고? 내가 널 무시하니까 나를 고생 시켜서 복수 하려는 것 아니냐?"

세 번째 친구는 그를 한껏 비웃으며 뒤도 돌아보지 않고 휭하니 가버렸다. 그는 두 번째 친구에게로 갔다. 두 번째 친구는 처음에는 혹했다가 이내 속으로 생각했다. '이 친구가 밥도 제대로 챙겨 먹지 못하더니 정신이 어떻게 되었나?' 하고 믿지 않았다. 하지만 그는 화를 내거나 비웃지 않고 현자가 무안해하지 않도록 정중히 거절했다. 현자는 하는 수 없이 첫 번째 친구를 찾아갔다. 그 말을 들은 첫 번째 친구는 조금도 망설이지 않고 '그곳으로 가 보자!' 하고 앞장서서 산으로 갔다. 그들은 보석상자를 가지고 내려왔다. 첫 번째 친구는 보석을 모두 다 가져가서 어려운 사람을 도와주는 데 썼다. 그리고 현자가 학문에만 열중할 수 있도록 도왔다. 한편 현자의 말을 믿지 않았던 셋째와 둘째 친구는 그제야 크게 후회하고 항상 못 나 보이던 그의 위대함을 깨달았다. 이 이야기의 뜻을 선생은 한 문장으로 이렇게 표현하였다.

상사문도   근이행지
上士聞道 勤而行之 / 가장 훌륭한 선비는 道에 대한 말을 들으면 부지런히 실천하고

중사문도   약존약망
中士聞道 若存若亡 / 중간쯤 되는 선비는 道에 대해 들으면 반신반의하다가 잊어버리고

하사문도   대소지
下士聞道 大笑之 / 최하의 선비는 道에 대해 들으면 크게 비웃는다

불소부족이위도
不笑不足以爲道 / 크게 비웃지 않으면 만족하지 못하기 때문에 진실로 道
인 것이다

앞에서 비유를 든 이야기에서 금은보화는 道이고 학자는 성인이다. 그리고 첫 번째 친구는 현명한 사람이다. 두 번째 친구는 의심이 많은 사람이다. 세 번째 친구는 무지하고 오만방자한 사람이다. 마지막 구절에서 비웃지 않으면 만족하지 못하므로 道라고 하였다. 무지한 사람은 자신의 무지한 잣대로만 보기 때문에 진실을 깨닫지 못하므로 비웃는다. 무지한 자가 진실을 비웃기 때문에 비웃는 그 자체가 무지한 자의 진실인 것이다. 그러므로 선생은 道에 대한 진실을 이렇게 썼다.

고건언유지   명도약매
故建言有之 明道若昧 / 그러므로 전해지는 말이 있으니 밝다고 하는 道는
어슴푸레한 것이고

진도약퇴   이도약뢰
進道若退 夷道若纇 / 앞으로 나아가는 듯 물러나는 것 같으며 색깔이 없
는 道는 깊은 것이며

^{상덕약곡   태백약욕}
上德若谷 太白若辱　/ 최상의 덕은 골짜기 같고 진실로 깨끗한 것은 무덤 덤하다

^{광덕약부족   건덕약투}
廣德若不足 建德若偸　/ 넓고 큰 덕은 모자란 듯하고 덕을 행함은 가볍고 경박한 것 같다

^{질진약투}
質眞若渝　　　　　　/ 본연 그대로 진실한 것은 맑은 물이 흐린 듯하다

　41장의 각 구절은 모두 치우침이 없는 중용의 덕을 뜻한다. 예로부터 道의 참모습에 대하여 그 보이는 모양은 밝은 듯 흐리다고 하였다. 앞에서도 몇 차례 설명한 바가 있는 구절이다. 빛이 섞인 희미한 어둠을 뜻하거니와 명상 수행으로 완전한 삼매에 들었을 때에 느낄 수 있는 경지의 형용이기도 하다. 나아가는 듯도 하고 물러나는 것 같기도 하다는 것은 카오스가 일어나기 전의 道의 현묘한 움직임의 표현이다. '움직임이 있는 듯 없는 듯하여 모양도 색깔도 알 수 없다'는 뜻은 '조연한 道의 모습 없는 형상'을 색깔이 없는 고요함으로 형용한 것이다.

　뒤이은 구절, '진실한 덕은 골짜기 같다'는 바라는 바 없이 덕을 베푸는 道의 쓰임이다. 가득한 골짜기 물이 흘러 대지를 적셔서 생명을 낳고 길러주듯 만물을 낳고 길러주는 곡신의 또 다른 표현이다. 달리 해석하면 사람이 무엇을 위해줄 때 위해준다는 생각 없이 위해주어야 한다는

교훈이기도 하다. 거기다가 진실로 가장 깨끗한 것은 아무 느낌이 없이 무덤덤하다고 하였다. 그 뜻 역시 치우침이 없어서 선악을 분별할 수 없는 진실한 道의 형용이다. 뒤이은 구절 '큰 덕은 모자란 것 같다', '진실은 맑은 물이 흐린 듯하다'는 치우침이 없고 차별하지 않는 道의 본질로서 중용의 덕을 의미한다. 연이어 선생은 다음과 같이 道의 광대함과 원만함 그리고 성인의 마음에 대하여 이렇게 형용하였다.

대방무우　대기만성
大方無隅 大器晚成 / 큰 방위(天)는 모서리가 없고 큰 그릇(宇宙)은 아득하나 완전하게 이루어져 있다

대음희성　대상무형
大音希聲 大象無形 / 큰 소리(宇音)는 고요하고 대상(大道)은 모양이 없다

도은무명　부유도　선대차성
道隱無名 夫唯道 善貸且成
　　　　　　　 / 道는 은밀하여 이름이 없고 이름이 없어도 잘 베풀어 주고 또 잘 이루어지게 한다

　　대방大方의 대는 한도 끝도 없는 대우주 또는 하늘을 뜻한다. 우주는 한도 없고 끝도 없으므로 대우주 또는 하늘을 방위가 없이 둥글다는 뜻에서 원圓이라 형용한다. 방方은 방위이다. 하늘은 광대하여 방위가 없으므로 대방무우大方無隅라 하였다. 큰 방위는 모서리가 없다는 뜻이다. 상대적으로 땅은 동서남북 방위가 정해진다. 서울에서 부산은 남쪽이고

부산에서 서울은 북쪽이며 평양에서 서울은 남쪽이다. 그렇다면 서울은 북쪽이 되기도 하고 남쪽이 되기도 하니 어느 방위가 옳은 것일까?

하늘은 광대하여 방위가 없다. 방위가 없으므로 일체 만물이 존재하는 곳, 즉 땅에서는 대우주의 중심이라 할 북극성을 보면 방위가 정해진다. 좌측은 서쪽, 우측은 동쪽, 뒤는 남쪽, 앞은 북쪽으로 방위가 정해지므로 모서리가 있는 것이다. 북쪽은 찬 기운이 작용하고 남쪽은 더운 기운이 작용한다. 심장이 약한 사람을 남쪽으로 향해 오링테스트Oring test를 하면 힘이 강하게 작용한다. 북쪽을 향해서 테스트하면 전혀 힘을 쓰지 못한다. 체질을 알고 싶으면 이 방법을 이용하면 간단하게 알 수 있다. 이 방법은 필자가 창시한 의명학醫命學을 집대성한 저서 <의명보감>醫命寶鑑의 핵심 논리 중 하나이다.

방위로 체질 진단하는 법을 요약하면 이러하다. 남쪽을 향하고 서서 오링테스트를 했는데 힘이 강하게 작용하는 사람은 심장이 허약하고 신장이 강하다. 힘이 없으면 심장이 강하고 신장이 약하다. 반대로 북쪽으로 서서 힘이 강하게 작용하면 신장이 허약하고 심장이 강하다. 서쪽으로 서서 힘이 강하게 작용하면 폐가 허약하고 간과 심장이 강하며 힘이 약하게 작용하면 폐가 강하고 간과 심장이 허약하다. 반대로 동쪽으로 서서 힘이 강하게 작용하면 간이 허약하고 폐가 강하며 힘이 약하게 작용하면 간이 강하고 폐와 비장이 허약하다.

이런 까닭은 남쪽은 심장과 통하는 에너지가 작용하고 북쪽은 신장 서쪽은 폐, 동쪽은 간의 에너지가 작용하기 때문이다. 허약한 장부는 같은 에너지 방위에서 힘이 강해지고 강한 장부는 에너지가 같은 방위에서 힘이 약해진다. 그 까닭은 장이 허약하면 해당 방위의 에너지가 들어와서 체질을 평등하게 해주므로 강해지고, 장이 강하면 해당 방위의 에너지가 들어와서 체질을 치우치게 하므로 약해지기 때문이다. 그러므로 땅을 방方이라 하고 사람은 각角이라 하는 것이다. 이러한 체질 변화 역시 에너지가 치우치면 해가 되고 평등하면 덕이므로 道의 본질인 '중용中庸의 덕德'이라 할 수 있다.

하여튼 하늘을 대방무우大方無隅라 하였다. 모서리 없이 광대하다는 뜻이다. 모서리가 없으므로 한도 없고 끝도 없어서 원圓이라 한다. 그런데 이어진 두 번째 구절 '대기만성大器晚成'을 일반적으로 문자가 뜻하는 바 그대로 '큰 그릇은 늦게 이루어진다'하고 해석하였다. 그리고 이 뜻을 큰 인물은 늦게 이루어진다는 뜻의 비유로 규정해버린 데 대해서 필자는 동의하지 않는다. 창조된 순서를 따져도 모서리 없는 커다란 그릇인 하늘이 제일 먼저 생겨났다고 하여 천일일天——이라 하였다. 그리 생각하면 차라리 큰 그릇, 즉 하늘은 '가장 먼저 이루어졌다'고 해석함이 옳다. 하지만 선생은 여러 차례 하늘을 큰 그릇이라 하고 성인에 비유하였다. 성인이라는 존재 자체가 아니라 성인의 마음을 한량없이 광대한 하늘에 비유한 것이다. 만약 큰 인물이 정말로 늦게 이루어지는 것이라면 역사에 길이 빛나는 성인과 영웅의 나이를 따져보자.

　석가모니와 같은 큰 인물은 나이 서른에 대각을 얻어 붓다가 되었다. 예수 그리스도 역시 나이 서른에 널리 알려진 큰 인물이자 위대한 성자가 되었다. 공자와 소크라테스도 50대 젊은 나이에 자신의 철학을 완성하였다. 그리고 영웅이라 역사에 기록한 이들의 면면을 보자. 광개토대왕과 그리스의 알렉산드로스는 불과 20대 나이에 대영웅이 되었다. 몽골의 징기스칸 역시 50대에 세계에서 가장 넓은 천하를 지배하였다. 이렇게 역사의 인물을 보아도 큰 인물은 늦게 이루어진다는 것은 어불성설이다. 큰 그릇인 대기大器는 하늘이고 만晩은 '저물다'를 뜻하지만 끝이 없는 아득함을 뜻하기도 한다. 저문다는 낮이 끝나고 밤이 시작되는 시점을 말한다. 이는 한도 없고 끝도 없는 대우주의 끝을 의미한다. 그곳은 밝음과 어둠의 분기점이다.

　그처럼 한량없이 광대한 시간과 공간인 하늘을 큰 그릇이라 하였다. 광대무변하므로 담는 것도 무한하다. 성成은 '이루어진다'는 의미인데 원래는 '한없이 무한한 것이 충실하게 이루어져 있다'는 뜻이다. 대우주 즉 하늘은 끝 간 데 없이 광대하지만 헤아릴 수 없는 무수한 별과 무한한 기운이 충실하게 이루어져 있다. 그리고 무한한 기운은 하늘과 땅을 운행하고 만물을 생하고 길러주는 덕을 한없이 무위로 베푼다. 따라서 '큰 그릇(大器)은 모나지 않은 한량없이 넓고 원만한 성인의 마음'을 뜻한다. 성인의 마음은 하늘처럼 한량없이 크고 넓어서 텅 빈 것 같지만 일체중생을 위하는 무위한 덕을 그 마음에 항상 가득 품는다. 그렇게 해석하면 다음 구절 대음희성大音希聲과도 잘 연결된다.

대음희성은 '큰 소리는 듣기가 어렵다'는 대우주의 소리를 의미한다. 불교에서는 우주의 소리를 옴OM이라 한다. 옴은 우리 말 '온다'라고 해석할 수 있다. 인도의 힌두이즘Hinduism에서 소를 '온다'라고 한다. 그들의 신 비쉬누Visinu가 인간에게 복을 주려고 지상에 내려올 때 언제든 신이 탈 수 있도록 소가 항상 신상神像 앞에 반쯤 무릎을 꿇고 대기하고 있는 데서 알 수 있다. 따라서 옴OM은 소 울음 같은 신령한 하늘 소리이기도 하다. 하늘에서 들려오는 지구가 돌고 있는 소리는 엄청나게 크다. 하지만 우리는 그 소리를 듣지 못한다. 청각을 초월하기 때문에 듣지 못하는 것이다.

하늘을 뜻하는 대大는 크다, 위대하다, 훌륭하다는 뜻도 된다. 따라서 성인의 훌륭한 말은 위대하여 듣기 어렵다는 뜻으로도 풀이된다. 그리고 다음 구절, '대상무형大象無形'은 대상大象 즉 대도大道는 모양이 없다는 뜻이다. 무한의 우주 대도는 모가 나지 않아서 원만할 뿐 형상이 없다. 그처럼 성인의 마음 또한 모가 나지 않아서 무우無隅 즉 모서리가 없는 것이다. 모서리가 없으므로 깨달은 성자의 마음을 원융무애圓融無碍:원만하여 모남이 없어서 걸림이 없다 하다고 한다. 그리고 道는 은밀하여 이름이 없고 비록 이름이 없어도 베풀고 잘 이루어지게 한다. 여기서 말하는 은밀이란 소리소문없이 덕을 베푸는 성인의 마음을 뜻한다. 즉 성인은 백성을 위할 때 道와 같이 위하는 기미조차 내지 않으며 무엇이건 베풀어 주고, 이루어지게 하지 않음이 없음을 뜻한다.

下篇 / 德

제 42 장

음양오행원리
陰陽五行原理
만물은 음양이 부딪치면서 화합한 산물이다

음양오행은 만물의 성질, 성분, 작용을 뜻한다

도생 일, 일생 이, 이생 삼, 삼생 만물
道生 一, 一生 二, 二生 三, 三生 萬物
/ 道가 하나를 생하고, 하나는 둘을 생하고, 둘은 셋을 생하고, 셋은 만물을 생하였다

만물부음이포양 충기이위화
萬物負陰而抱陽 冲氣以爲和 / 만물은 음이 양을 등지고 끌어안아서 부드럽게 부딪치며 화합한 것이다

선생은 이 장에서 비로소 음양陰陽을 논하였다. 제1장에서 '道란 무엇인가?'에서 이 문단을 설명한 바가 있다. 하지만 여기서는 음양오행의 발생 원리로서 만물 탄생 이론을 밝히고자 한다. 선생이 설명한 만물의 탄생 원리에다 음양이론을 접목하면 쉽게 이해할 수 있다. 이 장에서도 선생이 천부경을 읽고 큰 깨달음을 얻었음을 다시 한번 확인할 수 있다.(제39장 참조)

음陰이 양陽을 등졌다는 것은 음과 양은 성질 성분 작용이 반대라는 뜻이다. 음은 어둠이자 물水이고 추위이자 부드러움이며 아래로 흐른다. 양은 밝음이자 불火이고 더위이자 강성함이며 위로 솟는다. 사람 몸의 경우 가슴과 배는 음이고 등과 엉덩이는 양이다. 음이 양을 등지고 화합하여 인간 존재가 완성된다. 음양이 서로 부드럽게 부딪침으로써 화합

하여 만물을 탄생시켰다고 하였다. 이는 상반된 두 존재 즉 암컷과 수컷이 화합함으로써 자식을 낳는 근본이 되었다는 뜻이다. 암컷과 수컷 중에서 여자와 남자가 화합하여 자식을 면면히 내림으로 낳게 한 것은 道가 베푼 위대한 덕이다. 인간은 모든 존재의 원소인 흙土 물水 열火 숨 쉬는 기風를 완전하게 다 갖추고 있음은 물론 일체 생명의 습성까지 함축하고 있다.

따라서 사람이 자식을 낳는 것은 道가 천지 만물을 탄생하는 것과 같다. 천지 만물의 탄생 원리도 남녀 화합과 동일하다. 여성은 음陰, 남성은 양陽이며 남녀는 서로 포옹하면서 몸과 몸이 부드럽게 부닥침으로써 화합하여 자식을 낳는다. 따라서 음양은 위대한 탄생의 부모가 된다. 만약 인간계에서 전혀 다른 두 성질의 너와 나를 분별하여 음양처럼 화합할 수 있다면 이 세상 그 모든 것은 위대하다. 음양은 비단 만물을 탄생시키는 데만 그치지 않는다. 동양의학에서는 음양의 이치를 가장 중요하게 여긴다. 특히 '음양은 천지의 道이고, 모든 것의 법칙이며 변화의 부모요 삶과 죽음과 자연의 신비가 여기서 시작되어 존재한다'고 하였다. 병을 고침에는 반드시 이 근본을 따라야 한다며 다음과 같이 기록되어 있다.

음양자　천지도야
陰陽者 天地道也　　　/ 음양은 하늘과 땅의 道이며

만물지강기　변화지부모
萬物之網紀 變化之父母 / 만물의 근본이자 변화의 부모요

생살지본시　신명지부야
生殺之本始 神明之府也 / 삶과 죽음의 근본이 이에서 시작되어 존재하므로

치병지필구어본
治病之必求於本　　　/ 병을 치료하고자 하면 반드시 이 근본을 따라야 한다

    그러면 지금부터 천지 만물의 탄생과 음양오행의 발생 원리를 구체적으로 설명해보자.

    제39장에서 '道가 하나를 생生하였다'고 하였다. 하나는 道가 최초의 물질을 낳았다는 뜻이다. 그러므로 道가 생한 첫 물질을 하나(一)라 하고, 하나를 만물의 어머니라는 뜻에서 만물지모萬物之母라 하였다. 옛 성인은 道가 생한 첫물질 하나를 음陰이라 하였다. 음은 물이자 어둠이고 부드러움이며 추위 등을 총칭한다. 그러나 음은 단독으로 만물을 탄생시킬 수는 없다. 여성 혼자서 자식을 낳지 못하는 것과 같다. 따라서 하나가 둘을 생하여 음이 道의 작용으로 둘(二)을 생하였는데, 둘을 양陽이라 하였다. 양은 불이자 밝음이며 더위 등을 총칭한다. 그 다음 둘(二) 양은 道의 작용으로 음과 화합함으로써 셋을 생하였으며, 셋을 목木이라 이름하였다. 셋은 천지 만물을 실질적으로 탄생시키는 태아와 같아서 천지 만물의 씨눈 또는 '영기靈氣:만물을 탄생시키는 신령한 기운의 씨'라고도 한다. 그리고 목木의 원뜻은 나무가 아니다. 만물을 낳고 길러준다는 뜻에

서 '생육生育의 덕德'이라 한다.

　이렇게 음양이 화합하면서 카오스를 일으켰다. 이에 세 번째로 만물의 씨눈이 맺혔다. 그리하여 네 번째로 만물의 모태인 태극太極이 완성되었다. 태극의 수리數理를 사四라 하는데, 만물의 골격을 갖추고 형상의 바탕이 되는 물질 이름을 금金이라 하였다. 마지막으로 만물의 형상을 갖추게 하는 물질 토土가 카오스에 의해 저절로 생하여 짐으로써 천지 만물의 성분과 성질과 작용 수水 화火 목木 금金 토土가 완성되었다. 옛날 선각자들이 이것을 오행五行이라 하였다. 천지 만물의 다섯 가지 본질인 오행이 태극에서 함께 팽창하였는데, 그 모양은 여성이 잉태한 뒤 태아가 점점 자라나서 배가 팽창하는 것과 같다. 이렇게 팽창하던 태극이 극에 이르자 혼돈混沌, chaos에 의한 대폭발大暴發, Big Bang이 일어남으로써 하늘과 땅과 사람을 비롯한 일체 만물의 모습이 드러났다. 카오스는 아이가 세상 밖으로 나오기 위해 모태에서 트는 것에 비유되고, 대폭발은 여성이 극심한 진통과 함께 자궁 문이 열리고 아이가 세상 밖으로 머리를 내미는 것에 비유된다.

　간추려 말하자면 '태극의 대폭발에 의한 만물 탄생은 진통과 함께 여성의 자궁 문이 열리며 양수가 터져 나오고 아이가 모습을 드러내는 것과 같은 것이다' 그리고 음양 화합에 의한 맺힌 만물의 씨눈은 바로 종교적으로는 삼위일체신三位一體神이며 물질로서는 태극의 핵核이다. 태극의 핵은 땅에서 한민족의 난생卵生 신화로 나타났다. 즉 위대한 인물이 알에서 나왔다는 신화가 바로 그것이다. 알은 하늘 또는 하느님의 자식이란 뜻도 된다. 참고로 '아리랑'은 '알과 함께'라는 뜻에서 '알이랑'이 된다. 이때 음운 변화에 의하여 'ㄹ'이 탈락하고 아리랑이 되었다. '하느님이랑 혹은 한겨레와 함께'라 풀이할 수 있다. 한겨레는 하느님의 자손 또는 한민족을 뜻한다. 하여간 선생은 상반된 음양이 다투지 아니하고 화합하여 천지 만물을 낳고 길러주듯 인간이 할 바를 이렇게 쓰고 42장을 맺었다.

인지소오 유고 과 불곡
人之所惡 唯孤 寡 不穀 / 사람이 싫어하는 것은 오로지 외롭고 천한 것이다

이왕공이위칭 고물 혹손지이익
而王公以爲稱 故物 或損之而益 / 그런 까닭에 왕과 제후는 겸손히 과인 또는 불혹이라 자칭한다. 그러므로 천지 사이에 존재하는 온갖 것들(物)은 혹 손해 보는 것 같지만 이익이 되기도 하고

혹익지이손
或益之而損 / 이익을 보는 것 같지만 손해를 보는 것 같기도 하다

인지소교 아역교지
人之所教 我亦教之 / 사람이 가르침을 받듯이 나 자신도 가르침을 받는다

강량자불득기사 오장이위교부
强梁者不得其死 吾將以爲敎父 / 강하게 부닥치는 자 부득이 죽으니 나는 장차 이같이 가르치는 늙은이가 되고자 한다

음陰인 암컷이 비록 부드럽다고 하지만 강건한 양陽인 수컷 짝이 없으면 외롭다. 양 역시 아무리 씩씩해도 부드러운 짝이 없으면 외롭다. 음이 양을 만나지 못하고 양이 음을 만나지 못하면 만물을 생산하지 못한다. 암수가 짝이 없으면 자식을 낳지 못하여 존재로서의 가치가 없다. 암컷이 부드럽다고 강성한 수컷을 업신여기거나 수컷이 암컷이 유약하다고 업신여기면 불화만 있을 뿐 화합하여 자식을 낳지 못한다. 따라서 암컷도 수컷도 자신을 낮추고 겸손하고 화합함으로써 자식을 낳아 가치가 있는 삶을 영위할 수 있다. 음양도 그렇다. 음이 찬 성질로 더운 양을 괴롭히거나 더운 양이 강성하게 음의 찬 기운을 괴롭히면 음양 화합을 이룰 수 없어서 만물을 탄생시키지 못한다.

그러므로 겸손이 가장 훌륭한 덕목이 된다. 그러기에 최고의 권력자도 자신을 낮추어 불곡不穀:천하다, 혹은 과인寡人:부족한 사람이라 자칭하였다. 자신을 낮추면 손해 보는 것 같지만 타인의 존경을 받으므로 이익이 되고, 자신을 높이면 이익이 되는 것 같지만 타인의 원망을 사게 되어 손해를 본다. 따라서 사람들이 이러한 이치를 가르침 받듯 선생 자신도 가르침을 받고 또 백성을 가르치는 늙은이가 될 것이라 하였다. 하지만 그러한 이치를 모르면 서로 양보하지 아니하고 충돌하면서 자식을 낳지도 못하고 수명도 짧아진다. 동양의학 원전에서 음양은 삶과 죽음의 근본이라 하였다. 마땅히 수명이 짧아져서 일찍 죽을 수밖에 없는 것이다.

下篇 / 德

제 43 장

무유입어무간
無有入於無間
道의 기운은 틈 없어도 스며들어 베푼다

道의 쓰임새인 기氣는
자연을 변화시킨다

물은 아무리 틈이 없는 견고한 곳이라도 주저 없이 달려 들어간다. 부닥치면 돌아가서 대지를 적시고 만 가지 생명을 탄생시키고 길러준다. 이같이 道의 기운은 틈이 없어도 들어가서 덕을 베푼다. 덕을 베푸는 道의 작용은 기운이며, 기운은 모습도 없고 색깔도 없고 맛도 없어서 존재를 알지 못한다. 굳이 표현하자면 사계절을 변화시켜서 자연의 생 노 병 사를 윤회 반복시키는 절대적 기질이다. 그 기질은 입춘立春의 풍風, 청명淸明의 습濕, 입하立夏의 서暑, 소서小暑의 조燥, 입추立秋의 건乾, 입동立冬의 한寒 여섯 가지 성질의 기운이다. 이 육기六氣를 동양의학에서는 道라고도 하거니와 지극히 미세하고 부드러워서 틈이 있건 없건 어떤 장벽도 걸림이 없이 스며들어 그곳을 변화시킨다. 집 안을 아무리 두텁게 둘러쳐 놓아도 道의 기운은 걸림이 없이 스며들어 겨울은 춥고 여름은 덥게 한다. 선생은 이러한 道의 성질과 성분과 작용을 다음과 같이 설명하였다.

천하지지유　치빙천하지지견
天下之至柔 馳騁天下之至堅 / 천하에 가장 부드러운 것은 가장 견고한 곳으로 달려가고

무유입어무간
無有入於無間 　　　　/ 道의 기운(無有)은 틈이 없어도 스며든다

부드러운 것은 물이다. 그러나 물보다 더 부드러운 것은 기氣라는 道의 무위한 성질과 작용이다. 예를 들어 물안개나 수증기는 수기水氣이다. 이처럼 만물은 자체 성분과 성질을 머금은 기氣의 집합체이며 기는 스스로 작용하여 어느 곳이든 스며들어 그곳을 변화시킨다. 따라서 기는 道의 쓰임의 존재로서 만물의 기틀이 된다. 만물의 기틀이 되므로 사계절이 자연을 변화시키듯 인간을 비롯한 일체의 생노병사를 주관한다. 그러기에 선생은 뒤이어 道의 무위한 쓰임에 대하여 이렇게 쓰고 43장을 맺었다.

오시이지무위지유익　불언지교
吾是以知無爲之有益 不言之敎 / 나는 무위한 道의 유익함을 알고 말없이
　　　　　　　　　　　　　　　　가르치려 한다

무위지익　천하희급지
無爲之益 天下希及之　　　／ 무위의 이익이 희귀하게 온누리에 소리
　　　　　　　　　　　　　소문없이 미친다는 것을!

道는 견고하고 틈이 없는 곳이라도 들어가 만물을 이익되게 한다. 그렇지만 그런 사실을 말없이 가르치는 道의 쓰임을 알고 행하는 자는 천하에 드물다고 하였다. 사람들은 눈에 보이는 것만 믿는 습성이 있다. 道의 쓰임새는 기운이고, 기氣는 기후와 바람과 에너지를 함축한 물질인데도 눈으로 볼 수가 없다. 그렇지만 기氣는 道가 부리는 쓰임새로서 자연을 변화시킨다는 사실은 변하지 않는다. 천하 만물 곳곳 틈이 없어도

흘러 들어가서 덕을 베풀어 만물을 이익되게 해준다는 사실도 변하지 않는다. 주지하다시피 물은 어느 곳이든 흘러 들어가서 만물을 태어나게 하고 길러주므로 道의 본보기가 되거니와 이 모든 작용이 무위한 道의 유익함이라 하였다. 이에 선생은 자신이 그러한 道의 유익함을 가르치려 한다고 하였다.

下篇 / 德

제 44 장

명 여 신 숙 친
名與身孰親
권력 명예 재물 중에 어느 쪽이 귀한가?

바르게 알고 그칠 줄 알면 위태롭지 않다

가) 출세와 명예에 탐착貪着한 자의 최후

중국 노나라에 오기吳起라는 사람이 있었다. 오기는 본래 신분이 가난한 집안의 천민이었다. 출세와 명예욕이 남다른 그는 늘 신분이 귀한 권력자를 꿈꾸며 여러 선생을 만나 유학과 병법을 공부하였다. 하지만 천민인데다 성질도 별로 좋지 않은 그를 동네 사람들이 욕하고 비웃었다. 뒤늦게 그 사실을 알고 분노를 참지 못한 그는 야밤에 칼을 들고 자신의 명예를 더럽힌 동네 사람들 30명을 한 명 한 명 찾아다니며 무참하게 죽이고 위나라로 도망갔다.

두뇌가 명석한 그는 망명자이면서도 공부를 계속하였다. 그리고 온갖 병법을 통달하여 위나라에서 명성이 높았다. 그 사실을 안 위나라 왕이 그를 대장군에 임명하려 하였다. 하지만 그를 시기하는 사람이 많았다. 그들은 오기의 아내가 제나라 사람이란 약점을 알아내고 언제든 위나라를 배신할 것이라 모함했다. 이에 왕이 대장군 임명을 주저하자 그는 즉시 집으로 가 아내를 단칼에 목을 베 죽이고 피가 뚝뚝 떨어지는 아내의 머리를 왕에게 보여주었다. 이에 감복한 왕이 그를 대장군에 임명했다.

대장군이 된 그는 부하 병사에게는 부모처럼 헌신하는 인간미를 보였다. 최고 대장군인데도 숙식을 병사들과 함께하였다. 그리고 어느 병사가 몸에 종기가 나서 앓아눕자 직접 피고름을 입으로 빨아내 치료해 주기도 하였다. 이를 본 병사들은 오기를 위해서는 목숨까지 바치겠다고 맹세했다. 후일 천하를 통일한 강대국 진나라와 싸워서 성을 다섯 개나 뺏을 정도로 그의 전술은 뛰어났고 병사들은 용감했다. 하지만 출세를 위해 오직 왕에게만 충성하는 그를 싫어하는 신하도 많았다. 그들은 모의하여 그를 명예롭지 못한 일을 자행하도록 유도하여 죽이려 하였다. 그 사실을 눈치챈 그는 초나라로 도망갔다. 그러나 초나라에서도 미움을 산 그는 왕족들이 쏘아대는 무수한 화살을 맞고 비명횡사하였다. 권력과 명예와 신분 상승을 위해 못 할 짓이 없었던 그의 비참한 죽음은 인과응보의 극치를 보여준다.

나) 죽은 자의 인과응보 이야기

죽었다가 사흘 만에 살아나서 무당이 된 여인이 있다. 이야기는 그 여인이 의사로부터 사망선고를 받고 사흘 만에 다시 살아나면서부터 시작된다. 그녀는 살아나자마자 저승에서 어느 큰 부자가 거지가 되어 얻어먹고 있다는 말을 끝으로 입을 닫았다. 그녀는 밤마다 악몽에 시달렸다. 그 부자 거지가 꿈에 나타나 자기를 도와달라고 부탁을 하다가 갑자기 흉악한 몰골로 변하여 협박을 하기도 하였다. 그의 부탁은 자기 재산을 물려받은 아들에게 자신을 위해 천도 제를 지내게끔 해달라는 것이었다. 하지만 그녀는 그의 아들과 통화한다는 게 불가능했으므로 어찌해 볼 도리가 없었다.

그러던 어느 날 밤이었다, 그 부자가 꿈에 나타나 부드러운 얼굴로 말했다. 모월 모일 모시에 어디로 전화하면 자신의 아들이 전화를 받을 것이라며 이렇게 말하였다. 자신의 엉덩이에 크고 시커먼 점이 하나가 있는데, 그 사실을 아들은 알고 있다고 하였다. 그리고 그 말을 해주면 아들이 믿고 그녀를 만나줄 것이라 하고는 홀연히 사라졌다. 그녀는 그날을 기다렸다가 그 아들에게 전화했다. 그녀는 자신이 죽었다가 살아난 이야기를 하고는 저승에서 거지꼴을 한 그의 아버지를 보았다며 그의 아버지가 매일 꿈에 나타나 자신에게 부탁하는 말이 있다고 하였다. 그리고 고인의 생전에 엉덩이에 큰 점이 있었다는 말까지 자세하게 설명해주었다.

그러자 그 아들은 그녀를 만나러 단숨에 달려왔다. 그리고 그녀에게 뜻밖의 일을 제의하였다. 아버지를 위해 해마다 천도 제를 직접 지내주고 자신을 위해서도 기도해 달라는 부탁이었다. 사실 그녀는 저승에서 그 부자를 만나고 다시 살아난 뒤에 묘하게도 무당 기운이 있어서 어쩔 줄을 모르고 있었던 터라 별로 꺼리지 않고 아들의 제의를 받아들였다. 기도하면 저승에서 보았던 그 부자가 꿈에 나타나 예언도 해주었으므로 그 아들로부터 오랜 세월 신임을 받았다.

이야기는 여기까지다. 살아생전 그 부자는 돈을 모으는 데만 열중하였다. 엄청난 재산을 모았는데도 만족할 줄 몰랐다. 타인의 눈에 피눈물이 나도록 못 할 짓도 서슴없었다. 그러니 세상 사람들로부터 부러움의 대상이기도 하고 엄청난 비난도 함께 감수해야 했다. 그래도 그는 한도 없고 끝도 없는 이익을 위해 못 할 일도 그치지 않았으며 앞만 보고 내달렸다. 그러다가 나이 칠십도 못 넘기고 죽고 말았다. 그리고 인과응보의 법칙에 따라 저승에서 욕되고 위태롭게 살아가고 있었다. 옛날이나 지금이나 인간 세상에는 그 큰 부자처럼 살았거나 살아가고 있는 이들이 적지 않다. 그러한 세상 사람에 대한 교훈으로 선생이 남긴 글은 이러하다.

명여신숙친 신여화숙다
名與身孰親 身與貨孰多 / 명예와 몸 어느 쪽을 사랑하고 몸과 재물 어느 쪽이 가치가 있는가?

득여망숙병
得與亡孰病 / 얻는 것과 잃는 것 중 어느 쪽이 괴로운가?

시고심애필대비 다장필후망
是故甚愛必大費 多藏必厚亡 / 너무 애착하면 크게 소모되고 많이 저장해 두면 크게 잃는다

다) 죽어 목이 잘린 권력자 이야기

한명회韓明澮, 1415-1487는 조선 500년 역사에서 가장 사람을 많이 죽이고, 그 덕으로 무려 3대 왕에 걸쳐 무소불위無所不爲의 최고 권력을 누린 입지전적立志傳的인 인물이다. 하지만 죽어서 목이 잘리는 부관참시剖棺斬屍 형을 받은 인물도 한명회다. 한명회는 단종을 폐위시키고 수양대군을 왕위에 올리기 위해 계유정난癸酉靖難을 기획하고 성공시켰다. 그는 살생부를 작성하여 정난靖難에 방해가 되는 수많은 사람을 죽였다. 그 공로로 권력을 잡은 그는 세조를 다그쳐 더 높은 권력을 누리기 위해 셋째 딸은 예종, 넷째 딸은 성종과 혼인시켜 2대에 걸쳐 임금의 장인이 되어 삼정승三政丞:우의정, 좌의정, 영의정 위에까지 오르는 등 극에 이르는 부귀와 명예와 권력을 누리다가 73세에 죽었다.

죽은 한명회는 1504년 연산군에 의해 무덤이 파헤쳐지고 부관참시를 당한다. 시체가 목이 잘리는 비참한 형벌은 생전의 업보일 터, 저승에 간 그의 영혼은 어찌 되었을까? 현세에서도 비슷한 실화가 있다. 쿠테타를 일으켜 수많은 사람을 죽게 하고 권좌에 오른 다음 무소불위의 권력을 휘두르고 부귀를 누리다가 죽은 후에는 한명회처럼 죽어 형을 받을까 봐 수년이 지나도록 묻힐 곳조차 찾지 못하는 권력자도 있다.

권력과 명예 그리고 재물로 얻은 부귀영화는 뜬구름과 같다. 한때 이름을 날려 보지만 잠시 잠깐일 뿐이다. 이름난 정치인 예술인 연예인 등 등 역시 한때 영화를 누리지만 손꼽힐 짧은 사이에 사라진 가을바람에 허무하게 지는 낙엽처럼 사라지고 만다. 생명을 잃거나 몸이 망가지면 명예 권력 부귀공명 다 잃는 법, 무엇을 위해 살아야 할까? 죽은 목숨은 들에 핀 풀꽃 한 송이 보다 못하다고 하였다. 몸을 잃거나 망가졌는데 천하에 군림하여 명예를 떨치고 금은보화가 창고에 가득한들 무슨 소용이 있으랴! 귀한 것을 얻었거나 얻으려면 몸과 마음을 한시도 편하게 둘 수도 없다. 그러기에 설사 가지고 누릴 것도 없고 잃을 것도 없는 삶일지라도 탐욕에 자아를 상실하지만 않으면 천하에 괴로운 일 자체가 없을 것이며, 죽어서까지 욕됨도 없고 허무도 없어서 오직 불변의 道의 향기만 은은히 남을 것이다. 그러므로 선생은 연이어 이렇게 썼다.

지족불욕 지지불태
知足不辱 知止不殆 / 이러한 이치를 알면 욕되지 아니하고 그칠 줄 알아서
위태하지 않으니

가이장구
可以長久 / 귀한 것을 오래 보존할 수 있는 것이다

인과응보를 생각하면서 무엇이 귀할까?' 화두를 던지고 44장을 맺는다.

下篇 / 德

제 45 장

대영약충 기용불궁
大盈若沖 其用不窮
가득해도 빈 것 같으면 쓰임이 무한하다

대의를 위하는 자
재주를 부리지 않는다

지식과 지혜가 충만한 사람은 똑똑해 보이지 않는다. 아는 체하지 않아서 어리석어 보인다. 그러나 부족함이 없다. 마르지 않는 샘처럼 지식과 지혜를 무위로 면면히 냄으로써 그 쓰임새는 무한하다. 하지만 빈 깡통이 요란하듯 지식과 지혜가 부족한 사람이 많이 아는 체한다. 그런 유의 사람은 정작 지식과 지혜가 필요할 때는 마른 샘과 같아서 아무런 쓰임새가 없다.

이런 비유는 어떨까? 화병에 예쁜 꽃을 빈틈없이 수북이 꽂은 것보다 몇 개의 꽃송이를 공간을 두고 적당히 꽂은 모양이 더 아름다워 보인다. 이것을 '비움의 아름다움'이라 하였던가? 그와 같이 지식이 넘치는 것보다 모자란 듯해 보이는 것이 더 아름답다. 그리 생각하고 선생의 생각을 읽어보자.

대성약결　기용불폐
大成若缺 其用不弊 / 완전한 것은 흠이 있는 것 같아도 그 쓰임은 낡아지지 않으며

대영약충　기용불궁
大盈若沖 其用不窮 / 한가득 찼어도 빈 것 같으면 그 쓰임은 무한하다

^{대직약굴} ^{대교약졸}
大直若屈 大巧若拙 / 대의를 위하는 사람은 교묘한 재주를 부리지 않아서 서툴러 보이고

^{대변약눌}
大辯若訥 / 뛰어난 웅변가는 말을 함부로 하지 않아서 어눌해 보인다.

    진실로 크게 이룬 사람은 티가 나지 않는다. 오히려 허술해 보인다. 하지만 이룬 것을 간직하고 있다가 필요하면 내보인다. 석가모니 붓다가 그랬다. 평소에는 깨달은 티를 내지 않았다. 그리고 늘 해진 누더기를 걸치고 거지처럼 얻어먹어 성자의 품위가 없어 보였다. 차림새와 음식을 동냥하는 모습이 거지 같아도 한량없는 앎은 보석보다 빛났으며 중생을 위해 덕을 베풀 때는 골짜기 물처럼 무위하였다. 이렇듯 앎이 충만한 깨달은 사람은 필요할 때가 되면 무궁한 지식과 지혜와 덕을 무위로 내보인다. 그리고 곧지만 곧지 않아 보이고, 재주가 뛰어나도 재주가 없어 보이고, 말을 잘하면서도 어눌해 보이고, 어딘가 비어서 모자란 듯하다.

    선생은 그러함을 '부족한 듯 완전함'이라 하였다. 거기다가 진실로 완전함을 이룬 아름다운 사람은 한가득 짐을 실은 수레가 소리 없이 바퀴를 굴리는 것처럼 무겁고 진중하게 처신한다. 앎이 얕은 자들이 입이 가벼워서 걸핏하면 아는 체 목청을 높인다. 하지만 주머니 속의 송곳처럼 거짓이든 진실이든 언젠가는 드러나기 마련이다. 아무튼 선생은 연이어

이렇게 썼다.

<u>躁勝寒</u> <u>靜勝熱</u> <u>淸靜爲天下正</u> / 급하게 움직이면 추위를 이기고 고요하면
조승한   정승열   청정위천하정
더위를 이기니 맑고 고요함이 천하에 올바른 도리이다

'추위가 더위를 이긴다'는 뜻은 쉬워서 당연히 받아들여진다. 너무 당연한 말을 한 선생의 속뜻은 무엇일까? 추위는 음陰이라서 움츠림이고 물의 성질이라 부드럽고 고요하다. 더위는 불의 성질이라 타오르고 발산한다. 활활 타오르는 불길처럼 조급하고 그 성질이 발광하면 정신이 혼탁하여 정도를 지킬 수 없다. 따라서 움츠린 듯 성내지 아니하고 항상 언행이 부드럽고 조용한 사람이 폭풍처럼 과격하고 조급한 사람을 이긴다는 뜻에 부합된다. 이는 부드럽고 고요한 음陰이 거칠고 발산하는 양陽의 성질을 길들여서 평온을 유지해 주는 데에도 비유된다. 알면서도 모르는 듯 말없이 하는 행동은 어느 한쪽으로 치우치지 않는 중도를 지킴이라 천하에 올바른 도리라 하였다.

下篇 / 德

제 46 장

죄막대어불가욕
罪莫大於不可欲
죄는 욕심만큼 큰 것이 없다

만족을 모르면
재앙을 입는다

허물이란 잘못해서 저지른 실수를 뜻한다. 그 누가 허물없는 완벽한 삶을 살 수 있으랴마는 허물 중에서도 욕심이 가장 큰 허물이라 하였다. 욕심이라면 재물욕 명예욕 권력욕이 먼저 떠오를 테고 그로 인한 허물이 가장 클 테지만 허물이란 비단 그런 탐욕만을 뜻하지 않는다. 부모 형제나 부부 또는 타인과 오해로 인한 다툼이라든지 사랑하다가 보다 나은 대상을 찾아 배신하는 허물이라든지 사람이 사는 동안에 짓는 갖가지 허물은 모래알같이 많다. 그 모든 허물은 자기중심적인 이기적 속성이 근본 원인이다.

보통 인간은 어차피 이기적 속성을 지닌 존재여서 깨닫지 못한 중생衆生이라 하였다. 그러기에 무위로 베푸는 이타적 덕행을 강조하였는지도 모른다. 무위한 道의 덕을 실천할 수만 있다면 모든 것에 만족하여 불만이 없을 테니 영원한 행복이 바로 그런 것이다. 그러나 이기적 속성에서 못 벗어나는 인간은 알면서도 지키지 못한다. 그나마 최소한의 노력을 다하는 삶이 인간으로서의 마땅한 도리일 것이다. 선생은 인간의 허물에 대하여 다음 구절에서 재미있는 비유를 들었다.

천하유도　각주마이분
天下有道 却走馬以糞 / 천하에 道가 있으면 달리던 말을 뒤로 물려 똥 수레를 끌게 하고

천하무도　융마생어교
天下無道 戎馬生於郊 / 천하에 道가 없으면 병거를 끄는 말이 교외에서 새끼를 낳는다

전쟁은 왜 일어나는가? 탐욕과 이해관계 때문이다. 이익이 될만한 것이 많고 국력이 약하면 침략당하기 마련이다. 그리고 얽히고설키는 이해관계 때문에 죽기 살기로 싸운다. 침략하거나 침략당하거나 귀한 목숨을 잃기는 마찬가지다. 전장은 한마디로 道가 없는 지옥이다. 나는 베트남 전쟁터에 있어봐서 안다. 거기엔 인정도 사정도 없고 배려도 없으며 피도 눈물도 연민도 없다. 오직 죽이고 죽임을 당하는 것만이 있을 뿐이다. 그런 전쟁터에서는 인간으로서의 허물만 있을 뿐 도덕은 찾아볼 수 없다.

그러기에 선생이 천하에 道가 있으면 말이 전장에서 물러나 똥 수레를 끌고, 천하에 道가 없으면 병거兵車를 끄는 말이 교외에서 새끼를 낳는다고 하였다. 똥 수레를 끈다는 것은 농사용 거름으로 쓸 똥통을 실은 수레를 끈다는 뜻이다. 교외에서 새끼를 낳는다는 것은 전쟁에 차출된 말이 마구간에서 새끼를 낳지 못하고 싸움터에서 낳는다는 뜻이다. 이에 선생은 이렇게 쓰고 46장을 맺었다.

죄막대어불가욕　화막대어부지족
罪莫大於不可欲 禍莫大於不知足 / 죄는 욕심보다 큰 것이 없고 재화는 만족하지 않는 것만큼 큰 것이 없다

구막대어욕득　고지시지족　상족의
咎莫大於欲得 故知是之足 常足矣 / 허물은 움켜쥐는 욕심보다 큰 것이 없으니 만족할 줄 알면 항상 만족하여 불만이 없지 않겠는가

　　전쟁은 만족할 줄 모르는 탐욕과 이해관계 때문에 일어난다. 경제 침탈, 국토 확장을 통해 부와 업적을 쌓아서 자신의 권세와 명성을 드높이려는 권력자의 탐욕과 감정 대립으로 인한 이해관계가 빚어내는 비극이다. 역사에 기록된 진시황, 알렉산더, 칭기즈칸, 나폴레옹, 히틀러 등은 남의 나라를 정복하여 재산을 강탈하고 사람의 목숨을 초개같이 빼앗았다. 그들에게 남은 것이 무엇인가? 위대한 정복자? 영웅? 허울 외에 남은 것은 없다. 그들은 모두 전장에서 비참한 최후를 맞았다. 성인은 어떠한가? 경천애인을 주장하고 실천한 전노교의 최제우, 최시영, 불교의 석가모니 붓다, 원효대사, 기독교의 예수 그리스도, 도교의 노자 등 성인은 만족한 삶을 살았다. 그리고 그들의 명성은 저들 지배자들보다 훨씬 더 존경받고 숭배의 대상으로까지 추앙받는다.

下篇 / 德

제 47 장

불출호지천하
不出戶知天下
방안에 앉아서 천하를 알고 천도를 안다

혜안慧眼이 열리면
천리밖을 볼 수 있다

이 장 또한 선생의 도력이 메타버스의 마법사라 칭할 만한 능력을 보여준다.

　석가모니 붓다는 기원전 5세기경, 대각을 얻은 뒤에 가만히 앉아서 별같이 많은 중생의 마음을 다 헤아려 볼 수 있었다. 태어나기 이전 중생의 일생도 다 알고 설법한 예도 여럿 있다. 어느 날 제자들에게 설법하던 중에 바다 가운데 '해海 중中 금강金剛'이란 곳에서 법기法紀라는 보살이 있는데, 지금도 3,000명의 권속에게 법을 설하고 있다고 눈으로 보고 있는 듯 말하였다. 혼자 추정하건대 해중海中 금강金剛은 경상남도 남해안의 '해금강海金江'이 아닌가 하는 생각을 해 본다.

　40대 초로 기억된다. 한때 명상에 열성을 쏟았던 적이 있었다. 낙엽이 붉게 물든 어느 해 가을, 우연한 인연으로 청학동에 간 적이 있었다. 반갑게 맞아준 촌장이 큰 소나무 밑에서 3년을 묵힌 솔방울 술을 권했다. 작은 술잔에 조금 부은 노랗게 잘 익은 술을 한 모금 살짝 머금으니 혀끝에 녹아들었다. 그 맛에 반해 촌장이 술이 독하다며 말리는 데도 큰 컵에 넘칠 만큼 한 잔을 따르고는 단숨에 들이켰다. 과연 독한 술이었다. 금방 취기가 타올랐다. 그런데도 거푸 두 잔을 훌쩍 마셨다. 취기를 못 이겨 체면 차릴 것 없이 벽에 등을 기대고 눈을 감았다.

그런데 비몽사몽간인 듯한 순간에 갑자기 지리산 전체가 눈앞에 환하게 나타났다. 길지 않은 순간이었다. 술에서 깨어나 촌장에게 본 대로 말했다. 청학동 바로 앞산 너머에 집이 두 채가 있고 감나무 한그루가 그 집 담장 안마당에 있는데 하도 커서 무성한 가지가 지붕을 덮고 있다고 하였다. 그리고 지리산 이곳저곳 어디 어디는 무엇이 있는데 어떠하다는 등 보았던 것들을 생각나는 대로 말했다. 그랬더니 촌장이 도대체 지리산 등산을 얼마나 했길래 그리도 지리산 곳곳을 잘 아느냐고 물었었다. 하지만 쉽게 이해할 것 같지 않아서 대답하지 않고 그냥 웃어넘겼다. 그 외에도 명상 중에 몇 차례 아름답고 수려한 산과 꽃밭을 실감 나게 보기도 하고 허공에서 여러 가지 문자가 내려오는 것을 본 적도 있다.

선생은 집안에 가만히 앉아서 천하를 다 알아볼 수 있고 창문으로 엿보지 않아도 천도 즉 하늘과 천체의 운행을 알 수 있다고 하였다. 일심一心에 이르면 누구나 경험할 수 있는 말이다. 큰 돌에 하늘의 별을 그려놓은 천문도를 보면 요즘같이 허블 망원경이 없던 고대의 선각자들 역시 방안에 앉아서 천상천하를 다 보았을 것 같다. 눈으로 직접 보지 않아도 심안으로 볼 수 있다는 것, 그것이 대도에 이른 자의 마법 같은 초월적 능력일 것이다. 필자가 술에 취해서 어쩌다가 지리산을 보았던 것은 소가 뒷걸음치다가 쥐를 잡는 것만큼이나 기이하고 놀라운 우연이었다.

세속에 집착한 요즘에는 더는 그런 경험을 할 수 없어서 아쉽고 한스럽다만 그 옛날 道를 향한 열성이 다시 살아나는 날 그때보다 더 실감 나는 경험을 할 수 있을 것 같다. 선생은 道를 얻지 못하는 한계를 '멀리 나가면 두루 아는 것이 적어진다'고 했다. 마음의 눈이 아니고 실제로 사물을 보고자 하면 아무리 멀리 나가보아도 눈에 보이는 경계는 극히 제한적이기 때문이다. 道를 얻지 못하는 경계를 지적한 것이다. 선생은 경계를 초월한 성인에 대하여 이렇게 썼다.

불출호지천하 불규유견천도
不出戶知天下 不窺牖見天道 / 밖으로 나가지 않아도 천하를 알고 창문으로 엿보지 않아도 천도를 본다

기출미원 기지미소
其出彌遠 其知彌少 / 문밖으로 나가서 먼 곳까지 두루 보면 아는 것이 적어진다

시이성인불행이지 불견이명
是以聖人不行而知 不見而名 / 하지만 성인은 밖에 나가 돌아다니지 않아도 다 알고, 다 보지 않아도 이름을 알고

불위이성
不爲而成 / 위하지 않아도 다 이루어 놓는다

명상으로 한순간만이라도 일심에 이를 수 있다면 아마도 자신이 원하는 곳을 눈을 감고도 다 볼 수 있을 것이다. 옆방에 사람이 무엇을 하고 있는지, 지구 반대편에 무슨 일이 벌어지고 있는지 다 보고 다 알 수 있다. 필자의 경험으로는 '예견까지 가능하다'고 확실하게 말할 수 있다.

한 가지 경험이 있다. 젊은 시절 정신이 맑아서 명상에 든 적이 있었다. 어쩌다가 일심에 이르러 갑자기 정신이 흐릿해졌다. 그리고 동시에 놀라운 광경이 펼쳐졌다. 흐릿한 하늘에 까마귀 떼 같은 물체가 수없이 날고 있었다. 그리고 어느 곳인지 알 수 없는 지역에 폭탄을 퍼부어댔다. 전쟁이 벌어지고 있었다.

그 광경을 목격한 시간은 불과 이삼십 초에 불과했을 것 같다. 끊어졌다가 이어지기를 반복하는 시간까지 계산하면 한 1~2분 정도 될까? 명상에서 깨어나 시간이 좀 지나서였다. 미군이 이라크를 공격한다는 걸프전 뉴스를 들었다. 이처럼 한순간이라도 한마음에 이르면 초인적인 능력으로 신비한 광경을 목격할 수 있다. 독자들도 자주 명상하여 일심에 들도록 정신을 집중해보았으면 좋겠다. 틀림없이 기이한 경험을 할 수 있을 것이다. 그에 더해 깊은 삼매에 들면 천지자연의 도리와 천지의 신령한 영靈이라든지, 천체의 운행을 방안에 가만히 앉아서 관찰할 수도 있을 것이다. 그 옛날 선생의 경지가 그 정도에 이르렀다고 생각하니 과연 마법을 부린 것 같다는 생각이 든다.

下篇 / 德

제 48 장

위학일익 위도일손
爲學日益 爲道日損
배움에 열중하면 매일 지식이 늘어난다

道에 열중하면 매일
지식이 줄어든다

학문은 앎의 도구이고 안다는 것은 지식이다. 지식은 어떤 생각과 행동의 길잡이가 된다. 가령 '사람은 착해야 한다'는 명제에는 착하기 위해서는 '거짓말을 하지 마라', '도둑질을 하지 마라' 등등 인간이 할 바 도리를 구체화한 학문적 지식이 따른다. 말하자면 유위법有爲法이 정해지는 것이다. 그러한 유위법은 삶이 복잡해질수록 늘어난다. 하지만 무위한 道는 본심에서 저절로 우러나와 무위로 행동하는 관습이라 지식을 초월한다. 지식을 초월하므로 무엇을 어떻게 해야 한다거나 무엇은 어떠하다는 등의 가르침을 배우고 익힐 필요가 없으므로 지식이 줄어든다. '산은 산이요 물은 물이로다'라고 하였다. 진실을 알았으면 그만이지 거기에 무엇을 더하고 부연할 필요가 있으랴! 이에 선생이 다음과 같이 썼다.

위학일익　위도일손
爲學日益 爲道日損　／ 학문을 하면 매일 지식이 늘고 道를 행하면 매일 지식이 줄어든다

손지우손　이지어무위
損之又損 以至於無爲 / 지식을 줄이고 줄이면 무위가 지극해진다

무위이무불위　취천하상이무사
無爲而無不爲 取天下常以無事 / 무위는 위해 지지 않음이 없으니 다스리
　　　　　　　　　　　　　　　는 천하가 언제나 무탈하다

급기유사　부족이취천하
及其有事 不足以取天下　　 / 무위가 아니면서 천하를 만족하게 취할
　　　　　　　　　　　　　　　수는 없다

　　지식은 깨달음의 길잡이일 뿐 깨달음이 아니다. 깨달음이란 지식을 초월하여 문자나 말로 무엇이라 표현할 수 있는 것이 아니다. 따라서 깨달음이 깊어갈수록 지식은 점차 줄어들다가 나중에는 아예 사라진다. 오염수가 그치고 청정한 물이 흐르듯 지식이 사라진 자리에 무위한 道가 가득 찬다. 봄이 오면 메마른 가지에 싹이 나고 꽃이 피는 것은 천지이법天地理法이요 道의 작용이다. 이에 대하여 어떤 지식을 동원한 설명이 필요할까? 복잡한 인간사에는 지식이란 유위법이 따르기 마련이지만 만족한 치세治世는 무위가 아니면 거의 불가능하다.

下篇 / 德

제 49 장

오선지 불선자오역선지
吾善之 不善者吾亦善之
착한 자 착하게 대하고 악한 자도 착하게 대한다

성인은 백성의 마음을
자신의 마음과 같이 위한다

가) 성자와 살인자 이야기

옛날에는 스승의 그림자도 밟지 않았다고 한다. 스승은 절대적이어서 조건 없이 복종하고 따랐다. 그러기에 스승을 또 다른 부모로 받들고 임금을 섬기듯 하였다. 아래 이야기는 기원전 5세기경 인도 불교 경전에 전해오는 이야기다. 이 장의 핵심은 선악을 차별하지 않는 데에 있다. 선생이 '선한 자는 선하게 대하고 악한 자도 선하게 대한다'고 쓴 이 구절은 무위로 실천한 붓다의 위대성이 돋보이는 일화다.

당시 인도에는 석가모니 붓다 외에도 많은 성자가 있었다. 그들은 나름 많은 제자들을 거느리고 있었다. 그들 중 마니바드라라Manibadrara라는 성자가 있었다. 그에게는 미모가 뛰어난 아내와 충성심이 깊은 제자들이 있었는데 특히 앙골리말라Anggolimalra라는 제자가 뛰어났다. 그는 스승에 대한 존경심과 복종심도 대단해서 스승으로부터 총애를 받았다. 하지만 문제가 하나 있었다. 스승의 아내가 그를 사모하여 집요하게 유혹을 하고 있었다. 앙골리말라는 당혹감을 감추지 못해 피해 다녔다. 스승도 소문을 듣고 알고 있었으나 그를 믿었다.

그러던 어느 날이었다. 스승이 잠시 집을 떠났다. 틈을 노리고 있던 스승의 아내가 그를 자신의 침실로 은밀하게 불러들였다. 스승의 아내 명이라 거절할 수가 없어서 마지못해 그녀의 방으로 갔다. 그러나 방 안으로 들어서는 순간 기겁을 하고 놀랐다. 그녀가 속살이 훤히 보이는 옷을 입고 요염한 미소를 짓고 있었다. 그리고 다짜고짜로 그를 침대로 끌고 가 옷을 벗기려 하였다. 그때, 외출했던 스승이 들이닥쳤다. 그 순간 그녀는 자신이 입었던 옷을 찢으며 울부짖었다. 앙골리말라가 자신을 겁탈하려고 덤벼들었다며 남편 품에 안겨 온갖 거짓을 쏟아냈다. 스승은 크게 분노했다. 그러나 감정을 숨기고 말했다.

"나는 네가 그렇게 했다고 믿지 않는다. 설사 네가 그리하였다 해도 젊은 혈기에 잠시 정신을 놓을 수도 있을 테니 이해한다. 너에게 큰 깨달음을 얻을 수 있는 비법을 알려줄 생각이었는데 이참에 말해줄 테니 반드시 실천하여 오늘의 과오를 씻도록 하라."

그 말을 들은 그는 감격하여 스승 앞에 무릎을 꿇고 시키는 대로 할 것을 맹세하였다. 스승은 안색 하나 변하지 않고 태연히 말했다.

"지금 즉시 밖에 나가서 길가는 사람 100명을 죽여서 그 귀를 잘라 목에 걸면 너의 과오도 깨끗이 씻어질 뿐만 아니라 큰 깨달음을 얻어서 위대한 성자가 될 것이다."

앙골리말라는 깨달음을 얻는다는 말에 조금도 망설이지 않았다. 그 즉시 칼을 들고 밖으로 나가서 닥치는 대로 사람을 죽였다. 그리고 귀를 잘라 목에 두른 끈에 매달기 시작했다. 그 소식을 들은 사람들은 모두 도망갔다. 왕이 군사를 풀어 그를 잡아 죽이려 하였으나 쉽게 잡히지 않았다. 그는 깨달음과 위대한 성자라는 유혹에 도취 돼 그 무엇도 두려워하지 않았다. 오직 100명의 귀를 잘라 목에 걸 생각뿐이었다. 그렇게 99명을 죽여 그 귀를 잘라 목 끈에 매달았다. 이제 한 사람의 귀만 자르면 소원이 이루어질 것이라 믿고 나머지 한 사람이 나타나기를 초조하게 기다렸다. 하지만 아무리 기다려도 사람의 그림자조차 볼 수 없었다.

그러던 어느 날이었다. 인적이 끊어진 길을 혼자서 걸어오는 사람을 발견했다. 남루한 옷차림에 동냥 그릇을 든 거지였다. 그런데 어딘지 위엄이 서린 풍모가 수행자로 보였다. 하지만 단 한 사람의 귀만 자르면 깨달음을 얻을 수 있다는 생각에 신분이 누구든 개의치 않았다. 희대의 살인마를 향해 혼자 태연히 걸어오는 사람, 그는 바로 석가모니 붓다였다. 숨을 죽이고 길가에 숨어 기다리던 앙골리말라는 붓다가 가까이 오자 재빠르게 뛰어나와 시퍼런 칼을 들이댔다. 그러자 붓다는 조용히 놀아서서 왔던 길을 천천히 뒤돌아갔다. 앙골리말라는 붓다의 뒤를 허겁지겁 쫓아갔다. 하지만 아무리 힘껏 달려가도 도무지 따라잡을 수 없었다. 붓다는 분명 보통 걸음으로 걷고 있었다. 앙골리말라는 분을 터뜨리며 소리쳤다.

"겁 많은 거지야, 거기 서서 기다려라!"
"나는 이미 멈추어있다. 멈추어야 할 자는 너다."

붓다는 대수롭지 않게 대답하며 뒤돌아보지 않고 여전히 천천히 걸어 갔다. 앙골리말라는 그제야 붓다의 신통력을 깨닫고 되물었다.

"내가 멈추어야 한다니 그게 무슨 소리입니까?"

"앙골리말라여! 나는 일체 존재의 생명에 대하여 멈추었노라. 그러나 그대는 존귀한 생명을 향한 칼을 아직도 들고 있다. 그러므로 나는 멈추었고 그대는 멈추지 않았다."

그 말을 들은 그는 즉시 칼을 내던지고 99명의 귀로 엮은 목걸이를 풀어 놓고 무릎을 꿇었다.

"스승이시여! 저를 제자로 받아 줄 수 있나이까?"

붓다는 두말하지 않고 그를 정사精舍로 데리고 갔다.

많은 제자들이 희대의 살인마를 제자로 삼은 붓다에게 항의하였다. 그러나 붓다는 제자들을 좋은 말로 타이르고 앙골리말라를 가르쳤다. 앙골리말라는 치열하게 수행에 정진하였다. 그리고 몇 년이 못 가서 크게 깨달음을 얻어 드디어 아라한(阿羅漢 Arahan, 모든 깨달음을 얻은 성자)이 되었다.

그가 아라한이 되자 붓다는 현세의 죄업을 받아야 할 때가 되었다고 생각하고 걸식을 나가게 하였다. 그는 붓다의 명을 순순히 따랐다. 조금도 두려워하지 않고 예전에 99명이나 죽여 귀를 잘랐던 곳을 찾아가 걸식을 했다. 걸식하는 그를 발견한 사람들이 떼로 몰려들었다. 특히 그에게 목숨을 잃은 가족들은 그에게 돌을 던지기 시작했다. 하지만 그는 그들에게 대들거나 도망가지 않았다. 무수히 날아드는 돌을 피하지 않고 다 맞았다. 온몸이 깨지고 찢어져 피가 흘렀으나 신음조차 내지 않았다. 그리고 마치 잠을 자듯 편안하게 죽음을 맞이하였다. 붓다가 말했다.

"앙골리말라는 지금 다시 태어남이 없는 천상에 가 있다."

붓다는 선한 자도 선하게 대하고 악한 자도 선하게 대하였다. 앙골리말라를 통해 '99번 죄를 지었어도 진심으로 깨닫고 새사람이 된다면 다 용서받을 수 있다'는 교훈을 남겼다. 예수 그리스도 역시 악을 미워하지 않는 성자로서 친히 설교하여 성서에 남겼다. 몸소 실천까지 하였다. 십자가에 못 박혀 숨을 거둘 때 자신을 죽이는 사형수들을 분노하거나 저주하지 아니하고 용서하라고 기도하였다. 선도 악도 차별하지 아니하고 착하게 대한 붓다와 그리스도의 숭고한 정신을 뉘라서 실행에 옮길 수 있을까?

나) 사람이 사람 마음을 내고 개가 개 마음을 낸다

선악은 업인業因에 의한 감정의 작용이며 일순간에 나타난다고 하였다. 하지만 본성은 언제든 자기감정을 훈습薰習하여 선한 마음으로 돌이킨다. 조선 초기에 전해지는 이야기가 있다.
태조 이성계가 무학대사와 술잔을 기울이다가 무학대사에게 말했다.
"이보게 친구, 임금님이니 대사님이니 뭐니 하는 존칭 따위는 개나 주고 욕설도 하면서 기탄없이 놀아보지 않겠나?"

"그거 좋지 그럼 그렇게 놀아보세"

무학대사가 호기롭게 맞장구를 쳤다. 그러자 이성계가 웃으며 소리쳤다.

"야, 이 중놈 개자식아!"

그런데 무학대사는 욕설은커녕 정중하게 고개를 숙여 합장까지 하고는 공손하게 대답했다.

"네, 네 부처님!"

그 말을 들은 이성계가 화를 냈다.

"이 사람아. 서로 욕하기로 해놓고 나를 부처님이라니!"

하지만 무학대사의 대답이 걸작이었다.

"부처 눈에는 부처가 보이고 개 눈에는 개가 보이니 어쩌겠나?"

결국 이성계가 개가 되고 말았으니 두 사람은 마주 보고 크게 웃었다.

선한 눈으로 보면 선악을 차별하지 않고 선하게만 본다. 무위한 본성은 골짜기 물이 아름다운 꽃밭에도 흘러들고 썩은 진흙탕에도 흘러들듯 선에도 선하게 악에도 선하게 마음을 낸다. 무학대사가 개 마음을 낸 이성계를 개로 보지 않고 사람으로 보는 것과 같다. 악한 사람이건 착한 사람이건 자기를 칭찬해주는 사람을 좋아한다. 원한은 타인이 자신에게 나쁜 짓을 하거나 흉을 보는 데서 비롯된다. 원한 쌓는 것만큼 업이 깊은 것도 드물다. 무학대사처럼 남을 나쁘다고 욕하기보다 기왕이면 좋게 말해주면 어떨까? 쉽지 않을 테지만 그것이 자신에게 득이 되니 노력해보자. 그러기에 선생은 이렇게 썼다.

<small>성인무상심 이백성심위심</small>
聖人無常心 以百姓心爲心 / 성인은 항상 마음을 비우고 무상심으로
　　　　　　　　　　　　　　　백성의 마음을 자신의 마음같이 위한다

<small>선자　오선지　불선자　오역선지</small>
善者 吾善之 不善者 吾亦善之 / 착한 자를 착하게 대하고 착하지 않은 자
　　　　　　　　　　　　　　　역시 자신에게처럼 착하게 대한다

　무상<small>無想</small>은 일체의 상념이 없이 무위로 하는 마음이다. 천지가 무위로 자연을 위하듯 성인은 백성을 자신처럼 여긴다. 그것은 마치 천지의 道는 깨끗하고 평화로운 곳에만 머물지 않으며 더러운 곳에도 들어가 더러움을 더럽다고 마다하지 않고 무위로 위하는 것과 같다. 그러기에 선생은 이런 글을 쓰고 49장을 맺었다.

<small>덕선　신자　오신지　불신자　오역신지</small>
德善 信者 吾信之 不信者 吾亦信之
　　　　　　/ 품성이 착하고 진실한 자 자신에게처럼 진실하게 대하고 진실하지 않
　　　　　　　은 자일지라도 자기 자신에게 진실한 것처럼 역시 진실하게 대한다

<small>덕신　성인재천하　흡흡위천하</small>
德信 聖人在天下 歙歙爲天下
　　　　　　/ 덕이 진실한 성인은 천하를 살펴서 천하의 민심을 거두어들이거니와

혼기심 백성개주기이목   성인개해지
渾其心 百姓皆注其耳目 聖人皆孩之
/ 그 마음이 가지런하여 백성이 이목을 집중하는데 성인은 백성 모두를 어린아이처럼 위한다

위대한 성인의 본색을 논한 장이다. 인간은 언제나 자신의 잣대로 옳고 그름을 규정한다. 분별과 차별의식으로 화합과 갈등을 반복하여 행복과 불행을 자초한다. 세상의 평화와 분쟁의 원인도 그 때문이다. 이는 무위로 삶을 영위하지 못하기 때문이다. 따라서 선생은 道의 대행자인 성인을 내세워 영원한 행복과 평화를 위한 이상향을 제시하였다. 그것은 깨끗하건 더럽건 가리지 않은 물과 같은 성자의 본 모습이라 할 것이다. 석가모니 붓다는 자신을 시기하고 질투하여 죽이려고까지 한 사촌 동생 데바닷타Devaddtta를 제자로 삼았다 하지만 데바닷타는 끝까지 죽이려고 갖은 음모를 다 꾸몄으나 붓다는 끝까지 용서하였다.

'네 원수를 네 몸과 같이 사랑하라'고 한 예수 그리스도 역시 악한 자에게도 착하게 대한 성자였다. 이들은 그 심성이 가지런하여 중생심衆生心에서 벗어나지 못한 인간의 심성을 일깨워준다. 그러나 누가 있어 '착한 사람도 착하게 악한 사람도 착하게, 진실한 자에게 진실하게 거짓된 자에게도 자신처럼 진실하게 대해줄 수 있으랴!' 오직 하나 '혼백을 하나로 묶는 명상 수행으로 道를 얻은 자'만이 가능할 것 같다.

下篇 / 德

제 50 장

업인인생행로
業因人生行路
인생 행로는 업인의 전개 과정이다

달도 차면 기울듯
모든 것은 되돌아간다

_{출생입사} _{생지도} _{십유삼}
出生入死 生之徒 十有三 / 태어난 것은 죽음으로 들어가는데 태어난 무
리는 열에 셋이고

_{사지도} _{십유삼}
死地徒 十有三 / 죽어 땅에 들어가는 무리도 열에 셋이며

_{인지생} _{동지사지} _{역십유삼}
人之生 動之死地 亦十有三 / 사람이 태어나 살다가 땅에 들어가는 것도
열에 셋이다

_{부하고} _{이기생생지후}
夫何故 以其生生之厚 / 어찌하여 그러한가? 살아서는 생명을 두텁게
하기 때문이다

각 구절이 지극히 난해한 장이다. 얼른 이해가 가지 않는다. '열에 셋'이라는 글귀가 그러하다. 나열한 숫자가 괴이하기도 하다. 이 구절의 핵심은 '열에 셋'이다. 열에 셋, 무슨 뜻일까? 깊이 생각하면 뜻은 하나로 모아진다. 수리數理로 십十은 완성수完成數이자 만수滿數이다. 우주에 가득한 완성된 천지 만물의 수리數理인 것이다. 아라비아 숫자로 10이란 만 수이며, 가득 찼음이고 가득 차면 동시에 하나이자 영(Zero)이 된다. 영은 무無이며 道다. 그리고 3은 道가 생生한 하나이자 태극 속 만물의 씨눈이다. 즉 삼위일체三位一體로서 만물을 탄생시킨 수리 三이다. 만물은 셋에서 나오고, 셋에서 탄생한 만물이 가득 차면 반드시 셋으로 회귀

한다. 다시 말해서 만물이 태어남과 죽음으로 돌아가는 등의 인간사 모두의 수리가 三인 것이다.

'열에 셋'이라 한 '십유삼'十有三에서 유有의 뜻이 심오하다. 유는 여러 뜻 중에서 특히 '삶과 죽음 후의 과보果報'를 가리킨다. 미래에 짊어질 업業, karma은 현재 업인業因:삶과 죽음 선악의 과보를 일으키는 원인에서 비롯된다. 이렇게 십유삼十有三을 해석해보면 답이 나온다. 인간은 반드시 셋에서 태어나고 죽는 업인을 가지고 태어난다. 따라서 완전한 몸으로 태어나 업인에 의해 삼위일체인 태극太極 道로 돌아간다. 죽어 땅에 묻히는 것도 업인에 의하여 셋으로 회귀하는 것이다. 땅에 묻힌 씨앗이 싹을 틔우고 생명을 잇다가 태어난 본래 자리 땅으로 돌아가는 것과 같다. 이러한 업인에 의한 윤회는 오래 살려고만 하였지 섭생攝生의 법도를 지키지 않았기 때문이라 하였다. 결국 무위한 道의 삶을 살지 못했기 때문이다. 그러기에 선생은 이렇게 다음 구절을 이었다.

개문선섭생자 육행불우시호
蓋聞善攝生者 陸行不遇兕虎 / 듣기로 섭생을 잘하는 자는 육로를 다녀도 외뿔소나 호랑이를 만나지 않으며

입군불피갑병 시무소투기각
入軍不被甲兵 兕無所投其角 / 군에 입대하여 갑옷을 입지 않아도 외뿔 소가 뿔로 받을 곳이 없으므로 해를 입지 않으며

호무소조기조　병무소용기인
虎無所措其爪 兵無所容其刃 / 호랑이가 발톱으로 할퀼 곳이 없고 병사가 칼날을 쓸 필요가 없다

부하고　이기무사야
夫何故 以其無死也 / 어찌하여 그런가? 죽음의 자리가 없기 때문이다

섭생을 잘한다는 뜻은 해로운 음식을 먹지 않으며, 술에 취해 혼미한 상태에 빠지지 않으며, 색을 밝히지 아니하고 탐욕을 버리는 등의 악업惡業을 쌓는 생활을 하지 않음이다. 그리고 잠잘 때와 일어날 때를 알고 몸과 마음을 항상 청정하게 하는 데에 있다. 그렇게 하여 몸과 마음이 청정해지면 짐승도 해치지 않는다고 한다. 그토록 심신이 맑으면 흉악한 사람도 타인을 해칠 생각을 하지 않을 것이다. 누가 있어 천사와 다름없는 갓난아이처럼 순수한 이를 해치려 하겠는가? 몸과 마음이 어린아이처럼 순진무구한 道로서 생활하면 어떤 재앙도 미치지 않는다는 뜻이다. 살아가는 방식이라든지 삶의 정도와 품성 그리고 가지가지 사건 사고에 휘말리는 사람들을 보면 태어나기 이전의 업인에 의한 인생 행로가 이미 설계되어 있다는 생각이 든다.

그렇다고 설계된 대로 살아서는 안 된다. 인간이기에 노력으로 굳어진 업인의 과보果報에서 벗어날 수 있다. 그 방편이 바로 선생이 주장하는 무위한 道를 생활화하는 것이다. '죽음의 자리가 없다' 함은 道에 의

한 삶은 죽음을 초월하므로 죽음을 죽음으로 생각하지 않기 때문이기도 하다. 방탕하면서 극악무도한 삶을 살았다면 그야말로 언제 어느 때건 온 세상 어디에서나 죽음의 자리가 아닌 곳이 없을 것이다.

下篇 / 德

제 51 장

현묘지덕
玄妙之德
道는 덕으로 만물을 낳고 길러준다

道와 덕을 존중하고
귀하게 여긴다

부모는 자식을 낳아 사랑으로 기른다. 그리고 인간으로서의 인격과 품성을 갖추도록 가르친다. 그러므로 자식은 부모를 존중하고 베풀어 준 사랑을 귀하게 받들어서 효도하기를 그치지 않아야 한다. 그것이 부모와 자식 간의 지켜야 할 도리이다. 짐승도 부모와 자식 간에 사랑이 깊고 질서가 있으니 그 생명이 道에서 비롯된 자연스러운 본능이다. 만물은 道에 의한 道의 자식으로서 道가 베푼 덕으로 생존하며 한량없는 덕을 무위로 입고 있다. 하지만 道가 극심한 기후변화 등을 일으켜 만물을 온전하게 생장시키지 못하고, 만물 역시 道에 반하여 무위로 덕을 베풀지 못하면 어떻게 될까? 세상은 멸망할 것이다. 천재지변으로 초목이 먹을 것을 주지 않거나, 좋은 물과 공기로 덕을 베풀지 못하면 살아남을 생명은 없다. 모름지기 인간 역시 부모의 덕에 보답하지 않는다면 세상은 사랑도 인정도 없이 삭막해지고 말 것이다. 그래서 선생은 이렇게 썼다.

도생지　덕축지　물형지　세성지
道生之 德畜之 物形之 勢成之 / 道는 만물을 낳아 비축한 덕으로 만물의 모습을 만들고 덕의 힘으로 온전하게 길러준다

시이만물막불존도이귀덕
是以萬物莫不尊道而貴德 / 이에 만물은 道를 존중하고 덕을 귀하게 여기지 않을 수 없다

도지존 덕지귀 부막지명이상자연
道之尊 德之貴 夫莫之命而常自然
/ 道를 존중하고 귀하게 여김은 시키지 않아도 항상 스스로 그리하기 때문이다

고도생지 덕축지 장지육지
故道生之 德畜之 長之育之 / 그러므로 道가 만물을 낳고 덕을 쌓음으로써 오래도록 길러주고

정지숙지 양지복지
亭之熟之 養之覆之
/ 모습짓게 하며 골고루 퍼져나가 자라나게 하고 돌이켜서 다시

생이불유 위이불시
生而不有 爲而不恃 / 태어나게 하건만 소유하지 않으며 위해주기를 바라지도 않으며

장이부재 시위현덕
長而不宰 是謂玄德 / 오래도록 주재하지도 않으니 이러한 무위를 현묘한 덕이라 한다

현덕玄德한 수녀 이야기

도를 존중하고 고귀한 덕을 무위로 실천하고 공을 바라지 아니하고 자취를 감춘 수녀 이야기다. 1950년대 우리나라는 소나무 속껍질로 연

명하는 사람도 적지 않을 만큼 빈곤했다. 거기다가 나병癩病 환자가 많았다. '문둥아 문둥아, 보리밭에 문둥아, 해가 졌다 나오너라'하는 아이들 노래가 유행할 정도였다. 문둥이라 불리는 나병 환자들은 코가 뭉그러지고 손가락 마디가 떨어져 나가는 등 눈 뜨고 볼 수 없을 정도로 몰골이 흉해서 밝은 대낮에는 보리밭에 숨었다가 어두워질 때 나와 동냥을 하였다. 더욱이 나병은 전염된다는 인식이 널리 퍼져서 그들은 세상으로부터 박해받고 버림받았다. 나병 환자 시인 한하운(1920-1974)은 <파랑새>란 시에 '세상은 이 목숨을 서러워서 사람인 나를 문둥이라 부릅니다'하고 절규하였다.

그렇게 참혹하기까지 한 그들을 위하여 일생을 바친 수녀가 있었다. 그녀는 모두가 끔찍하게 여기는 문둥이 마을에 들어가 그들과 함께 생활했다. 그리고 손가락 발가락 코가 썩어 문드러진 그들을 목욕시키는 등 정성을 다해 헌신하였다.

그녀는 어떤 대가를 바라지도 않았다. 그들을 업신여기지도 않았으며 공덕을 자랑하지도 않았다. 헌신만 하다가 노년에 자취 하나 남기지 아니하고 조용히 그들 곁을 떠났다. 부모가 자식을 돌보듯 그들에게 베풀기만 한 그녀는 실로 현묘한 덕을 실천한 도인이요 성녀였다. 만약 하늘에 공덕을 쌓은 성인의 자리가 있다면 그녀는 그 자리에 앉았을 것이다. 귀천을 차별하지 아니하고 중생을 위해 일생을 바친 석가모니 붓다, 가 없은 자들을 위하고 죽은 자를 살리거나 나병 환자를 낫게 한 예수 그리스도처럼 그녀는 한마음으로 道와 같이 무위하게 베풀기만 하였다. '현덕玄德은 어진 마음으로 道와 같이 차별 없이 베푼다'는 뜻이다. 그녀야말로 현묘玄妙한 덕인德人으로서 성녀聖女이다.

下篇 / 德

제 52 장

천하유시 이위천하모
天下有始 以爲天下母
하나는 만물의 시원^{始原}이며 어머니다

하나를 지키면 종신토록
위태롭지 않다

이 장은 제1장과 제42장에서 설명한 바가 있다. 다시 말하면 道가 낳은 첫 물질을 하나라 하고, 그 하나는 음陰이자 어둠이며 추위이다. 오행으로는 물水氣이며, 물이 바로 만물지모萬物之母라 하였다. 부연하면 음수 하나가 양화陽火 둘을 낳고 양화 둘이 삼목三木을 낳았으며, 삼목이 만물을 낳고 길러주는 영기靈氣의 씨눈으로서 '생육生育의 덕'이라 하였다. 음수陰水 하나와 양화 둘이 화합한 산물이 수리로 셋이라 하고, 이를 만물의 신령한 기氣라 하였다. 그리고 셋은 하나이다. 즉 하나가 셋이고 셋이 하나이니 이것이 바로 삼위일체론이다. 만물은 성분 성질 작용의 세 가지 쓰임이 있거니와 이 쓰임이 셋이고, 셋은 하나의 체體 즉 하나의 몸통에 세 가지 쓰임이 있음을 뜻한다. 따라서 세 가지 작용을 잉태한 하나가 천하 만물의 어머니인 것이다. 그러므로 선생은 이런 이치를 한 문장으로 써놓았다.

천하유시　이위천하모
天下有始 以爲天下母 / 만물은 시작된 근원이 있었으니 그것을 천하 만물의 어머니라 한다

기득기모　이지기자
旣得其母 以知其子 / 원래부터 그 어머니(하나)로부터 자식(萬物)을 얻었으므로 그 자식을 알 수 있고

^{기지기자 복수기모}
既知其子 復守其母 / 이미 그 자식을 알았으니 그 자식이 다시 그 어머니(하나 즉 만물의 시원)를 지키면

^{몰신불태 색기태 폐기문}
沒身不殆 塞其兌 閉其門 / 몸이 죽어도 위태롭지 않다. 그 구멍(닫아야 할 마음의 문)을 막고 그 문을 닫으면

^{종신불근 개기태}
終身不勤 開其兌 / 종신토록 수고롭지 않을 것이지만 그 구멍을 열어놓으면

^{제기사 종신불구}
濟其事 終身不救 / 세상일에서 자신을 종신토록 구원하지 못한다

 이 장의 첫째와 둘째 구절을 의역^{意譯}하면 이러하다.

 하나는 음수^{陰水}이고, 물은 만물을 낳고 길러주므로 천지모^{天地母}라 하였다. 그리고 음수를 알았으니 음수로부터 탄생한 온 누리의 뭇 생명을 알 수 있다. 음수는 곡신인 현빈지문^{玄牝之門:만물을 낳는 현묘한 암컷의 문}을 통해 끊임없이 만물을 생산하여 존재하게 하는 덕을 베푼다. 그것이 바로 '현묘한 덕'이다. 따라서 그 어미인 하나를 닮아서 만물 역시 덕을 베풂을 알 수 있다. 먹을 것을 주는 자연이 바로 그러하다. 대지를 적시는 골짜기 물 덕에 생존하는 온 누리 생명 역시 서로서로 먹고 쓰이는 덕을 베푸는 것과 같다. 그러므로 만물을 낳아준 어머니의 현묘한 덕을 간직하면 종신토록 수고롭지 않다.

하지만 마치 대지를 적시는 골짜기(谷神) 물을 막아버리면 현묘한 덕이 사라지니 모든 생명이 생존할 수 없으므로 구원받을 수 없다. 이 뜻을 달리 해석하면, 열어야 할 무위한 마음의 문을 열어놓으면 현묘한 덕이 면면히 흘러나오므로 종신토록 수고롭지 않다는 뜻이다. 그러나 무위의 문을 닫아걸고 닫아야 할 세속에 탐착한 번뇌의 문을 열어놓으면 종신토록 구원받지 못한다는 뜻이기도 하다. 덕으로 살면 종신토록 구원을 받을 것이요, 부덕하면 구원받지 못할 테니 이것을 일컬어 인과응보라 한다. 그러므로 선생은 다음과 같이 쓰고 52장을 맺었다.

> 견소왈명 수유왈강
> **見小曰明 守柔曰强** / 적게 보는 것을 밝음이라 하고 부드러움을 지키는 것을 강한 것이라 한다
>
> 용기광 복귀기명
> **用其光 復歸其明** / 그 광명한 빛을 씀에 있어서 밝음으로 회귀시키면
>
> 무유신앙 시위습상
> **無遺身殃 是爲習常** / 몸에 재앙이 없으니 항상 반복하여 익혀야 한다

많이 보고 많이 생각하는 것을 번뇌가 많다고 한다. 번뇌가 많으면 道를 깨닫지 못한다. 깨달으면 생각이 적어지고 단순하여 정신이 맑아지므로 밝음이라 한다. 이러한 밝음은 명상 수행 반복을 통해 얻을 수 있다. 명상 수행은 거친 마음을 부드럽게 해준다. 그 부드러움은 강건함을 이긴다. 물질로서 부드러운 것은 물이고, 물은 강한 바위도 깎는다. 마

찬가지로 수행으로 성질이 유순해진 사람은 다이아몬드같이 강건한 성질을 이긴다. '광명한 빛을 밝음으로 회귀시킨다는 뜻' 역시 지고지순한 道에 이르게 하는 명상 수행에서나 가능하다. 그렇게 道에 이르면 자연히 심성이 부드러워지며 온건해진다. 심성이 그러하면 그 성품 때문에 몸에 재앙이 미치지 않는다. 따라서 그렇게 성품을 변화시킬 수 있는 명상 수행을 습관화하면 일신이 편안해진다. 이러한 이치로 선생은 수행을 반복하는 습상襲常:일상적 습관으로 道에 이르도록 하라고 가르쳤다.

下篇 / 德

제 53 장

행어대도 유시시외
行於大道 唯施是畏
대도를 지키지 못할까 두려워한다

부귀를 탐욕으로
취하면 도적이다

조선시대 '남산골 샌님'이라는 말이 있었다. 남산 중턱에 살고 있던 가난한 선비를 일컬음이다. 먹을거리가 없는데도 지조와 절개를 굽히지 않은 데서 유래한 선비의 대명사다. 그들은 문밖에 비가 오고 눈이 와서 곡식이 썩어 가도 책에서 눈을 떼지 않았다고 한다. 굶은 배를 냉수 한 그릇으로 채우면서도 남의 것을 탐하지 않았다. 그리고 항상 도를 잃을까 두려운 마음으로 살았기에 후세인들은 그를 '남산골샌님'이라며 대도의 표상으로 삼았다. 지조와 절개는 비단 선비만이 지켜야 할 도리는 아니었다. 홀로 사는 과부는 바늘로 허벅지를 찌르면서 남성에 대한 그리움을 삭이기도 하였다. 절개가 굳은 선비는 절개가 굳은 선비답게, 정절을 지키는 여성은 정절을 지키는 숙녀답게 지켜야 할 도리를 다했던 것이다.

사아개연유지　행어대도
使我介然有知 行於大道 / 내가 알고 있는 것이 변질이 되지 않으면 대도를 행할 때

유시시외　대도심이
唯施是畏 大道甚夷 / 오직 지키지 못할까 두려워한다. 대도는 안정되어 있는데

이민호경
而民好徑 / 사람들은 지름길을 좋아한다

'대도를 행할 때 지키지 못할까 두려워한다'는 '앎에 道를 잃을까 두려워하라'는 뜻이다. 앎은 사람이 지켜야 할 도리이고 도리는 반드시 지켜야 한다는 표현이다. 여기서 우리는 선생 자신도 그 도리를 잠시나마 지키지 못할까 봐 두려워하였음을 알 수 있다. 선생 스스로가 '남산골샌님'처럼 도리를 지키지 못할까 봐 얼마나 경계했는지 알 수 있는 대목이다. 인간은 자기감정에 곧잘 휘둘려서 여차하는 순간 본의 아니게 본분을 잃고 잘못을 저지른다. 그러기에 늘 앎의 지조와 절개가 한순간에 꺾일까 두려워해야 한다. 노자 라는 위대한 성인이 그러할진데 하물며 보통 사람이라면 더더욱 그러하다. 자신의 실수를 두려워하고 경계해야만 그나마 사람의 도리를 조금이라도 지킬 수 있다. 선생의 교훈을 마음에 새겨두고 다음 구절을 보자.

<pre>
조심제
朝甚除   / 조정은 깨끗해야 하는데

전심무 창심허
田甚蕪 倉甚虛   / 전답은 잡초가 우거지고 곳간은 텅 비었건만

복문채   대리검
服文綵 帶利劍   / 수놓은 비단옷에 날카로운 칼을 차고

염음식   재화유여
厭飮食 財貨有餘   / 배불리 먹고 재물은 남아도니

시위도과   비도야재
是謂道夸 非道也哉   / 이런 것을 道라고 떠벌리지만 道가 아니다
</pre>

선비가 공자와 맹자의 인의와 예를 달통해도 지킬 줄 모르면 인의와 예를 앎이 아니다. 도적질은 절대로 해서는 안 된다는 것쯤은 귀동냥으로 들어서라도 누구나 안다. 그러나 신분이나 학식과는 무관하게 도적질을 하면 도적일 뿐이다. 관리도 급제한 뒤가 중요하다. 권좌에 앉아 백성의 곳간을 비게 하고 비단옷에 날이 시퍼런 칼을 차고 위엄을 보이면 야비한 도적일 뿐이다.

권력과 부를 움켜쥐고자 수단과 방법을 가리지 않는 정치인이나 공직자를 백성들은 도적이라 부른다. 그러함에도 도적 심보를 가진 사람은 큰길을 가지 않고 비상식적인 샛길을 택해서 비도덕적인 행위로 일관한다. 대도란 걸림이 없는 큰길이기도 하다. 바른 도리를 지키는 사람은 마음에 조금도 걸림이 없으므로 평탄한 큰길을 가듯 언행에 조금도 부끄러움이 없이 당당하게 세상을 살아간다.

下篇 / 德

제 54 장

신관신 가관가 천하관천하
身觀身 家觀家 天下觀天下
나를 본 뒤에 타인과 집안과 천하를 보라

마음을 닦고 가정, 마을, 천하를 다스린다

이 장은 공자의 몸과 마음을 닦아 가정과 천하를 평화롭게 다스린다는 '수신제가치국평천하'修身齊家治國平天下와 뜻을 같이 한다. 수신이란 자신의 몸과 마음을 닦는 수행을 뜻한다. 수행은 세속적인 인간의 천성을 다스려서 올곧게 살 수 있게 해주는 최고의 지혜다. 제 아무리 지성이 넘치고 지식이 많다 하여도 자신을 성찰하는 수행이 필요하다. 세속에 탐착한 오염된 몸과 마음을 수행으로 닦지 않으면 어떻게 될까? 천하에 부도덕한 존재일 뿐 죽고 나면 추한 명성만 남는다. 자신을 닦는 수행이 가정과 이웃과 마을과 천하를 위하는 바탕이 되는 것이다.

　　불교에서는 마음 닦음을 거울에 비유한다. 거울은 자신과 타인과 세상과 사물을 비춘다. 거울에 때가 잔뜩 낀 것처럼 마음이 혼탁하면 자신을 알 수 없고, 타인은 물론 가정 세상 사물 등등 무엇하나 밝혀보고 바르게 판단할 수 없다. 따라서 사신을 알기 위해서는 본성을 가린 오염된 마음을 거울을 닦아 내듯 환하게 닦아 자신을 밝혀볼 수 있어야 한다. 그리할 수 있는 방편은 오직 수행뿐이다. 붓다는 팔정도八正道:여덟 가지 바른 도리에서 이렇게 할 것을 권고하였다. '바르게 보고, 바르게 생각하고, 바르게 말하고, 바르게 행동하고, 바르게 생활하고, 바르게 노력하고, 이상과 목표를 바르게 의식하고, 세상사 그 모든 것을 바르게 성취하라.'

그렇게 바른 도리를 실천하여 천하를 이롭게 하는 자 누구인가? 바로 '道의 덕행'이다. 만약 道의 덕행이 오염되어 바르지 못하면 세상은 황폐해져 사람이 살지 못할 것이다. 그리고 인간의 마음이 혼탁하면 온갖 악함에 매몰되어 자신은 말할 것 없고, 가정, 타인, 세상 그 모든 것을 망가뜨리는 흉악한 존재로 낙인찍히고 말 것이다. 그러한 인간들은 고금을 막론하고 스스로 자신을 망치고 가정을 망치고 천하를 어지럽혀 오욕만 남기고 연기처럼 사라졌다.

하지만 설사 흉악한 존재라 해도 수행으로 마음과 몸을 잘 닦으면 치국평천하治國平天下할 수 있는 존재로 거듭난다. 마음을 닦아 득도한 이는 참되고 성실하고 자애하여 가정을 화목하게 하므로 가족 간에 우애가 깊어질 것이며, 자손 대대로 가문이 번창하고 이웃에도 덕이 넘쳐흐르게 한다. 마을과 세상을 바르게 바라보고 나라를 다스리니 길거리에 금은보화가 떨어져 있어도 아무도 가져가지 않는다. 대문을 열어놓고 다녀도 도둑이 들지 않는다. 서로서로 정이 넘쳐서 싸울 일도 없고 원한을 살 일도 없다. 어디 그뿐이랴! 시야를 넓혀 천하가 평화로운지 바르게 살피고 바르게 다스려서 이화세계理和世界의 이상을 바르게 성취할 수 있는 위대한 역사의 인물이 될 것이다. 수신修身하여 득도한 성인과 지도자가 바로 그리하는 존재이다.

거울에 낀 때를 씻어내듯 몸과 마음을 닦아야 한다. 한 가문의 가장이 심신을 닦아 가풍을 올곧게 잘 세우면 가정의 질서와 풍속이 면면히 이어진다. 자식은 효도하고 부부는 화목하고 형제는 우애가 깊다. 자손은 대대로 가풍을 잘 세운 조상을 잊지 않고 바른 풍속을 이으니 넉넉한 덕이 흐른다. 한 가정을 다스리는 그러한 이치로 마을과 나라를 다스리면 그 덕을 입은 백성은 풍요로워질 것이다. 그리하여 올곧은 덕이 온 누리에 물처럼 흐를 테니 그것이 바로 '홍익인간 세상'이다.

큰 나무도 뿌리가 깊지 못하면 바람에 넘어진다. 모래 위에 집을 짓거나 기둥뿌리가 썩으면 부서져 내려앉는다. 그처럼 집안의 중심인 부모가 올곧지 못하면 가세가 기울고, 나라의 동량棟梁인 권력자와 관리가 무능하면 나라가 망하고 백성은 흩어진다. 따라서 집안의 기둥인 부모가 건실한 가풍을 세워야 한다. 그러면 가문은 흥왕할 것이며 자손은 늘어나고 조상을 받드는 제사가 끊이지 않을 것이다. 충신이 나라를 떠받들고, 백성이 도리를 지키면 나라는 부강하고 평화로워질 테니 그러한 세상이 바로 지상천국이다. 그러기에 선생은 근본을 바르게 하고 먼저 자신을 닦은 현묘함으로 타인과 천하를 두루 평화롭게 하라는 뜻에서 이렇게 썼다.

선건자불발 선포자불탈
善建者不拔 善抱者不脫 / 잘 세우면 뽑히지 않고 잘 안으면 벗어나지 않으니

자손이제사불철
子孫以祭祀不輟 / 자손은 제사가 그치지 않는다

수지어신　기덕내진
修之於身 其德乃眞 / 수행으로 자신을 닦으면 그 덕이 참되고

수지어가　기덕내여
修之於家 其德乃餘 / 수행으로 집안을 다스리면 그 덕이 넉넉하고

수지어향　기덕내장
修之於鄕 其德乃長 / 수행으로 마을을 다스리면 그 덕이 왕성하고

수지어국　기덕내풍
修之於國 其德乃豊 / 수행으로 나라를 다스리면 그 덕이 풍요롭고

수지어천하　기덕내보
修之於天下 其德乃普 / 수행으로 천하를 다스리면 그 덕이 온 누리에 미친다

고이신관신　이가관가
故以身觀身 以家觀家 / 그러므로 나를 돌아보고 나서 남을 보고 나의 집안을 돌아보고 나서 다른 집안을 보며

이향관향　이국관국
以鄕觀鄕 以國觀國 / 내 동네를 돌아보고 나서 남의 동네를 보고, 우리나라를 돌아보고 나서 다른 나라를 본다

이천하관천하
以天下觀天下 / 나의 세상으로 다른 세상을 볼 수 있으니

오하이지천하연재
吾何以知天下然哉 / 내가 어찌 천하가 그러하다는 것을 알겠는가?

이차
以此 / 이치가 그러하기 때문이다

下篇 / 德

제 55 장

심사왈강 물장즉노
心使曰强 物壯則老
마음이 기를 부리면 강, 굳으면 늙음이다

정精이 지극하면
젊어지고 오래산다

춘원 이광수 소설에 원효대사의 이야기가 있다. 깊은 산중에 흉포한 산적들 수백 명이 도적질로 살아가고 있었다. 그들은 싸움에도 능해서 관군도 이기지 못했다. 그 소식을 들은 원효대사가 그들 소굴로 찾아갔다. 대사는 그들의 잘못을 꾸짖고 좋은 말로 모두를 개과천선 시켰다.

이 이야기의 요점은 상대방이 아무리 흉악해도 덕으로 교화하면 저절로 고개를 숙인다는 데에 있다. 늑대건 호랑이건 사자건 살뜰한 마음으로 대하니 은혜를 갚은 실화도 있다. 道를 닦아 그 마음이 살뜰하여 순진무구한 갓난아이와 같으면 흉악무도한 짐승도 해하지 않는다.

선생은 재미있는 이야기를 하였다. 남녀의 성교를 모르는 갓 난 사내아이 성기가 꼿꼿이 선다는 것이다. 그 까닭을 '정精이 지극하기 때문'이라 하였다. 정은 신장에 내장돼 수명에 직접적인 영향을 준다. 道를 닦아 그 마음이 순수하고 정을 낭비하지 않고 두텁게 하면 나이와 관계없이 성기가 꼿꼿이 선다. 늘 道를 닦으면 젊음을 유지하면서 오래 살 수 있다는 뜻이다.

함덕지후　비어적자
含德之厚 比於赤子　　　　/ 품은 덕이 살뜰히 두터우면 갓난아이에 비유된다

독충불석　맹수불거　확조불박
毒蟲不螫 猛獸不據 攫鳥不搏 / 독충이 쏘지 않고 맹수가 할퀴지 않으며 사나운 새가 낚아채지 않는다

골약근유이악고　미지빈모지합　이전작　정지지야
骨弱筋柔而握固 未知牝牡之合 而全作 精之至也
　　　　　　　　　　　/ 갓난아이는 뼈가 약하고 근육이 부드러우나 쥐는 힘은 굳세다. 미숙하여 암컷 수컷이 교합을 알지 못하여도 불알이 일어서는 것은 정이 지극하기 때문이며

종일호이불사　화지지야
終日號而不嗄 和之至也　　/ 종일 울어도 목이 쉬지 않는 것은 화평한 기운이 지극하기 때문이다

지화왈상　지상왈명　익생왈상
知和曰常 知常曰明 益生曰祥 / 화평함을 앎을 상常이라 하고 정精과 화和를 앎은 밝음(明)이라 하며 이익됨을 상서로움(祥)이라 한다

심사기왈강　물장즉노
心使氣曰强 物壯則老　　　/ 마음이 기운을 부리면 강함이라 하고 사물이 굳센즉 늙음이라 하니

위지불도　불도조이
爲之不道 不道早已　　　　/ 이를 일컬어서 道가 아니라 하고 道가 아니면 일찍 그치는 것이다

갓난아이는 뼈가 약하고 근육이 부드러워서 연약하기 이를 데 없다. 그러나 손아귀 힘은 의외로 강하다. 세상 물정 모르는 젖먹이가 무엇을 움켜쥐면 손가락 힘이 뜻밖에 강함을 알 수 있다. 그리고 빼앗기면 자지러지게 울부짖는다. 이를 두고 순자^{荀子, BC 297-238?}는 인간은 본성이 탐욕스럽기 때문이라며 성악설^{性惡說}을 주장하였다. 그러나 후일 맹자^{孟子, BC 372-289}의 성선설^{性善說}에 의해 부정된다. 그러나 두 학설이 어떠하든 갓 태어난 아이의 강한 손아귀 힘은 부드러우면서 강한 물과 道의 성질에 비유된다는 사실만은 변하지 않는다. 그리고 道를 얻는 수행을 계속하면 아이처럼 부드러운 기운이 강하게 작용함을 느낄 수 있다.

선생은 또 말하기를, 갓난아이는 종일 울어도 목이 쉬지 않는 까닭을 기운이 화평하기 때문이라 하였다. 마음이 가는 곳에 기가 있고, 기가 있는 곳에 마음이 있다. 그러므로 마음과 기는 항상 함께 움직인다. 그리고 마음이 기를 부리고, 기는 육신을 부리므로 마음이 화평하면 기도 화평하고 기가 화평하면 마음도 화평해지며 육신도 따라 화평해진다. 갓난아이의 기운이 화평하다는 것은 마음과 육신이 화평하다는 뜻이다. 마음이 순진하여 번뇌가 없으면 몸도 기운도 자연히 화평해진다. 어른이 목놓아 울면 금방 목이 잠겨서 쉰 소리가 나는 것은 세속에 찌들어 몸과 마음이 화평하지 못한 탓이다.

이 장의 뜻은 갓난아이처럼 마음이 화평하고 부드러우면 몸도 건강하고 기운도 강해진다는 데에 있다. 그리고 마지막 구절에서 사물이 굳세면 늙음이라 하고 굳셈은 道가 아니라 하였다. 봄에 부드럽던 새싹이 가을에는 굳어진다. 사물이 굳어진다는 것은 늙어 죽음이 가까웠다는 뜻이다. 그러므로 빨리 굳어지는 것은 道가 아니다. 道가 아니면 죽음도 빠르게 진행된다. 반대로 화평한 마음으로 기운을 부드럽게 부리면 몸이 굳어지지 않고 늙음도 죽음도 더디게 찾아온다. 갓난아이가 오래 사는 것은 마음이 부드럽고 기운이 화평하기 때문이란 사실을 기억하고 수행으로 심신을 부드럽게 하는 데 힘써보자.

下篇 / 德

제 56 장

지자불언 언자부지
知者不言 言者不知
아는 자 말이 없고, 안다는 자는 모른다

진정 훌륭한 사람은 지식을 내보이지 않는다

빈 깡통이 요란하다. 가난하고 미천한 자가 부자인 척하고, 못 배운 자가 아는 척하는 것을 빗대는 말이다. 말을 많이 하면 무지함이 쉽게 드러난다. 그런 사람들은 대개 목소리가 높고 손짓 몸짓이 현란하다. 남의 말을 중간에서 가로채 아는 체한다. 하지만 많이 아는 사람은 핵심 몇 마디뿐 별로 말이 없다. 굳이 이런저런 말을 할 필요가 없기 때문이다. 앎이란 모르는 것의 상대적 개념이다. 안다고 으스대는 것은 모르는 것이 많음을 드러내는 위장술이다.

부귀와 빈천의 관계도 그와 같다. 부귀한 사람은 부귀한 티를 내지 않는다. 빈천한 사람이 부귀함을 굳이 나타내려 한다. 후자의 경우 심리적으로 못 가진 것에 대한 열등의식의 발로일 것이다. 미디어Media가 대세인 요즘 세상에는 지식과 부귀함이 대단한 척해야 인기를 얻을 수 있으니 현란하게 자신을 내세우는 이들이 많다. 자기를 알려야 이익을 보는 세상이니 나무랄 일은 아니다. 하지만 지식을 말함에 있어서, 그릇된 앎을 옳은 것인 양 말하는 사람은 이성적으로 잘 판단해야 한다. 그릇된 내용을 정설인 양 미사여구로 포장하는 책들도 적지 않다. 왜곡된 진실을 참인 것으로 받아들이면 자신도 모르게 무지하게 된다. 그러므로 선생은 이렇게 썼다

| 지자불언 언자부지 | |
| 知者不言 言者不知 | / 아는 자는 말이 없고 말하는 자는 알지 못한다 |

색기태 폐기문
塞其兌 閉其門 / 그 통하는 것을 막아버리고 그 문을 닫고

좌기예 해기분
挫其銳 解其紛 / 그 예리함을 꺾고 그 어지러움을 풀고

화기광 동기진 시위현동
和其光 同其塵 是謂玄同 / 그 광명한 빛을 화평하게 하고 그 티끌과 화합
하니 이것을 현묘함과 함께하는 것이라 한다

앎이 있으면 모르는 것이 있다. 따라서 그 앎과 통하는 통로를 막아버리라 한 것은 앎과 모름을 드러내는 지식을 쏟아내는 마음 구멍을 막으라는 뜻이다. 바다가 이미 물로 가득 차 있는데 굳이 수증기를 내뿜고 파도를 일으켜서 물이라고 나타낼 필요가 없다. 앎이 무한하면 굳이 앎을 나타내지 않아도 저절로 빛을 발하는 보석 같고 향기를 내뿜는 꽃과 같아서 고귀하고 아름다워 보인다. 그러므로 굳이 앎을 드러내는 마음 구멍을 닫으라 한 것이다. 그리하여 물줄기처럼 쏟아져 나오는 앎을 누그러뜨려서 평온을 유지하라고 하였다. 그러면 번뇌를 여읜 수행자처럼 몸과 마음이 평온해진다. 그리하여 그 광명한 지식의 빛이 거두어지면 어둠과 빛이 화합한 道와 같아질 것이라 하였다. 이러한 이치는 마치 음양이 아직 갈라져 나누어지지 않은 태극 또는 선악을 분별할 수 없는 무위한 상태를 뜻한다. 무위하므로 현묘한 앎이 저절로 자연스럽게 목구

명을 통해 우러나온다. 연이어 선생은 이렇게 잇고 56장을 맺었다.

<small>고불가득이친 불가득이소</small>
故不可得而親 不可得而疏 / 그러므로 무엇과 가까이하여 탐하지 말고 무엇과 통하여 탐하지 말며

<small>불가득이리 불가득이해</small>
不可得而利 不可得而害 / 이익되는 무엇을 탐하지 말고 해가 되는 무엇을 탐하지 말며

<small>불가득이귀 불가득이천</small>
不可得而貴 不可得而賤 / 귀한 무엇을 탐하지 말고 천한 무엇을 탐하지 않아야 한다

<small>고위천하귀</small>
故爲天下貴 / 그러므로 천하가 귀해지는 것이다

앎이 많으면 탐욕도 덩달아 커진다. 귀하든 천하든 나중에 해가 될지라도 이성을 가리고 취하려는 욕망으로 들끓는다. 그러므로 욕망의 문을 닫으라고 하였다. 날카롭고 어지러운 지식을 감추고 모르는 듯 하리 하였다. 지식을 감추고 세속과 함께 하는 것을 일컬어서 현묘함과 함께 하는 것이라 하였다. 이 뜻은 빛과 어둠이 섞여 있듯 선악이 분별 되지 않은 무위한 道의 상태처럼 앎과 모름을 차별하지 말 것을 권고한 것이다. 안다는 것은 모르는 것이기 때문이며 모르는 것은 앎이 있기 때문이다. 따라서 전체 뜻을 종합하면, 道의 작용처럼 앎과 모름을 분별하지 말고 道가 베푸는 덕처럼 무위하게 뜻을 나타내라고 권고한 것이다. 공

자는 늙음에 이르러서야 '어떤 언행이든 무심히 행하여도 도리에 어긋남이 없었다'고 하였다. 늦게나마 앎과 모름을 분별하지 아니하고 무위의 道를 깨우친 자만이 할 수 있는 말이다.

下篇 / 德

제 57 장

무치국평천하
無治國平天下
무위로 다스려야 천하를 평안하게 한다

교묘한 수단으로
천하를 다스리기 어렵다

가) 백성이 꺼리고 싫어하는 것이 무엇일까?

인간은 너 나 할 것 없이 자유로워지려 한다. 공산주의 국가는 거짓 평등으로 백성을 가두어버림으로써 개인의 창의적 재능을 발휘하기 어렵다. 자신이나 단체나 문명은 물론 생활까지 진화하기 어려울 테니 가난할 수밖에 없다. 민주주의 국가도 마찬가지다. 법 규정이 많을수록 사람들은 영악해진다. 그런 자일수록 그물에 갇힌 물고기가 그물망을 벗어나듯 요리조리 법망을 벗어난다. 법 규정이 많으면 많을수록 교묘한 수단도 덩달아 진화한다.

이익이 되는 기묘한 것이 많으면 나라가 왜 혼란에 빠질까? 약삭빠른 인간은 바른길로 가지 않기 때문이다. 이익을 얻으려고 온갖 수단을 다 부린다. 이익을 위해서는 못할 것이 없는 자들이 득실대면 나라가 혼란에 빠질 수밖에 없다. 권력과 탐욕으로 일그러진 자들이 계략과 술수로 나라를 다스리고 군사를 부리면 어떻게 될까? 선생은 다음과 같이 딱 잘라 썼다.

이정치국　이기용병
以政治國 以奇用兵 / 기이한 방법으로 나라를 다스리고 군사를 부리면

이무사취천하
以無事取天下 / 천하를 취할 수 없거니와 무위로 다스려야만 천하를 취할 수 있다

이 구절은 권력자들에게 좋은 교훈이 된다. 역사를 살펴보아도 무력과 교묘한 수단을 이용하는 자들이 천하를 취하고 잘 다스린 예가 없다. 따라서 선생은 다음 구절을 이렇게 이었다.

오하이지기연재　이차
吾何以知其然哉 以此 / 내가 어찌 천하가 그러한가를 알겠는가? 이러하기 때문이다

천하다기　위이민미빈
天下多忌 諱而民彌貧 / 천하에 꺼리고 싫어하는 것이 많으면 가난해지고

민다리기　국가자혼
民多利器 國家滋昏 / 백성이 이익되는 기구가 많으면 국가가 혼란해질 것이며

인다지교　기물자기
人多技巧 奇物滋起 / 사람이 기교가 많으면 기이한 물건이 많아지고

법령자창　도적다유
法令滋彰 盜賊多有 / 법령이 더해지면 도적이 많아진다

선생이 세상사를 보고 들은 데서 알게 된 사실을 쓴 것 같다. 백성이 가난해지는 까닭을 천하가 꺼리고 싫어하는 것이 많기 때문이라 하였다. 천하란 백성이요 만물이다. 그중에서도 백성이 가장 꺼리고 싫어하는 것은 자유를 억압받는 각종 법령이다. 앞에서 예를 든 무력과 교묘한 수단을 쓴 권력자들이 그러하다. 그리고 기이한 기술과 기이한 물건은 문명이 발달할수록 많아지기 마련이다. 현대문명이 그렇다. 기이한 물건이 많으니 가지고 싶은 욕망이 많아지고 못 가지면 갖고 싶은 것이 인지상정이다. 더 많이 가지기 위해 수단과 방법을 가리지 않는 것 자체가 직접 훔치지 않았더라도 도적이라 할 수 있다. 그러기에 선생은 이렇게 쓰고 57장을 맺었다.

고성인운　아무위이민자화　아호정이민자정
故聖人云 我無爲而民自化 我好靜而民自正
　　　　／그러므로 성인이 말하기를, 내가 무위하니 백성은 스스로 교화
　　　　되고 내가 깨끗함을 좋아하니 백성은 스스로 정직해지며

아무사이민자부　아무욕이민자박
我無事而民自富 我無欲而民自撲
　　　　／내가 무위로 일하니 백성 스스로 부유해지고 내가 욕심이 없으
　　　　니 백성 스스로 질박해지더라

나) 성인^{聖人}이 사는 군자국^{君子國}은 어디일까?

여기서 말하는 성인은 노자 선생 훨씬 이전의 인물을 가리킨다. 도서관 관리였던 선생이 전해오던 도서에 기록된 내용을 읽었거나 구전^{口傳}을 통해 들은 것을 기록한 것 같다. 그러기에 '성인이 말하기를'이라고 하였다. 선생은 도덕경 여러 곳에서 성인을 언급하였다. 하여간 이 장에서 선생이 가리키는 성인이란 어떤 인물일까? '윗물이 맑아야 아랫물이 맑다'는 비유는 몸소 무위를 실천하는 도인^{道人}, 또는 지도자의 올바른 행실을 본받은 백성이 스스로 교화되어 저절로 인^仁 의^義 예^禮가 관습화 됨을 뜻한다. 따라서 백성이 무위를 관습화한 성인의 존재, 그는 누구인가?

선생이 보고 들은 성인은 어느 나라 어떤 인물일까? 이에 대하여 공자와 그의 제자 자로^{子路}의 말을 예로 들어 설명할 수 있다. 논어 제5장 <공야장^{公冶長}>의 자한편^{子罕篇}에 기록된 내용이다.

그날, 공자가 자로와 이름을 알 수 없는 어떤 자와 함께 있었다. 공자가 말했다.

"나의 道는 이곳^{周:나라}에서는 실현할 수 없으니 뗏목을 타고 바다를 건너가고 싶구나. 내가 거기로 갈 때 아마도 자로가 나를 따라오겠지."

스승의 말에 자로가 크게 기뻐하였다. 자로의 소^{疏:설명}에 의하면 '스승께서 말씀하신 거기는 동이^{東夷}이다. 동이는 대^大를 따른다. 대는 대인^{大人}

군자 또는 성인聖人을 뜻한다고 했다. 스승께서, 대인은 동이족東夷族이며, 동이족의 풍속은 어짊(仁 慈愛)인데, 인자仁者:어진 사람는 오래 살고 죽지 않는 곳이라 하셨다'

어떤 자가 반문했다.

"그곳은 더럽지 않습니까?"

스승(孔子)께서 대답하셨다.

"**군자君子:성인가 그곳에 사는데 어찌 더럽다고 하느냐**"

그리고 말씀하셨다.

"**이곳 주周나라는 道가 행해지지 않으니 구이九夷:동이東夷로 가서 살고 싶구나! 여기서 뗏목을 타고 바다를 건너면 동이가 있다.**"

동시대 인물인 노자와 공자가 이구동성으로 가리킨 성인은 동이족이였다. 동이는 다 알다시피 구이九夷라 하기도 하는 한민족이다. 주나라 도서관 관리였던 노자는 동이로부터 전해지는 역사 철학 사상 종교 등의 책자를 다 읽었음을 도덕경 여러 구절에서 발견할 수 있다. 그리고 본받을 인물을 성인이라 명명함으로써 성인이 동이족임을 공자와 뜻을 같이하였다. 특히 주나라 이전의 은나라 왕조는 동이족의 한 부류로 알려져 있다. 주나라의 제후국인 노魯나라에서 태어나 죽을 때까지 살았던 공자 역시 수많은 책을 빠짐없이 읽고 깨달은 지식이 타의 추종을 불허할 만큼 박식한 대학자였다.

두 인물은 상고대로부터의 책자나 구전으로 전해지는 학문을 터득하고 이상적인 인물을 동이족의 성인 또는 군자라 하였다. 따라서 그들이 기술한 도교와 유교의 근원이 동이였던 것이다. 거기다가 불교의 근원인 원시불교 역시 동이였다. 이에 대한 더욱 뚜렷한 또 다른 증거가 있다. 신라의 대학자 고운 최치원 선생이 <난랑비서鸞郞碑序>에 써놓은 비문碑文이 삼국사기에 전해진다. 최치원 선생은 이 비문에서, 유교 불교 도교의 근원을 동이족 즉 한민족임을 다음과 같이 밝혔다.

국유현묘지도왈 풍류 설교지원
國有玄妙之道曰 風流 說敎之源 / 나라에 현묘한 道가 있으니 이를 풍류라 한다. 교리敎理의 원류를 말하자면

비상선사 실내포함삼교
備祥仙史 實乃包含三敎 / 가까이하면 감화되는 선사仙史에 자세히 실려 있거니와, 실로 유교 불교 도교 삼교三敎의 사상과 철학을 함축하고 있다

차여입즉효어가   출즉충어국
且如入則孝於家 出則忠於國 / 집에서 효도하고 나아가 나라에 충성함은

노사관지지야
魯司冠之旨也 / 노나라의 공자가 가르친 유교의 근본 종지(유교 경전 仁義禮)이고

처무위지사   행불언지교
處無爲之事 行不言之敎 / 무위에 처해 일하고 말없이 가르침은

주주사지종야 周柱史之宗也	/ 주의 도서관 관리를 맡아보던 사람 노자가 전한 도교의 근본 종지(도덕경 無爲)이며
제악막작 제선봉행 諸惡莫作 諸善奉行	/ 악을 없애고 선을 받들어 행함은
축건태자지화야 竺乾太子之化也	/ 인도의 석가모니 태자가 교화한 불교의 근본 종지(불경 善)이다

현묘지도는 '아득하고 신비하면서도 고요한 하늘의 이치'라는 뜻이다. 풍류는 '道를 펴서 구원하는 풍속이나 모양'을 뜻한다. 그리고 종교의 본래 뜻은 '바른 가르침을 우러러 받들고 새긴다'이다. 또한 道를 편다는 것은 사람이 지키고 행해야 할 마땅한 도리를 널리 펼침이다. 따라서 노자와 공자 그리고 석가모니의 사상과 철학의 실천행이 바로 풍류인 것이다. 그리고 신선의 역사(仙史)에 자세히 기록되어 있다고 함으로써 한민족의 사상과 철학은 신선도神仙道에 있음을 알 수 있다. 신선도의 뜻글자인 신선의 '신神'은 보일 '시示'에 '말 구口'와 세울 '곤丨'자가 어우러진 글자다. '선仙'은 사람 '인人'과 뫼 '산山'자가 어우러진 글자다. 이어진 道는 신선의 참뜻과 진리를 의미한다. 따라서 파자破字로 푼 신선의 뜻과 道를 해석하면 '사람이 산에서 득도하여 큰 진리를 펼쳐 보인다'이다.

신선이란 수행으로 득도하여 온 누리에 진리를 펼쳐 보임이고, 진리를 펼침은 덕을 베풂이니 신선도가 바로 일체 생명을 이익되게 하는 홍익인간이다. 따라서 신선은 '풍류 실천으로 득도하여 홍익인간의 道를 펼치는 자'이며 도교의 도인, 유교의 군자, 불교의 부처의 뜻을 한 묶음으로 묶은 명칭이다.

이렇듯 노자와 공자가 도교 유교의 근원이 동이임을 밝혔으나, 최치원 선생의 기록만으로 불교의 근원이 동이라 단정할 수는 없다. 구전되거나 기록된 책자가 발견되지 않았기 때문이다. 하지만 동이임을 증거할만한 고고학적 유적과 유물은 있다.

기원전 4천 5백 년여 이전으로 추정되는 배달국 시대 성소聖所인 소도蘇塗의 돌무지가 오늘날 탑塔의 원형이며, 역시 그 이전의 유물로 추정되는 여신상女神像의 결가부좌結跏趺坐한 수행 자세에서 불교의 근원을 찾을 수 있다. 수행은 불교 성립의 필수 요건이자 근원이다. 붓다가 될 수 있는 깨달음의 실천행 즉 풍류가 수행을 뜻한다. 석가모니 붓다의 결가부좌 수행 자세가 풍류다. 고조선의 대를 이은 북부여北扶餘의 홍산문명紅山文明에서 발견된 여신상의 수행 자세가 바로 결가부좌다. 유불도와 힌두 사상의 비교 그리고 수행이론은 졸저 <선도 한 수행비서>(정경대 저 / 도서출판 유림)에 기록되어 있다.

노자와 공자는 동시대 인물이다. 노자가 공자보다 나이가 많았으나 두 인물은 서로를 알고 있었다. 이들이 본보기로 내세운 성인이 동이의 성자라 할 것이다. 하지만 두 인물의 사상과 철학은 사뭇 다른 방향으로 향한다. 만 가지 일을 노자는 무위로 하고, 공자는 유위로 할 것을 주장하였다. 무위든 유위든 궁극의 목표는 다를 바가 없다. 그러나 실행 면에서 두 인물의 사상은 극명하게 대립한다. 노자의 무위는 본성과 속성이 한 묶음으로 나타나 걸림이 없는 참 도리를 저절로 지키는 관습이고, 공자의 유위는 세속에 탐착한 속성을 도리에 맞게 행하기 위해 제도화한 규범이다. 석가모니 붓다와 장자의 사상 또한 무위이다. 붓다는 참 도리를 무위로 하므로 마음에 걸림이 없다는 뜻에서, '심무괘애心無罣碍'라 하고, 장자는 무위를 인위적 사고의 범주에서 벗어난 자유로운 경지라 하여 '소요유逍遙遊'라 하였다.

그에 반해 공자는 유위로서 마땅히 따라야 할 관습을 법칙으로 정한 규범에 주안점을 두었다. 그런데 이 두 사상은 각각 장단점이 있다. 인간의 품성은 무위한 본성과 인위적인 속성으로 나뉘는데, 본성은 어떤 일이건 참 도리만을 나타내려 하므로 변하지 않는다. 본성 그대로 참 도리를 실천하면 타고난 속성도 따라서 무위해진다. 그러나 만족을 모르고 세속 일에 집착하면 본성은 사라지고 무위하지 못한 속성에게 자신을 내어주게 된다. 이익에 탐착하면 속인이 된다. 타고난 성품이 속성이므로 '사람은 고쳐 쓰지 못한다'고 하는 것이다.

무위는 걸림이 없이 저절로 나타난다. 이에 반하여 세속의 일에 집착하여 도리에 어긋나는 행동을 일삼는 데에 문제가 있다. 따라서 노자는 명상 수행을 권하였다. 세속에 탐착한 속성을 수행으로 돌이켜 본성으로 회귀함으로써 무위가 행해진다는 데에 주안점을 두었다. 하지만 공자는 무위한 관습을 법칙으로 규범화하여 이를 지킴으로써 세속에 탐착한 속성을 고치려 하였다. 그의 사상은 철저하게 규범을 따르는 데에 있다. 따라서 자신이 정한 규범을 지키기 위해 예에 벗어나면 엄벌에 처하는 등 법치주의를 자처하기도 하였다.

下篇 / 德

제 58 장

화혜복지소의 복혜화지소복
禍兮福之所倚 福兮禍之所伏
재앙은 복에 숨어 있고, 복은 재앙에 의지해 있다

올바른 것이 병들면
요망妖妄해진다

중국 춘추전국시대 진晉 나라 왕 헌공의 아들 중이重耳는 성품이 어질고 총명해서 신하들의 신망이 두터웠다. 누가 봐도 왕의 재목이었다. 하지만 재앙은 복에 숨어 있고 복은 재앙에 기대있다고 하였던가? 왕이 새로 들인 애첩 여희驪姬가 자신이 낳은 자식을 왕위에 올리기 위해 중이를 죽이려고 자객을 보냈다. 그 사실을 안 중이는 황급히 도망쳤다. 부귀공명을 누리던 중이의 온갖 복에 숨어 있던 재앙이 불시에 찾아온 것이다. 다행히 신하 다섯 명이 중이를 보호하여 함께 망명길에 올랐다.

그들은 준비 없이 허둥지둥 도망치느라 빈손이었다. 변변한 옷도 없이 구걸로 연명하고 잠잘 곳이 없으면 으슥한 곳에서 가마니를 덮고 밤을 새웠다. 그러던 어느 날 중이는 굶주린 배를 움켜잡고 넓은 벌판을 걸어가다가 기운이 없어서 큰 흙덩이에 머리를 베고 누웠다. 놀란 한 신하가 중이를 위로하고 용기를 주려고 화급히 말했다.

"주군께서 큰 흙덩이를 베고 누웠으니 하늘이 천하를 줄 것입니다."

그때 개자추介子推라는 신하가 슬그머니 일어나 벌판길을 하염없이 걸어갔다. 일행이 보이지 않는 곳까지 간 그는 허리에 차고 있던 칼로 자신의 허벅지 살을 한 움큼 베었다. 그리고 불을 지펴 국을 끓였다. 그는 국그릇을 들고 일행에게 돌아가서 가서 말했다.

"마을을 찾아 한참을 가다 보니 마침 큰 집이 있어서 고깃국 한 그릇

얻어 왔습니다."

굶어 죽어 가던 중이는 허겁지겁 고깃국을 먹고 겨우 정신을 차렸다. 이렇게 그들은 걸식하며 타국을 19년이나 떠돌았다. 그즈음 진나라는 회공會公이 왕위에 있었는데 암군暗君이었다. 보다 못한 신하들이 들고 일어났다. 그리고 회공을 왕위에서 끌어내리고 중이를 왕위에 추대하였다. 재앙에 의지해 있던 복이 찾아왔던 것이다. 그때 중이의 나이 62세였다.

왕이 된 중이가 걸식하던 다섯 명의 신하와 함께 금의환향하던 길이었다. 배를 타고 건너야 할 어느 강가에 이르렀을 때였다. 개자추는 구걸하던 그릇이며 낡은 옷가지 등을 배에다 실었다. 그것을 본 중이가 소리쳤다.

"궁궐로 돌아가면 비단옷에 황금 그릇으로 음식을 먹을 텐데 왜 얻어먹던 것들을 싣느냐!"

그 말을 들은 개자추는 울면서 배에 실은 것들을 강물에 버리며 탄식했다.

"벌써 고생하던 시절을 잊고 호화로운 것만 생각하는구나!"

이들은 궁궐로 돌아왔다. 중이는 왕 위에 올라 진문공晉文公이 되었다. 함께 걸식하던 신하들은 높은 관직에 올랐다. 그러나 개자추는 미련 없이 고향으로 돌아갔다. 그런데 문공은 왕 위에 오른 기쁨에다가 일도 많아서 그만 개자추를 잊고 있었다. 그러자 개자추 마을 사람들이 궁궐로 몰려와 왕의 목숨을 살려준 개자추에게 왜 벼슬을 주지 않느냐며 항의하였다. 문공은 그제서야 개자추를 기억하고는 깜짝 놀라 급히 입궁하라 명하였다. 하지만 개자추는 문공의 말을 듣지 않았다. 오히려 늙은 어머니를 업고 깊은 산중에 숨어들었다. 문공은 크게 후회하고 개자추를 찾아 산중까지 행차하였다. 그리고 군사들로 하여금 개자추를 큰소리로 부르게 하였다. 그러나 개자추는 어머니를 업고 더욱 깊은 산중으로 숨었다. 문공은 산에 불을 지르면 나올 것이라 생각하고 군사들에게 산에 불을 지르라 명하였다.

그러나 숲이 다 타도록 개자추는 나오지 않았다. 나중에 보니 개자추가 큰 버드나무 아래에서 어머니를 껴안고 타 죽어 있었다. 문공은 크게 탄식하였다. 그리고 천하에 둘도 없는 충신 개자추를 기리는 사당을 전국에 지으라 명하였다. 그리고 개자추가 불에 타 죽은 그날은 불을 지피는 것을 금하였다. 그때부터 천하의 충신 개자추가 죽은 날은 밥을 짓지 못해 찬 음식을 먹어야 했다. 후일 이날을 한식일寒食日이라 한다. 오늘날 우리나라에서도 한식날에 조상의 묘에 참배하는 풍습은 여기에서 비롯되었다.

기정민민 기민순순
其政悶悶 其民淳淳 / 무지로서 나라를 다스리면 간교奸巧하지 않아서 백성이 순박해지지만

기정찰찰　기민결결
其政察察 其民缺訣 / 나라를 까다롭게 다스리면 백성이 순박함을 잃는다

그리고 화禍와 복福에 대하여 이렇게 뒷글을 이었다.

화혜복지소의　복혜화지소복
禍兮福之所倚 福兮禍之所伏
　　　　　　　／ 재앙은 복에 숨어 있고 복은 재앙에 의지해 있다

숙지기극　기무정
孰知其極 其無正 / 어느 쪽이 그 지극함을 알겠는가? 바른 것이 없어지고

정복위기　선복위요
正復爲奇 善復爲妖 / 바른 것이 바르지 않게 되니 좋은 것이 다시 요망해진다

인지미　기일고구
人之迷 其日固久 / 사람이 미혹되어 그 미혹됨이 오래면 굳어진다

시이성인　방이불할
是以聖人 方而不割 / 이에 성인은 길흉화복을 모가 나게 나누지 않으며

염이불귀　직이불사
廉而不劌 直而不肆 / 검소하여 상처를 입지 않으며 정직해서 멋대로 정도를 넘지 않으며

광이불요
光而不耀　　　 / 밝지만 빛을 내지 않는다

　좋은 일이 있으면 흉한 일이 있고 흉한 일이 있으면 좋은 일도 있기 마련이다. 흉한 것이 얼마나 지극해지고 좋은 것이 얼마만큼 지극해질

지는 알 수 없다. 다만 올바른 것이 그릇되게 되고 그릇된 것이 올바르게 되어야 하는데, 올바른 것이 그릇되면 요사스럽고 망령되다고 하였다. 재앙이 복이 되면 그 기쁨이 지극하지만 복이 재앙으로 바뀌면 지극히 요망해진다는 것이다. 즉 복이 흉이 되면 본심을 잃고 요망스러워지는데 본심이 요망한 것에 미혹되면 습관화되어 굳어진다는 뜻이다. 사람이 절망에 빠지면 곧은 심성이 병들어서 여러 가지 그릇된 행동을 한다. 희망의 끈을 놓아버리고 자학에 빠져 좀체 헤어나지 못하는 사람이 많다.

그러다가 일신을 망치는 쪽으로 운명이 기울어져 나락으로 떨어지기도 한다. 그래서는 안 된다. 흉이 복으로 바뀌고 절망이 희망으로 바뀌는 것이 세상사 이치다. 흉이 지극한 쪽으로 운명의 발길을 내디딜 것인가? 아니면 복이 지극한 쪽으로 발길을 내디딜 것인가? 그 선택은 순전히 자신의 몫이다. 성인은 좋은 것이든 나쁜 것이든 한쪽으로 마음을 빼앗기지 않는다. 복이 있다고 교만하지 않으며 재앙이 있다고 이성을 잃지 않는다. 정도에서 벗어나는 행동을 하지 않기에 인생사에 상처를 남기지 않는다. 오직 정신이 맑아서 빛이 나지만 빛이 난다고 빛나는 행동을 하지 않는다. 마치 道가 자연을 푸르고 무성하게 낳고 길러주지만 으스대며 교만한 빛을 발하지 않듯이-.

下篇 / 德

제 59 장

중적덕즉무불극
重績德則無不克
덕을 무겁게 쌓으면 극복하지 못할 것이 없다

번뇌를 제거하는 것이
거듭 덕을 쌓는 것이다

천지와 만물의 근원은 道다. 그러므로 道는 만물의 부모로서 낳고 길러주는 덕을 끊임없이 베푼다. 그러기에 도덕道德의 원래 뜻은 '道가 베푸는 사랑'이다. 사랑하되 바라는 바 없이 무위로 베푸는 사랑이다. 따라서 道를 따르는 길은 무위로 타인에게 베풀어서 선덕善德과 복덕福德을 차곡차곡 쌓는 것이다. 그렇게 선한 덕을 쌓으면 인과의 법칙에 따라 저절로 복이 쌓인다. 쌓이는 복 역시 道의 덕이다. 선생은 그러한 덕을 쌓으려면 속성을 온화하게 다스리라며 이렇게 썼다.

치인사천 막약색 부유색 시이조복
治人事天 莫若嗇 夫唯嗇 是以早服
/ 사람이 타고난 천성을 온화하고 덕이 있게 다스리려면 정신 지식 등을 아껴야 할 것이 있으니 생각 즉 번뇌煩惱를 제거하는 것이다

여기서 말하는 천성은 사람의 타고난 속성을 일컬음이다. 속성과 본성은 다르다. 본성은 불변의 '道' 그 자체이고 속성은 사람마다 달리 타고난 갖가지 성질 품성 인격 등이다. 따라서 타고난 속성에 의해 사람 됨됨이가 드러난다. 그러한 속성을 온화한 덕으로 다스리려면 갖가지 생각을 지워내야 한다. 갖가지 생각이란 번뇌이며, 번뇌는 속성을 다스림에 있어서 방해꾼이다. 따라서 마음을 닦는 수행이 필요하다. 그러기에 선생은 다음 구절을 이렇게 이었다.

조복위지중적덕   중적덕즉무불극
早服謂之重積德 重績德則無不克
/ 먼저 생각을 제거하는 것을 일컬어 거듭해서 덕을 쌓는 것이라 한다. 거듭해서 덕을 쌓으면 극복하지 못할 것이 없거니와

무불극즉막지기극   막지기극   가이유국
無不克則莫知其極 莫知其極 可以有國 / 극복할 것이 없는 그 지극함으로 나라를 다스릴 수 있다

유국지모   가이장구
有國之母 可以長久 / 무한한 덕이 나라를 다스리는 근본이며 나라를 영구히 보존할 수 있으니

시위심근고저   장생구시지도
是謂深根固抵 長生久視之道 / 이것을 일컬어서 뿌리가 깊고 굳은 것이라 한다. 이것이 영구히 우러러보아야 할 道이다

道를 따르는 지름길은 거듭해서 덕을 쌓는 것이라 하였다. 첫 단어 조복早服은 '먼저 복종시킨다'는 뜻이다. 번뇌를 복종시켜서 온갖 생각을 지운다. 그리하여 번뇌 망상을 여의면 덕행이 드러난다. 道의 본질이 덕행이기 때문이다. 그렇게 수행으로 번뇌를 여의어서 덕을 거듭 쌓으면 세상의 그 어떤 난관도 극복하지 못할 것이 없다고 하였다. 덕이 지극하면 나라를 영원히 다스릴 수 있으니, 지극한 덕이야말로 나라를 영구히 보존하는 근본이라 한 것이다. 이를 영원히 우러러보아야 할 道라고 함으로써 덕을 쌓는 고귀함을 강조하였다. 이 구절이야말로 한량없는 수

행의 복덕을 말한 것이다. 온갖 생각을 지우는 수행을 거듭하면 어느 한 순간 무한한 사랑이 가슴으로부터 우러나온다. 바로 무위의 道가 발현되는 순간이다. 이 순간을 단절 없이 지속시키는 것, 그것이 바로 道를 깨달은 성인의 모습이다.

下篇 / 德

제 60 장

치 대 국 약 팽 소 선
治大國若烹小鮮
큰 나라는 작은 생선을 굽듯 다스린다

道로서 임하면
귀신도 신령함을 잃는다

큰 물고기를 구울 때는 자주 뒤척여주지 않아도 된다. 작은 물고기는 자주 뒤척여주지 않으면 타서 먹지 못한다. 모든 건 상태를 보고 때를 맞추어 조절해야 한다는 뜻이다. 자연의 변화규율에도 정상적인 변화와 비정상적인 변화가 있다. 봄이 오지 않았는데 꽃이 피거나 봄이 왔는데도 꽃이 피지 않는 것은 자연의 비정상적인 규율이다. 비가 와야 할 시기에 비가 오지 않거나, 비가 올 시기에 너무 많이 오는 것도 비정상적이다. 마치 작은 물고기를 굽는 것과 같은 이치다. 모든 것은 너무 과하여 넘치거나 부족해서도 안 되는 것이다. 이처럼 변화가 시기적으로 맞지 않으면 잘못 구운 작은 물고기처럼 해를 입어 쓸모가 없어진다.

이러한 이치로 나라를 다스려야 한다. 가령 어떤 떤 일을 하고자 할 때 백성이 아직 이해를 못 하고 있는데 급하게 시행하면 혼란이 온다. 그렇다고 너무 늦게 시행하면 백성이 일을 대수롭지 않게 여겨서 성과를 내지 못한다. 너무 급하게 서둘거나 너무 늦게 하여도 실패한다. 시와 때를 맞추어야 함은 비단 국가의 일만이 아니다. 일상생활이나 어떤 일을 도모할 때도 마찬가지다. 그러므로 만 가지 일은 반드시 상태를 보고 작은 물고기를 굽듯 신중해야 한다. 그런 뜻에서 선생은 다음과 같이 썼다.

치대국약팽소선 이도리천하
治大國若烹小鮮 以道蒞天下 / 큰 나라를 다스림에 작은 생선을 굽듯 하고 道로서 천하의 일을 하면

기귀불신 비기귀불신
其鬼不神 非其鬼不神 / 귀신도 신령한 기운을 내지 못한다. 귀신이 신령한 기운을 내지 못함으로

기신불상인 비기신불상인 성인역불상인
其神不傷人 非其神不傷人 聖人亦不傷人 / 그 귀신은 사람을 상하지 못하고 귀신이 사람을 해하지 않으니 성인 역시 사람을 상하지 않는다

부양불상상 고덕교귀언
夫兩不相傷 故德交歸焉 / 귀신·성인 둘이 다 상하지 않으므로 덕이 나라와 백성에게 돌아가는 것이다

큰 나라를 다스리기 위해서는 道로서 해야 한다. 道는 항상 시의적절하게 자연을 변화시킨다. 시의적절이란 무위한 道의 변화규율에 맞추라는 뜻이다. 천지 기운이 道의 작용과 어긋나면 자연재해가 발생한다. 그러므로 道의 작용처럼 시의적절해야 하는데, 작은 물고기를 굽듯, 만사를 조심스럽게 때를 맞추어야 한다. 봄이면 두꺼운 옷을 벗고, 겨울이면 두텁게 입듯 만 가지 일을 너무 빠르지도 늦지도 않게 때맞추어 하라는 것이다.

무슨 일이든 작은 물고기 굽듯 행하면 귀신도 신령한 짓을 하지 못한

다고 하였다. 선생이 말하는 귀신이란 나라를 다스리는 일에 사사건건 방해하는 잡된 것을 뜻한다. 어떤 일을 할 때 훼방을 놓는 갖가지 방해꾼 역시 좋지 못한 짓을 하는 귀신과 같다. 道를 행하는데 잡된 것들이 득실대면 덕을 주는 신령한 기운을 잃는다. 그런 것들로 세상이 어지러워져서 국가도 개인도 잘못 구운 물고기처럼 쓸모가 없어진다. 道의 본색대로 행하면 잡것들이 나라를 병들게 하지 못한다. 성인 역시 잡것들에 휘둘리지 않아서 사람이 상처를 입지 않도록 해준다. 그러므로 나라와 백성이 친해져서 양쪽 모두에게 덕이 미친다.

제 61 장

대국하류 천하지교
大國下流 天下之交
강물이 하류에 모이듯 교류한다

대, 소, 강, 약을
가리지 말고 화합하라

강물이 하류로 모여들듯 큰 나라는 작은 나라가 모이도록 해야 한다. 나라가 크다고 작은 나라를 업신여기면 나라가 오래 버티지 못한다. 선생은 큰 나라일수록 강물처럼 덕을 베풀어 작은 나라가 모여들도록 하라고 하였다. 암탉이 병아리 품듯 작은 나라를 도우면 작은 나라 백성은 큰 나라 은덕에 감읍해 충성을 잊지 않는다. 그러나 나라가 크다고 작은 나라를 괴롭히면 작은 나라는 힘을 길러 큰 나라를 이긴다. 힘이 센 사람이 약한 사람을 업신여기면 약한 사람이 힘을 길러 힘센 사람을 누르는 것과 같다. 세상은 모순矛盾에 의해 희비가 엇갈리고 그 때문에 진화한다. 창이 방패를 뚫지 못하면 창날을 더 강하게 단련시켜 방패를 뚫고, 방패가 뚫리면 방패를 더욱 강하게 하여 창을 막는다. 적자생존適者生存의 법칙이 보편적인 상식을 무너뜨리는 것이다. 그러므로 선생은 이렇게 썼다.

　　대국자하류　천하지교
　　大國者下流 天下之交 / 큰 나라는 강 하류와 같아서 천하가 모여서 친하
　　　　　　　　　　　　　　게 교류해야 한다

　　천하지빈　빈상이정승모
　　天下之牝 牝常以靜勝牡 / 천하의 암컷이어야 하니 암컷은 언제나 고요함
　　　　　　　　　　　　　　　으로 승리하는데

이저위하   고대국이소국
以靜爲下 故大國以下小國 / 고요함은 아래에 있기 때문이다. 따라서 큰 나라는 작은 나라 아래에 있음으로써

즉취소국   소국이하대국   즉취대국
則取小國 小國以下大國 則取大國
/ 작은 나라를 취하고 작은 나라가 큰 나라 아래에 있음으로써 큰 나라를 취할 수 있다

    수많은 샛강이 흘러 큰 강과 합류하여 하류로 모여든다. 그처럼 큰 나라는 넉넉한 덕으로 작은 나라와 교류하여 친목을 다지면 작은 나라를 얻을 수 있다. 작은 나라 역시 큰 나라에 겸손히 낮추면 큰 나라를 얻을 수 있다. 마치 암컷이 부드러움으로 강한 수컷을 길들여서 이기는 것과 같다. 사람과 사람 사이도 그렇지만 나라와 나라 사이도 그렇다. 여러 샛강이 큰 강에 모여들 듯, 큰 나라 작은 나라 할 것 없이 널리 포용하고 암컷처럼 부드럽고 겸손히 낮추는 나라에 모여든다. 나라를 얻는다는 것은 빼앗아 지배한다는 뜻이 아니다. 백성이 부유하게 잘산다는 뜻도 된다. 부유하게 잘살면 다른 나라 백성도 그 나라에서 살고 싶어 하고 때에 따라서는 이주도 할 테니 자연히 나라를 얻을 수 있는 것이다. 그러기에 선생은 이렇게 이었다.

고혹하이취   혹하이취
故或下以取 或下以取 / 그러므로 혹 겸손히 낮추어서 나라를 취하더라도

대국불과욕겸축인   소국불과욕입사인
大國不過欲兼畜人 小國不過欲入事人
> / 큰 나라는 큰 나라답게 인재를 기르고 작은 나라는 작은 나라답게 길러진 인재를 받아들여서 일하게 해야 한다

부양자각득기소욕   대자의위하
夫兩者各得其所欲 大者宣爲下
> / 그리하면 큰 나라 작은 나라 모두 바라는 대로 얻을 수 있으니 겸손하게 두루 위함이 마땅하다

큰 나라는 작은 나라의 인재를 길러서 나라를 부유하게 하고 덕을 얻는다. 작은 나라 인재는 큰 나라에 들어가 섬기면서 큰 나라의 덕을 자신의 작은 나라에 베풀면 양쪽 다 이익이 된다. 그러므로 큰 나라는 강의 하류처럼 낮추어서 아래가 되는 것이 옳다고 하였다. 그리하지 아니하고 작은 나라를 업신여기고 지배하려 들면 오히려 작은 나라로부터 해를 입는다. 그것이 역사의 인과응보이자 교훈이다.

수나라 양제는 백만 대군을 이끌고 고구려를 침략했으나 을지문덕 장군의 지략과 고구려군의 용맹에 패하고 나라까지 망했다. 당나라 태종은 연개소문 장군의 군사들에 의해 백만 대군을 잃은 데다 한쪽 눈까지 잃었다. 수양제와 당 태종은 몇 차례 더 고구려를 침공했으나 모두 참패했다. 그들은 중국 역사에 빛나는 영웅이었지만 전쟁에 패한 후유증으로 양제는 40대 말, 태종은 50대 초에 죽었다.

고대로부터 이어온 중국의 약소국 지배 야욕은 멈추지 않았다. 하지만 한 번도 성공하지 못하였다. 오히려 그 야욕 때문에 국력이 약해져서 무시하고 경시하던 작은 나라의 지배를 수백 년씩이나 연이어 받았다. 역사의 교훈이 그러함에도 그들은 근세에 와서도 힘이 좀 강해졌다고 또다시 작은 나라를 업신여기기 시작하였다. 지금의 중국도 청나라로부터 벗어 난 지 불과 백여 년 밖에 지나지 않는다. 그런데도 그들은 힘이 좀 강해지자 남의 것을 빼앗아 제 것으로 하려는 고대로부터의 습성을 재현하고 있다. 역사의 교훈을 잊은 것일까? 그들은 결코 성공할 수 없다. 작은 나라를 얕보는 예로부터의 버릇을 고치지 않으면 다시 이민족의 지배를 받을 것이다. 그런 역사의 교훈을 새겨야 할 나라가 어디 중국뿐이던가 우리나라와 이웃한 나라를 비롯해 세계 곳곳에 그런 나라는 많다.

下篇 / 德

제 62 장

유죄이면사
有罪以免邪
道를 얻으면 죄를 용서받는다

道는 목숨같이
귀하고 소중하다

道를 행한다는 것은 깨달음을 얻어 무위로 덕을 베푸는 것이다. 선생의 도지행道之行을 앞장에 설명한 바 있다. 착한 사람에게 착하게 대하듯 악한 사람에게도 착하게 대한다는 뜻이다. 그러나 그보다 더 크고 귀한 도력道力의 이익은 지금 읽는 62장의 내용일 것이다. 특히 '죄를 지어도 용서받는다'는 대목에서 도덕의 위대함을 새삼 느끼게 한다. 49장에서 이런 예를 들었다. 99명의 목숨을 빼앗은 앙골리말라가 깨달음을 얻은 뒤에 죽자 석가모니 붓다가 제자들에게 말했다.

"앙골리말라가 사람을 99명이나 죽인 중죄인이지만 깨달음을 얻었으니 지금 천상에 가 있다!"

이 말을 새기면서 다음 구절을 보자. '득도하면 지은 죄가 아무리 무거워도 용서받을 수 있다'는 道의 진심을 기록한 내용이다.

도자만물지오 선인지보
道者萬物之奧 善人之寶 / 道는 만물을 따뜻하게 보호해주니 착한 사람의 보배이고

불선인지소보존 미언가이시존
不善人之所保尊 美言可以市尊 / 착하지 않은 사람에게도 보배이니 존중받고 아름다운 말은 시정에서도 존중한다.

행가이가인 인지불선 하기지유
行可以加人 人之不善 何棄之有 / 행동으로 사람을 따르게 하므로 착하지
                                                      않은 사람인들 어찌 버리겠는가?

   道는 모든 사람에게 착하게 대한다는 뜻과 유사한 대목이다. 만물을 낳아주고 길러주는 것이 道다. 그러므로 천지의 근본인 道가 처음 낳은 하나를 만물의 어머니라 하였다. 만물의 어머니를 낳았으니 道는 그야말로 지극한 어머니의 어머니다. 그러기에 만물을 추하고 더러운 것과 아름답고 깨끗한 것을 차별하지 아니하고 평등하게 대한다. 열 자식 아프지 않은 손가락이 없다는 지극한 모성이라 하겠다. 특히 주목할 대목은 道를 증득證得한 사람은 '아름다운 말로 존경받고 아름다운 행동으로 사람을 따르게 한다'는 데에 있다. 착한 사람 악한 사람 구별하지 않고 똑같이 대하고 말과 행동을 아름답게 하니 뉘라서 그를 따르지 않겠는가? 말 한마디 행동 하나하나에서 道가 묻어 나오는 모습으로 세상을 살아가면 병아리가 어미 닭 품에 모이듯 사람들이 모여들 것이다. 그러기에 선생은 다음 글을 이렇게 이었다.

고입천자 직삼공
故立天子 直三公 / 그러므로 천자가 삼공(三公, 영의정 좌의정 우의정)을 세
                          울 때

수유공벽이선사마　　불여좌진차도
雖有拱璧以先駟馬 不如座進此道
　　　　　　　　　　/ 비록 네 마리가 끄는 수레에 옥구슬을 먼저 바친
　　　　　　　　　　다 해도 가만히 앉아 道에 나아가는 것만 못하다

고지소이귀　　차도자하
古之所以貴 此道者何　　/ 옛날부터 이러한 道를 어찌 귀하게 여기지 않았
　　　　　　　　　　겠는가

불왈이구득　　유죄이면사
不日以求得 有罪以免邪 / 구하면 얻을 수 있다고 하지 않았는가? 죄를 지
　　　　　　　　　　어도 용서받을 수 있다고!

고위천하귀
故爲天下貴　　　　　/ 그러므로 (득도하면) 천하에 귀한 것이다

　춘추전국시대에는 삼공三公을 옹립할 때 귀한 보옥寶玉을 먼저 바치고 삼공에 오르기를 청하는 예법이 있었다. 선생은 옥구슬을 가득 실은 네 마리 말이 끄는 수레를 바치며 청하여 삼공을 옹립할지라도 道에 나아가는 것만 못하다고 하였다. 道는 무엇이건 구하면 얻을 수 있고 죄를 지어도 용서받을 수 있기 때문이라 하였다.

　道는 치열한 자기 성찰에서 얻는다. 명상을 해 보면 알겠지만, 잘못을 뉘우치는 데서만 道가 얻어지는 것은 아니다. 인간은 이기적인 속성을 버리기 어렵다. 모든 것을 자신을 위주로 생각하고 판단하여 행동하기 때문이다. 특히 욕망의 대상과 마주하면 이기심은 더욱 강하게 발현된

다. 인간은 반성과 잘못을 되풀이하면서 살아가고 있다. 도둑질이 나쁜 줄 모르는 도둑은 없다. 그러나 욕심낼만한 것을 보면 잠재된 도둑 심보가 불꽃처럼 일어난다. 인간은 그렇게 불의하고, 시기하고, 질투, 폭행, 모함, 미움, 증오, 불륜, 불효 등등 부도덕한 일들을 알면서도 저지른다. 그것이 죄업인 줄 모르거나 혹은 반성하면서도 업을 쌓으니 인과응보가 반복되는 것이다.

죄는 단순히 자기 성찰을 하는 것으로 용서받는 것은 아니다. 선생이 말하는 용서는 道를 증득證得하는 데에 있다. 道를 증득하기 위해 깊은 명상에 들면 자연히 자기 성찰과 동시에 온갖 욕망에서 벗어날 수 있다. 명상을 거듭하면 세상의 모든 생명체를 사랑하는 마음이 샘솟는다. 그렇게 사랑의 마음이 거듭되면 욕망 때문에 죄에 빠지지 않는다. 앞에서 예를 들었던 아흔아홉 번 잘못 해도 아흔아홉 번 잘못을 빌면 살인도 용서받는다는 붓다, 무한한 사랑을 설파한 그리스도 그리고 선생의 말이 그런 뜻이나. 그너므로 용서받지 못할 죄를 지어 업을 모래알처럼 많이 쌓으면서 오늘을 살기보다 잠시라도 짬을 내 道에 들기 위한 명상에 들어봄이 어떠한가? 쉼 없이 노력하다 보면 언젠가는 욕망의 노예로부터 해방되어 온갖 죄를 용서받을 수 있을 것이다.

下篇 / 德

제 63 장

보원이덕
報怨以德
원한을 깊이 품지 않고 덕으로 갚는다

어려움은 쉽게
큰일은 자세하게 한다

진리는 단순하다. 道라는 것이 본래 그렇다. 항상 더불어 있는데도 느끼지 못할 뿐이다. 밤낮이 오고 가고 사계절이 오고 가고 꽃이 피고 지고 하는 것들이 천지 운행의 법칙에 따른 道의 작용이다. 삶도 다르지 않다. '착하다 도리에 맞다' 하는 원칙이 진리이다. 더구나 道는 더러움도 더럽지 않음도 도리에 맞음도 맞지 않음도 배척하지 않는다. 도덕, 부도덕, 거짓, 진실, 아름다움, 추함, 사랑, 증오 등을 차별하지 아니하고 무위로 품어준다. 그것이 道의 본질이다. 그리고 道는 여린 싹이 초목으로 자라 숲을 이루듯 미미하게 시작하여 크게 이룬다. 사업도 마찬가지다. 크게 이루려면 미미한 것까지 놓치지 않아야 한다. 물을 막은 큰 둑도 개미구멍 하나가 무너뜨린다. 미미한 것까지 놓치지 않아야 재앙에서 벗어날 수 있다. 나라를 다스릴 때는 더욱 자세하게 살펴야 한다. 아무렇게나 나라를 다스리면 수많은 백성이 해를 입는다. 그러므로 선생은 이렇게 썼다.

위무위 사무사 미무미
爲無爲 事無事 味無味 / 위함이 없이 위하고, 일함이 없으나 일하고, 맛이 없으나 맛있고

<small>대소다소　보원이덕　도난어기이</small>
大小多少 報怨以德 圖難於其易 / 큰 것은 작게, 많은 것은 적게, 원한은 덕으로 갚고, 어려운 규칙은 간단하게 하고

<small>위대어기세　천하난사　필작어이</small>
爲大於其細 天下難事 必作於易 / 큰일은 자세하게 해야 하니 천하의 어려운 일은 필시 쉬운 데서 생기고

<small>천하대사　필작어세</small>
天下大事 必作於細 / 천하에 큰일은 필시 미세한 데서 비롯된다

<small>시이성인　종불위대　고능성기대</small>
是以聖人 終不爲大 故能成其大 / 따라서 성인은 마지막까지 크게 하지 않으면서 능히 크게 이루어 놓는다

道는 만물을 마술을 부리듯 뚝딱 만들어 놓는 것이 아니다. 어린싹이 저절로 큰 나무로 자라나게 하지만 노력하여 그리하는 낌새도 없다. 성인 역시 만 가지 일을 그냥 무위로 이루어지게 할 뿐이다. 첫 행 '맛이 없으나 맛있고'(味無味)의 뜻은, 12장, '오미영인구상<small>五味令人口爽:다섯 가지 맛이 사람의 입을 썩게 한다</small>'는 구절과 통한다. 道가 만물을 낳고 길러주되 좋고 나쁨을 차별하지 아니하듯, 성인은 편식하지 않는다는 뜻이다. 하지만 맛이 있고 없고의 본뜻은, 비단 음식만을 가리키지 않는다. 만 가지 인간사를 이루고, 온갖 덕을 베풂에 좋고 나쁘고 귀천을 가리지 않는다는 뜻이기도 하다. 그리고 기반을 제대로 다지지 않고 세운 건물은 언젠가는 넘어진다. 세상의 일이 그렇다. 천하의 일도 쉬운 일부터 차근차근하지

않으면 나라가 위태로워진다. 마찬가지로 큰 인물이 되려면 낮은 데서 쉬운 것부터 차근차근 익혀야 높은 자리에 올라도 위태롭지 않다. 그러기에 성인은 큰일부터 하지 않는데도 큰일을 이루어 놓는다고 하였다. 이 모든 이치가 道의 작용을 본받아 행해야 할 바른 지혜이다.

  수많은 지혜가 모두 훌륭하다 하여도 원한을 덕으로 갚는다는 보원이덕報怨以德만큼 위대한 것은 없다. 석가모니 붓다는 사촌 동생 데바닷타 Devatta가 절을 차지하려고 형 붓다를 여러 번 죽이려 하였으나 다 용서하고 제자로 삼았다. 하지만 데바닷타는 죽을 때까지 붓다를 죽일 음모를 멈추지 않았다. 그런데도 붓다는 마지막까지 데바닷타를 용서했다. 그리스도는 '원수를 사랑하라'고 하였으며, 죽음이 끝나는 최후의 순간 거룩한 신을 향해 자신을 죽이는 사형수를 용서하라 하였다. 원한을 사랑(報怨以德)으로 갚은 두 성인이야말로 지상에서 가장 위대한 존재라 찬탄하며 다음 구절을 보자. 선생이 앞의 구절을 뒤이어 기록한 내용이다.

부경제필과신 다역필다난
夫輕諾必寡信 多易必多難 / 그러기에 가벼운 대답은 믿음이 적고 많은 것을 새롭게 하면 반드시 어려움이 많다

시이성인유난지 고종무난의
是以聖人猶難之 故終無難矣 / 이에 성인은 오히려 가벼운 것을 어렵게 여기므로 종내에는 어려움을 겪지 않는다

대답을 가볍게 하는 것은 신중하지 못함이다. 큰일을 자세하게 하지 않는 것과 같다. 사람이 가볍고 경망한 것은 믿음이 부족하기 때문이라 하였다. 어떤 일이 이익이란 믿음이 확실하면 결코 가볍고 경망하게 하여 어려움을 자처하지는 않을 것이다. 그리고 많은 것을 한꺼번에 새롭게 하고자 하면 어려움이 따른다고도 하였다. 개인이나 가정 나아가서는 국가를 경영함에 한꺼번에 많은 것을 하려 하면 한 가지도 바르게 성취하지 못한다. 그러므로 성인은 가벼운 것을 무겁게 생각하고 욕심내지 않고 하나라도 신중하게 처신함으로써 어려움을 겪지 않는다. 필부의 경망 됨과 성인의 진중한 처신을 그려볼 수 있는 대목이다.

下篇 / 德

제 64 장

위 자 패 집 자 실
爲者敗執者失
유위는 무너지고 잡으려 하면 잃는다

지혜는 지식을
수행은 지혜를 초월한다

평화로울 때 재앙을 생각하고, 재앙이 미쳤을 때 평화를 생각하여 미리 준비하여야 한다. 재앙은 느닷없이 온다. 마치 도둑이 오듯 재앙은 부지불식간에 밀어닥친다. 그러나 재앙 뒤에는 반드시 평화가 깃든다. 그런 사실을 선생은 이렇게 썼다.

기안이지   기미조이모
其安易持 其未兆易謀 / 평안하면 유지하기 쉽고 갈라지는 조짐이 나타나지 않을 때 도모하기 쉽다

기취이반   기미이산
其脆易泮 其微易散 / 무른 것은 갈라지기 쉽고 미세한 것은 흩어지기 쉽다

위지어미유   치지어미난
爲之於未有 治之於未亂 / 일이 생기기 전에 처리하고 어렵기 전에 다스린다

합포지목   생어호말
合抱之木 生於毫末 / 한 아름 큰 나무는 털처럼 여린 싹에서 생겨나고

구층지대   기어누토
九層之臺 起於累土 / 구층 누대는 한 줌 흙에서 세워지며

천리지행   시어족하
千里之行 始於足下 / 천리를 가는 길도 발밑에서 시작된다

바탕부터 튼튼하게 하여 만물을 태어나게 하고 길러주는 道의 작용을

본받으라는 내용이다. 큰비가 오기 전에 둑을 쌓아둠으로써 해를 입지 않듯 어떤 일이 일어나서 어려움을 겪기 전에 미리미리 예방해 두라는 당부도 잊지 않은 내용이다. 몸이 병들기 전에 건강을 챙기고, 부자일 때 가난을 생각하고, 적이 쳐들어오기 전에 방비를 하면 천하에 어려움을 당할 일이 없는 것은 상식이다. 그러나 상식이기 때문에 예사롭고, 그 예사로움 때문에 놓치기 쉽다. 나중에 부지불식간에 밀어닥친 재앙에 큰 해를 입을까 저어해 기록한 선생의 노파심老婆心이라 할 수도 있겠다.

실제로 진중하지 못한 사람은 상식적인 예사로움 때문에 큰일을 당한 뒤에 후회한다. 그러므로 큰일보다 작은 일을 신중히 해야 한다. 작은 일은 시작이요 바탕이어서 작은 일이 튼실하면 큰일이 닥쳐도 쉽게 해결된다. 미세한 먼지가 잘 흩어지듯 일을 함에 자세하지 못하면 실패하고, 심신이 미약하면 옹골차지 못해서 자멸한다. 그러므로 만 가지 일은 바탕을 튼튼히 해놓아야 평안을 유지할 수 있다. 그러나 만 가지 일을 무위로 해야 무너지지 않고 잃지 않는다. 이에 선생은 다음과 같이 썼다.

위자패지 집자실지
爲者敗之 執者失之 / 위하기 위해서 위하면 무너지고 잡으려고만 하면 잃는다

시이성인무위고무패　무집고무실
是以聖人無爲故無敗　無執故無失 / 이에 성인은 무위하므로 실패하지 않으며 잡으려 하지 않으므로 잃을 것도 없다

민지종사　상어기성이패지
民之從事　常於幾成而敗之 / 백성이 일을 하다가 항상 다되었다 싶을 때 실패하는데

신종여시　즉무패사
愼終如始　則無敗事 / 처음부터 신중하면 마지막까지 실패하는 일은 없다

시이성인욕불욕　불귀난득지화
是以聖人欲不欲　不貴難得之貨 / 이에 성인은 욕심이 없기를 바라거니와 얻기 어려운 보화를 귀하게 여기지 않으며

학불학　복중인지소과
學不學　腹衆人之所過 / 배움이 아닌 것을 배우고 사람들이 거들떠보지 않고 지나치는 곳으로 되돌린다

이보만물지자연　이불감위
以輔萬物之自然　而不敢爲 / 그런 까닭에 만물은 자연적으로 도울 뿐 위하기 위하여 위하지 않는다

　사람은 편안할수록 하고 싶은 일이 많아지고 생활이 넉넉하면 더 많은 것을 얻으려고 한다. 그 때문에 일생을 망치기도 한다. 국가의 통치도 그렇다. 나라가 부강하면 다른 나라 것을 빼앗아서라도 더 많은 것을

취하려 계략을 꾸민다. 그리고 무력을 동원해 억지로 하기도 한다. 그러나 타인을 괴롭히면 응보를 받는 것이 천지의 법칙이다. 소위 영웅이라 불리는 자들치고 일생을 곱게 보낸 이들이 있는가? 모두 욕망을 채우기 위한 탐욕으로 도에 반하는 유위로 하였기 때문에 실패하였다.

하지만 무위한 道는 무엇을 얻기 위해서 일하지 않으므로 실패란 없다. 성인 역시 무엇을 얻기 위해 유위로 꾀하지 않으므로 실패하지 않는다. 설사 무엇을 꾀한다 해도 도리에 맞게 무위로 하는 데다가 작은 것까지 놓치지 아니하므로 패하는 일이 없다. 선생의 자연주의 무위론이 여기서도 빛을 발한다. 이 장의 절정은 '배움이 아닌 배움을 배운다'(學不學)는 대목이다. 배움은 지식이고, 지혜는 배움을 초월하며, 수행은 지혜를 초월한다. 지혜를 초월함은 득도함이니 만 가지 일을 道로서 행함으로 앎이 없는 무위한 앎이라 실패 없는 결과를 얻는다. 따라서 道에 이르는 수행이 지식이 없는 지식으로서, 사람들이 그냥 지나치는 지식 없는 지식에 열중하여 깨달음을 얻을 수 있으므로 위대하다.

下篇 / 德

제 65 장

민지난치 이기지다
民之難治 以其智多
꾀가 많으면 백성을 다스리기 어렵다

꾀가 많으면 도적이 되고
자신을 망친다

가) 꾀를 부리다 죽은 여우 이야기

어느 날 사냥꾼이 동물을 잡으려고 여러 군데 함정을 팠다. 그리고 여린 나뭇가지를 걸치고 흙과 낙엽으로 덮어서 감쪽같이 위장하였다. 위장한 덮개 위에 토끼를 잡아 놓아두었다. 이윽고 배가 고픈 늑대가 토끼를 발견했다. 늑대는 재빠르게 뛰어가 토끼를 덥석 물었다. 아뿔싸! 늑대는 함정에 빠지고 말았다. 놀란 늑대는 아무리 힘을 다해도 함정 밖으로 나갈 수 없었다. 늑대는 그만 기진맥진해서 쓰러지고 말았다. 그때였다. 여우가 지나다가 함정에 빠진 늑대를 발견했다. 여우는 늑대 곁에 있는 토끼가 탐이 났다. 그렇다고 함정에 들어갈 수도 없는 노릇이었다. 이 궁리 저 궁리를 하던 여우가 칡넝쿨을 보고 꾀를 내어 물었다.

"늑대 님, 여기 칡넝쿨로 사다리를 만들어 내려줄 테니 그 토끼를 저에게 줄 수 있겠어요?"

늑대는 기뻐하며 말했다.

"그럼 주고말고 얼른 칡넝쿨 사다리를 내려주렴."

"그런데 어쩌지요? 늑대 님이 올라오면 저를 잡아먹을 게 뻔하니까 불쌍하지만 어쩔 수 없이 그냥 가야겠네요."

"아니, 아니 절대로 안 잡아먹을게. 그러니 제발-."

"그걸 어떻게 믿어요? 그럼 이렇게 합시다. 사다리를 조금만 내려줄 테니 토끼를 물고 올라와서 저에게 먼저 던져주세요. 제가 토끼를 받은 다음 사다리를 완전히 내려드리고 떠날 테니 늑대 님은 천천히 밖으로 나오세요."

여우는 토끼만 받아 물면 재빨리 도망칠 생각이었다.

"이놈 봐라! 내가 밖으로 나가기만 해봐라!"

늑대는 속으로 중얼거렸다.

"그래 여우야 그렇게 하렴. 나는 절대로 너를 해치지 않을 거야. 어서 사다리를 내려다오 너에게 토끼를 줄게."

"알았어요. 늑대 님!"

여우가 칡넝쿨을 꼬아 사다리를 만들어 내려주었다. 그러자 늑대가 토끼를 물고 칡넝쿨 사다리를 타고 올라왔다. 여우는 이때다 싶어 토끼를 가로채고 칡넝쿨 사다리를 놓아버리고 도망쳤다. 늑대는 다시 함정에 빠졌다.

먹이를 교묘한 수단으로 빼앗은 여우는 그곳을 벗어나 토끼를 맛있게 먹었다. 그리고 또 다른 함정에 빠진 짐승이 없나 찾아다녔다. 그런데 이번에는 함정에 빠진 호랑이를 발견했다. 여우는 얼씨구나 좋다 하고 늑대에게 했던 대로 호랑이에게 말했다. 그 말을 들은 호랑이는 속으로 쾌재를 불렀다. 호랑이는 여우가 시키는 대로 토끼를 물고 칡넝쿨 사다리를 타고 올라갔다. 여우는 호랑이가 늑대처럼 토끼를 밖으로 던져주기를 기다렸다. 하지만 호랑이는 다리 힘이 좋았다. 사다리를 타고 웬만큼 올라오더니 힘차게 함정 밖으로 뛰어올랐다. 여우는 도망갈 새도 없이 호랑이 먹이가 되고 말았다.

    세상에는 여우처럼 잔꾀를 부려서 남의 것을 빼앗는 사람들이 많다. 하지만 여우처럼 제 꾀에 넘어가 일신을 망치는 사람도 많다. 나라를 다스리는 자도 잔꾀를 부리면 나라를 망치고 자신도 망친다. 정도로서 다스리되 무위한 道를 거스르지 않아야 나라는 물론 백성과 자신도 복을 얻는다. 그러기에 선생은 이렇게 썼다.

_{고지선위도자 비이명민}
古之善爲道者 非以明民 / 옛날부터 道를 훌륭하게 행한 자는 백성을 명석하게 하지 아니하고

_{장이우지 민지난치}
將以愚之 民之難治 / 오히려 어리석게 하였다. 백성을 다스리기 어려운 것은

_{이기지다 고이지치국}
以其智多 故以智治國 / 백성이 꾀가 많기 때문이다. 따라서 꾀를 부려 나라를 다스리면

_{국지적 불이지치국}
國之賊 不以智治國 / 나라에 도적이 되니 꾀로서 다스려서는 안 된다

_{국지복 지차양자역계식}
國之福 知此兩者亦稽式 / 나라에 복이 되는 이 두 가지(어리석음과 꾀)를 고찰하여 모범으로 삼아

_{상지계식 시위현덕}
常之稽式 是爲玄德 / 항상 지키는 것을 현묘한 덕이라 한다

현덕심의 원의 玄德深矣 遠矣	/ 현묘한 덕은 한없이 깊고 멀기만 하지만
여물반의 연후내지대순 與物反矣 然後乃至大順	/ 만물과 더불어 되돌아오느니 그런 연후에 매우 순조로워진다

나) 나라를 꾀로 다스린 왕의 이야기

옛날 어느 작은 왕국에 무능한 왕이 있었다. 그는 왕이 될 인물이 못 되었으나 꾀 많은 신하의 교묘한 계책으로 왕위 계승자인 형을 죽이고 왕이 되었다. 왕이 된 그는 자신을 왕위에 오르게 한 그 신하에 의지해 나라를 다스렸다. 꾀 많은 신하는 탐욕스러운 인물이었다. 자신의 말을 전적으로 믿고 따르는 왕을 이용해 엄청난 권력과 부를 쌓았다. 그러자 백성들의 원성이 하늘을 찌를 듯이 높았다. 자칫했다가는 폭동이 일어날 것 같았다. 왕도 그 사실을 알고 걱정이 많아서 꾀 많은 신하를 불러 말했다.

"듣기로 경을 향한 백성의 원성이 높다고 하는데 이제는 과인까지 비난하는 것 같으니 어찌하면 좋겠소?"

"걱정하실 것 없습니다. 백성들이란 원래 물고기처럼 어리석어서 미끼만 던지면 제 죽는 줄 모르고 먹이에 몰려듭니다."

"무슨 뜻이오?"

"인간은 본래 탐욕스러워서 재물을 얻을 수 있는 미끼만 던져주면 물고기가 모여들 듯 그쪽으로 정신을 빼앗겨 딴생각을 품지 않습니다."

"그 좋은 생각이오! 어떻게 하면 되겠소?"

"매우 간단합니다. 폐하는 선대로부터 도박을 엄격히 금지해온 법을 잘 지키고 있습니다. 이제 그 법을 느슨하게 하면 두 가지 큰 이익이 있습니다."

"그것이 무엇이오?"

"도박을 묵인하되 이익에서 열에 하나를 세금으로 내게 하면 나라는 부자가 되고 백성의 원성도 사라질 것입니다."

"하지만 도박을 비난하는 신하와 백성의 원성은 어찌하오?"

"걱정하실 것 없습니다. 그런 원성이 높아질 즈음 백성과 나라를 위한 시책이 잘못되었음을 선포하고 즉시 도박을 엄격히 금지하면 됩니다. 그때는 폐하를 향한 원성이 잦아들고 나라에 재물도 많이 쌓였을 테니 걱정하실 일이 아닙니다."

무능한 왕은 무릎을 치고, 꾀 많은 신하는 속으로 자신의 재산이 더 불어날 생각에 쾌재를 불렀다. 그러나 도박에 눈이 멀어 꾀가 많아진 백성은 그전처럼 말을 듣지 않았다. 엄중한 법이 선포되고 나서도 비밀리에 도박판을 벌였다. 단속하는 관리마저 뇌물을 받고 동조하였다. 충직한 신하와 백성은 왕과 그 신하를 저주했다. 어려움에 처한 왕은 스스로 목숨을 끊고 꾀 많은 신하는 그 많은 재산을 두고 타국으로 도망 가 또 잔꾀로 출세하려다가 그 나라 백성에게 맞아 죽고 말았다.

앞의 65장에서 세 번째 구절, '옛날부터 道를 훌륭하게 행한 자는 백성을 어리석게 한다'는 뜻은 백성을 바보로 만든다는 것이 아니다. 마음이 순박하면 잔꾀가 없고 마음이 순박하여 어리석게 보인다. 득도한 성인이 명석하고 현명하지만 어리석어 보이는 것도 마음이 순수하기 때문이다. 하지만 아무리 두뇌가 명석해도 도리를 모르는 자는 그 좋은 머리로 나라를 위하지 않고 자신을 위해 온갖 부도덕한 꾀를 부린다.

그런 자들은 나라를 위하는 척하여 백성의 이목을 끌지만, 자신의 이익을 위한 술수에 지나지 않는다. 예나 지금이나 잔꾀로 나라를 혼란에 빠뜨리는 자들의 행실은 판박이로 같다. 특히 조삼모사朝三暮四한 정치인들의 행실에서 많이 발견할 수 있다. 그들은 잘못된 정책으로 나라가 혼란하고 자신에게 불리한 여론이 들끓으면 다른 사건 사고를 퍼뜨려 국민의 원성을 다른 데로 유도해 위기를 모면한다. 그런 자들의 꾀부림은 보통 사람들의 상식을 뛰어넘는다. 나라를 망치고 자신까지 망쳐 역사에 오욕을 남긴다. 꾀부리지 않고 천하 만백성을 무위로 위하는 한없이 깊고 현묘한 덕을 지키는 이들이 나라를 다스리는 시대가 언제쯤 올까?

下篇 / 德

제 66 장

강해소능위백곡왕
江海所能爲百谷王
강과 바다가 백 가지 계곡의 왕이다

백성 앞에 서려면
몸을 백성 뒤에 둔다

아래로 흐르는 수많은 계곡물이 강이 되고 바다가 된다. 계곡물은 높은 산에서 흐르고 강과 바다는 낮은 곳에 자리를 잡아 계곡물을 받아들인다. 그러므로 계곡이 없으면 강도 없고 바다도 없다. 이것을 인간 세상에 비유하면 수많은 계곡물 하나하나는 백성이고, 그 물을 한 그릇에 담아 품고 다스리는 강과 바다가 나라요, 나라의 대표는 왕이다. 그런데 강과 바다는 계곡 아래에 있다. 왕이 겸손하게 백성 아래에 있는 것과 같다. 선생은 강과 바다가 계곡 아래에 있음으로써 수많은 계곡의 왕이 된다고 하였다. 만약 강과 바다가 수많은 계곡물을 한 품에 담아두지 못하면 어떻게 될까?

계곡물이 방탕아처럼 세상 곳곳에 흘러넘치면 피해가 말할 수 없이 클 것이다. 그러므로 강과 바다는 계곡물을 안정시켜 널리 이롭게 하니 왕이 백성 아래서 겸손히 다스리는 것과 같다. 선생이 물을 백성과 왕에 비유한 것은 물이 곧 道요 덕이기 때문이다. 나라의 백성이 모두 道이며 道의 자식이다. 왕도 道요 道의 자식이다. 그러므로 계곡과 강과 바다를 인간 세상의 본보기로 삼아 치국평천하治國平天下의 덕목으로 삼았던 것이다. 아래 구절을 읽어보면 선생의 생각을 이해할 수 있다.

<small>강해소이능위백곡왕자　이기선하지</small>
江海所以能爲百谷王者 以其善下之
／ 강과 바다가 백 가지 계곡의 왕이 될 수 있는 것은 아래에 있기를 좋아하기 때문이다

<small>고능위백곡왕</small>
故能爲百谷王　／ 그러므로 능히 백 가지 계곡의 왕이 될 수 있는 것이다

<small>시이욕상민　필이언하지</small>
是以欲上民 必以言下之 ／ 이에 백성 위에 있고자 하면 반드시 말을 겸손히 하고

<small>욕선민　필이신후지</small>
欲先民 必以身後之 ／ 백성 앞에 있고자 하면 반드시 몸을 백성 뒤에 두어야 한다

<small>시이성인처상이민불중</small>
是以聖人處上 而民不重 ／ 그리하면 성인이 위에 있어도 백성이 무겁다고 하지 않을 것이며

<small>처전이민불해　시이천하낙주이불염</small>
處前以民不害 是以天下樂推而不厭
／ 몸을 앞에 두어도 해롭다 하지 아니하고 천하가 성인을 즐겁게 추대해도 싫어하지 않는다

<small>이기불쟁　고천하막능여지쟁</small>
以其不爭 故天下莫能與之爭
／ 그런 까닭에 백성과 왕이 다투려 하지 않으니 천하에 싸울 일이 없다

바다는 수많은 강을 품는다. 바다는 골짜기와 강보다 아래에 있으므

로 그 물을 품어 왕이 된다. 바다가 역류하면 천하가 멸망하고 말 것이다. 마찬가지로 큰 나라가 작은 나라 위에 군림하면 작은 나라가 큰 나라를 반격하고, 왕이 백성 위에 군림하면 백성이 왕을 배척한다. 바닷물이 역류하여 천하가 물에 잠기는 것과 같다. 기업 단체 가정도 마찬가지다. 윗사람이 겸손히 처신하면 천하와 기업과 가정 모두가 태평해진다.

下篇 / 德

제 67 장

성인유삼보
聖人有三寶
성인의 세 가지 보배는 사랑, 검소, 겸손

사랑은 용감하고 검소하며 널리 베푼다

성인으로서의 선생의 정신세계가 집약된 장이다. 사랑 검소 겸손은 모든 종교가 가르치는 진리다. 이 세 가지 원칙을 무위로 지키는 것이 성인의 본 모습이며 道의 본색이다. 주지하듯 道는 천지 만물의 근원이며 만물을 무위하게 낳고 길러주는 덕의 시원始原이다. 천지 만물의 자애慈愛가 道에 있으니 道를 깨달은 성인의 첫 번째 원칙은 사랑(德)이다. 두 번째 원칙은 道가 자연을 낳아 길러주되 꾸미거나 억지로 하지 않는 검소함이다. 세 번째 원칙은 하천이 아래에 있음으로써 많은 골짜기와 강물을 받아들이듯 처신하는 겸손의 미덕이다.

선생의 무위자연에 대하여 그릇된 해석을 내리는 무정부주의자들이 있다. 심지어는 염세적 사고에 빠져 자신을 망가뜨리는 지식인들도 없지 않다. 선생은 그런 사고에 동의하지 않는다. 초목처럼 무위로 베푸는 자애, 꾸밈이 없는 검소, 잘난 체하지 않는 겸손함으로 묵묵히 최선을 다하는 것이 진정한 무위일 것이다. 인간에게는 저마다 삶의 터가 있고 삶의 방식이 있다. 각자가 자신에게 맡겨진 환경과 조건 주어진 삶에 충실하면 그 덕을 타인이 입기 마련이니 누구나 무위 행을 실천하는 성인이라 할 수 있지 않겠는가? 선생은 이렇게 썼다.

천하개위아도대   이불초
天下皆謂我道大 以不肖   / 천하 사람들이 말하기를 나의 道가 광대하여
　　　　　　　　　　　　　　못나고 어리석은 것이라 한다

부유대고사불초   약초구의기세야부
夫唯大故似不肖 若肖久矣其細也夫
　　　　　　　　　　　　　/ 오직 광대하여 그렇다면 오래되면 비천하다
　　　　　　　　　　　　　　하지 않겠는가?

아유삼보   지이보지   일왈자   이왈검   삼왈감위천하선
我有三寶 持而保之 一曰慈 二曰儉 三曰敢爲天下先
　　　　　　　　　　　　　/ 나는 세 가지 보물을 지니고 있다. 하나는 사
　　　　　　　　　　　　　　랑하는 것이고 둘은 만물을 아끼고 검소하게
　　　　　　　　　　　　　　사는 것이고 셋은 감히 사람들 앞에 나서지
　　　　　　　　　　　　　　아니하고 항상 겸손하게 몸을 낮추어 뒤에 있
　　　　　　　　　　　　　　는 것이다

자고능용   검고능광
慈故能勇 儉故能廣   / 사랑하면 용감해질 수 있고 검소하면 널리 베
　　　　　　　　　　　　풀 수 있으며

불감위천하선   고능성기장
不敢爲天下先 故能成器長   / 감히 사람들 앞에 나서지 않으니 도량이 넓은
　　　　　　　　　　　　　　도인으로서 인격이 완성되는 것이다

　　진정으로 사랑하면 용감해진다. 검소하면 널리 베풀게 된다. 그리하여 도량이 넓은 인격이 완성된다. 우리는 죽으면서도 사랑을 버리지 않았던 예수 그리스도를 기억한다. 그는 지극한 사랑을 마음속 깊이 담고 있었기에 모진 고통과 죽음 앞에서도 초연하였다. 천도교의 창시자 최

제우 선생과 2대 교주 최시형 선생도 목숨을 초월한 죽음을 맞이하였다. 두 선생은 나뭇가지가 꺾이는 것을 보고도 가슴 아파했다. 두 선생이 참수형도 두려움 없이 태연히 맞이한 것은 마음속 깊이 지극한 인류애를 담고 있었기에 가능했다. 죽음을 두려워하지 않는 사랑의 존재를 '진실로 용감한 자'라 할 것이다. 그도 그럴 것이 두려움 용감 죽음 교만 사치 등을 초월한 영원한 사랑이 道의 본질이기 때문이다. 그러기에 선생은 사랑 없는 용기와 검소하지 않은 도량과 남의 앞에만 서려는 교만을 꾸짖듯이 이렇게 썼다.

금사자차용 사검차광
今舍慈且勇 舍儉且廣 / 만일 사랑을 버리고 용감하고 검소하지 않으면서 도량이 넓거나

사후차선 사의
舍後且先 死矣 / 뒤에 있지 아니하고 앞서려 하면 죽음이다

부자이전즉승 이수즉고
夫慈以戰則勝 以守則固 / 사랑으로 싸우면 이기고 사랑으로 지키면 견고해진다

천장구지 이자위지
天將救之 以慈衛之 / 이런 까닭에 장차 천하를 구하려면 사랑을 지켜야 한다

만용은 道의 본질인 사랑을 모르는 무모함이다. 생활이 사치하면서 도량이 크고자 함은 위선이요 자만이다. 겸손할 줄 모르고 남의 앞에 서

려는 것은 교만이다. 그렇게 道를 기만하는 행위를 지속하면 죽음을 빠르게 진행시킨다. 왜 그런가? 그 마음이 탁하고 삿되어 몸도 그와 같아져서 오래 살 수 없기 때문이다. 그런데 선생은 어찌하여 사랑으로 싸우면 이기고, 사랑으로 지키면 견고해진다고 하였는가?

예수 그리스도는 사랑을 모르는 수많은 적과 싸웠다. 그를 고발하여 죽음으로 내몬 유대인들, 자신을 배신한 유다, 모진 고문과 비웃음으로 능멸한 병사들, 사형을 언도한 총독, 무자비하게 십자가에 못 박은 사형집행인들의 인신공격까지 사랑으로 대했다. 사랑으로 맞서 이겼다. 그러기에 그리스도는 2000년이 지난 지금도 살아있다. 몸은 죽었어도 그 사랑과 이름은 죽지 않고 인류의 찬양을 받고 있다. 영원히 그 위대한 사랑과 이름은 인류의 가슴속에 살아있을 것이다. 마음에 사랑이 가득하면 상대가 누구든 이해하고 용서한다. 아낌없이 덕을 베풂으로 부부, 부모, 형제, 친구, 이웃 등이 서로의 믿음이 견고해져서 가정과 사회와 나라가 더없이 평화로워진다. 사랑은 위대하다.

下篇 / 德

제 68 장

<small>선 전 자 부 노</small>
善戰者不怒
전쟁을 잘하는 장수는 성내지 않는다

싸우지 않고 덕을 베풂이
사람을 부리는 힘이다

특이하게 병법을 위주로 쓴 장이다. 병법이기는 하지만 일상 생활에 적용하면 삶의 승리자가 될 것이다. 68장에 이어 69장에서도 비슷한 이야기가 나온다. 다만 69장 역시 무위가 주를 이루지만 이를 실전에 응용하여 승리한 손빈孫矉:기원전 380-320 중국 제나라 병서의 원조을 예로 든다. 선생은 제후국들이 천하 패권을 차지하기 위한 소용돌이에 빠져들었던 시기를 살았다. 음모와 술수, 모략과 불의가 일상이었다. 그러기에 선생은 道가 무너지고 나서야 인의와 예, 그리고 충효가 있었다고 하였다. 말하자면 도리가 무너지니 그제야 규범이 생기고 인간으로서 할 바를 교육하게 되었다는 것이다. 따라서 제자백가諸子百家라는 여러 학파의 사상과 철학이 봇물처럼 쏟아져 나왔다. 그 가운데 선생은 단 한 명의 제자도 두지 않았다. 오직 <도덕경> 하나만 남기고 함곡관函谷關 넘어 홀연히 사라졌다. 무위를 주장한 선생답게 어디서 어떻게 살다가 저세상으로 떠났는지 알 수 없다.

68장의 병법 역시 무위사상이 바탕에 깔려있다. 68장은 현실적이고 실현 가능한 논리여서 여타 장의 이상향적 무위론과는 차이가 있다. 어쩌면 수많은 목숨이 죽어가는 전쟁의 참화가 못내 안타까운 나머지 사람을 살리기 위한 계책을 내놓은 것인지도 모른다. 따라서 선생의 병법은 생존의 지혜서에 가깝다. 전문 병법과는 다른 면을 보인다. 적군을 얼마나 많이 죽여서 승리할 수 있는가에 대한 계책보다 승리를 위한 원칙만 간단히 제시하였다. 그 내용은 다음과 같다.

선위사자불무　선전자불노
善爲士者不武 善戰者不怒　/ 훌륭한 선비는 무력을 쓰지 않고 전쟁을 잘하는 장수는 성내지 않는다

선승적자불여　선용인자위지하
善勝敵者不與 善用人者爲之下/ 훌륭한 승부사는 적과 싸워 이기려 하지 않으며 용병을 잘하는 지휘관은 병사보다 아래에 있어야 한다.

시위부쟁지덕　시위용인지력
是謂不爭之德 是爲用人之力　/ 이를 일컬어 싸우지 않고 베푸는 덕이라 하고 이것을 사람을 부리는 힘이라 하며

시위배천고지극
是謂配天古之極　　　　　　/ 이렇게 하는 것을 일컬어 하늘의 뜻에 알맞은 그 옛날 전쟁에서 승리한 지극한 원리의 극치다

　예사로운 말 같지만 오늘날의 전쟁과 개인적인 다툼에도 통하는 고도의 지혜다. 첫 구절에서 병사나 장군이라 하지 않고 훌륭한 선비라 한 것은 직접 싸우지 않고 이기는 지혜로운 사람을 뜻한다. 좋은 예로 고려시대 서희徐熙가 대표적이다. 996년 요遼:거란 나라 장수 소손녕蕭遜寧이 80만 대군을 이끌고 고려를 침공했다. 서희가 소손녕을 찾아갔다. 그리고 예의 바르면서 뛰어난 언변으로 소손령을 설득함으로써 오히려 강동육주江東六州:오늘날 요녕성에서 북방 압록강까지 땅을 되돌려 받았다. 피 한 방울 흘

리지 않고 나라를 구한 서희의 이야기는 큰 울림을 준다. 서희는 장수가 아니라 선비였다.

선생이 싸우지 않고 이긴다는 선비가 서희와 같은 인물일 것이다. 그 다음 구절은 직접 싸우는 장수를 가리킨다. 실제 전투에서 이기기 위한 병법의 하나로서, '싸움을 잘하는 장수는 힘을 내보이지 않으며 성을 내지 않는다'와 '용병을 잘하는 지휘관은 병사보다 아래에 있어야 한다'는 구절이 특히 마음에 와닿는다. 이에 대하여 예를 들면 다음과 같다.

가) 성내지 않고 때를 기다린 장군 악의樂毅

삼국지의 제갈량이 본받고자 했던 인물 두 명이 있다. 한 사람은 관포지교管鮑之交로 유명한 제나라 정승 관중이고, 다른 한 사람은 연나라 장수 악의다. 관중은 정치를 잘하여 전국시대 제나라 왕을 천하 맹주에 오르게 한 인물이다. 악의는 전쟁을 잘하여 관중이 천하 패권 국가로 만들어 놓은 제나라를 거의 멸망시킨 장수다.

악의는 본래 조나라 사람이었다. 조나라가 희망이 없자 위나라로 갔다가 다시 연나라에 가서 대장군이 되었다. 악의가 연나라에 가기 전 연나라는 왕권 다툼으로 나라가 피폐해져 있었다. 백성들은 차라리 다른 나라가 쳐들어와서 싸움을 멈추게 해주기를 바랄 정도로 엉망이었다. 이웃 제나라는 전쟁을 좋아하는 민왕이 다스리고 있었다. 민왕은 강한 군사력으로 연나라를 침공할 계획을 세웠다. 그때 제나라에 맹자가 있었다. 민왕은 맹자에게 연 나라를 침공해도 좋으냐고 물었다. 맹자는 연나라 백성이 원하면 침략하고 원하지 않으면 침략해서는 안 된다고 대답했다. 그 말을 들은 민왕은 연나라 백성이 다른 나라로부터의 침략을 원한다는 소식을 듣고 있던 터라 즉시 연나라를 쳤다. 제나라군은 연나라를 무참히 짓밟아놓고 돌아갔다.

그 후 연나라에 소왕이 새로 등극하고 인재를 모집하였다. 소왕은 신하에게도 가르침을 청하는 등 인재를 아낀다는 소문을 퍼뜨렸다. 위나라에서 소문을 들은 악의가 연나라로 가서 소왕을 만났다. 소왕은 악의가 지략과 용맹을 겸비한 인물임을 간파했다.

"제나라가 우리 조정과 백성에게 저지른 악행을 복수하려고 합니다. 그대를 대장군에 임명할 테니 우리 연나라의 원한을 갚아주기 바랍니다"

소왕은 악의에게 군권을 주었다. 악의는 장기계획을 세워 군사력을 길렀다. 그 사실을 확인한 소왕은 원한을 하루속히 풀고 싶은 조급증에 악의에게 즉시 제나라를 공격할 것을 명령했다. 하지만 악의는 왕의 명령을 듣지 않았다. 군사가 강해졌다고 함부로 움직였다가는 패할 수도 있기에 때를 기다리기로 했다. 제나라 민심이 흉흉하고 병사들의 사기가 해이해졌다는 소식을 들었을 때 대군을 움직일 생각이었다.

그즈음 제나라 민왕은 천하에서 자신이 제일이라는 자만심으로 교만하기 짝이 없었다. 신하를 업신여기는 데다가 군사와 백성을 하인처럼 부려서 원성이 자자했다. 악의가 기다리던 때가 온 것이다. 악의는 대군을 휘몰아 제나라를 쳤다. 악의는 제나라 72개 성 가운데 70개 성을 무너뜨렸다. 민왕은 도망치다가 백성들에게 잡혀 죽었다. 서둘지 아니하며 때를 기다렸다가 싸워 이긴 악의 장군의 이야기는 전쟁뿐만 아니라 인간사에도 시사하는 바가 크다.

나) 문경지교 刎頸之交

싸우지 않고 화해하여 친구가 된 이야기다. 개인과 개인 간에도 다툼이 있을 때 다투지 않고 화해하는 것이 최선이다. 싸우면 이기든 지든 서로가 상처를 입을 테니 싸우지 않고 화해하는 방법을 먼저 생각해야 한다. 문경지교刎頸之交란 말이 있다. 목을 자를지라도 변하지 않는 절친한 우정을 뜻한다. 전국시대 염파廉頗와 인상여藺相如라는 두 인물의 우정에서 나온 이야기다.

염파와 인상여 둘 다 조趙나라 사람이다. 염파는 용맹과 지략이 뛰어난 장군인데 재상급인 상경 벼슬에 있었다. 인상여 역시 용맹과 지략이 뛰어났으나 아직 때를 만나자 못해 어느 환관의 집에서 식객食客으로 있었다. 어느 날 진나라 왕이 조나라 왕에게 친서를 보냈다. 내용은 조나라 왕이 좋아하는 화씨벽和氏璧이란 옥구슬을 넘겨주면 과거 조나라에서 빼앗은 성 하나를 돌려주겠다는 제안이었다. 조나라 왕은 강한 진나라 왕에게 화씨벽을 주었다가는 성을 돌려받기는커녕 화씨벽만 빼앗길 게 뻔해서 고민이 많았다. 그 사실을 안 환관이 왕에게 자신의 식객으로 있는 인상여를 추천하였다. 왕의 부름을 받은 인상여가 말했다. 화씨벽을 가지고 진나라로 가서 빼앗긴 성을 되돌려 받거나 못 받으면 화씨벽을 도로 가져오겠다는 말을 남기고 진나라로 갔다. 인상여는 가지고 간 화씨벽을 진나라 왕에게 바쳤다. 그리고 약속한 대로 성을 달라고 하였다. 그러나 진왕은 인상여의 말을 들은 체도 하지 않았다. 성을 되돌려 받기는커녕 화씨벽까지 빼앗길 것을 눈치챈 인상여가 말했다.

"화씨벽이 천하에서 가장 아름답지만 자신만이 알고 있는 흠이 있습니다."

"그래? 그럼 흠이 어디에 있는지 말해주시오."

진왕은 화씨벽을 인상여에게 건네주었다. 화씨벽을 손에 쥔 인상여는 즉시 대궐 가운데 있는 큰 기둥 옆으로 달려가 서서 말했다.

"만약 성도 안 주고 화씨벽도 안 준다면 이 자리에서 화씨벽을 기둥에 던져 깨버리겠습니다. 그리고 소인은 그 벌을 죽음으로 받겠습니다."

진나라 왕은 어쩔 수 없이 인상여에게 화씨벽을 주며 조나라로 돌아가게 하였다. 그 이후로 인상여는 왕을 위기에서 구해주는 등 공을 세우고 염파와 같은 상경 벼슬에 올랐다. 문제는 그때부터였다. 염파는 겨우 환관 집에서 식객 노릇이나 하던 인상여가 자신과 같은 재상이 된 것에 질투를 느꼈다. 그는 늘 언제든 인상여를 만나면 크게 혼을 내줄 것이라며 서슬이 퍼레서 호통을 쳤다. 그 소식을 들은 인상여는 염파를 피해 다녔다. 그 모양을 본 하인들이 졸장부라며 인상여를 비웃었다. 그러자 인상여가 한 하인에게 물었다.

"염파가 무서우냐 진나라 왕이 무서우냐?"

하인이 대답했다.

"진나라가 무섭습니다"

인상여가 말했다.

"내가 진나라 왕도 무서워하지 않는데 하물며 염파를 무서워하겠느냐? 내가 염파를 피하는 것은 두 호랑이가 싸워 나라가 혼란하면 진나라가 침략해오지 않겠느냐. 그래서 내가 피하는 것이다."

인상여의 말을 소문으로 들은 염파는 크게 깨닫고 부끄러워하며 가시덤불을 짊어지고 인상여를 찾아가 고개 숙여 사과하였다. 인상여와 염파는 서로 손을 맞잡고 목이 달아나도 우정을 변치 말자며 굳게 다짐하였다. 실제 그 둘의 우의는 참으로 도타웠다. 그리하여 후세인들이 자존심이나 감정에 휘둘리지 않음으로써 싸우지 않고 화해하여 둘 다 승리한 슬기를 '문경지교刎頸之交'라 하였다.

다) 싸우지 않고 이긴 붓다의 지혜

붓다가 득도한 뒤의 일화다. 많은 바라문婆羅門:고대 인도의 수행자이 자신들의 스승을 떠나 붓다에게 귀의하였다. 제자를 거의 잃은 어느 스승이 시기와 질투심에 붓다를 찾아가 욕설을 퍼부으면서 못되게 굴었다. 그러나 붓다는 온화한 얼굴로 듣기만 하였다. 붓다는 바라문이 제풀에 지쳐 말문을 닫았을 때를 기다렸다가 말했다.

> "그대에게 묻노니 만약 그대가 누구에게 선물을 주려고 갔다가 상대방이 받지 않으면 그 선물은 누구의 것인가? 그대가 나에게 한 욕설과 분노의 말을 나는 단 한 마디도 받지 않았다."

결국 붓다에게 쏟아부은 온갖 욕설은 그 바라문이 자신에게 쏟아낸 꼴이 되고 말았다.

적을 앞에 두고 노하거나 성급하면 이길 수 없다. 성을 내면 감정에 휘둘려 경거망동하고, 급하면 이길 수 있는 시와 때를 판단하기 어렵고, 때를 놓치면 승리하지 못한다. 승리하기 위해서는 상대의 성을 돋구어 사리 분별을 못 하게 하고, 공손함으로써 적을 교만하게 하여 자멸하게 하는 것이 승리를 위한 지극한 원리라 하였다.

下篇 / 德

제 69 장

화막대어경적
禍莫大於輕敵
적을 경시하면 반드시 화를 입는다

전진보다 후퇴,
무기 없이 무기 든다

가) 후퇴만 하다가 승리한 장군

이 장은 선생이 무위를 바탕으로 하여 가능한 한 병사들의 목숨을 많이 잃지 않는 병법을 기술한 내용이다. 이야기의 주인공은 손빈孫臏이다. 그는 병법으로 유명한 손무孫武의 후손이란 설도 있다. 손빈은 어려서 부모를 잃고 매우 가난했다. 머슴살이를 하는 등 어렵게 살다가 18세에 귀곡鬼谷이란 인물의 문하가 되었다. 귀곡은 귀신도 놀랄 만큼 천문과 지리에 밝은 인물로 명성이 높았다. 손빈은 그런 기인奇人으로부터 병법을 공부하였다.

동문수학하는 귀곡의 제자 중에 총명하고 재주가 비상한 방연龐涓이라는 젊은이가 있었다. 손빈은 방연과 특별히 친하게 지내다가 의형제를 맺었다. 방연은 나이가 위인 손빈을 형이라 불렀다. 이들은 누가 먼저 출세를 하든 서로 천거해서 함께 부귀공명을 누리기로 약속하였다. 그러나 방연은 자신보다 뛰어난 손빈을 내심으로 시기하고 있었다. 하지만 방연은 겉으로 드러내지 않았다. 방연이 먼저 하산하여 위나라 혜왕惠王의 대장군이 되었다. 그런데 제나라 사신 묵적墨翟이 혜왕에게 귀곡선생 제자 중에 손빈이란 인물이 방연보다 뛰어나다고 칭찬했다. 그 말을 들은 혜왕은 즉시 손빈을 청하기로 하였다. 그 소식을 들은 방연은 내심 깜짝 놀랐으나 태연히 혜왕에게 말했다. 손빈은 자신과 의형제를 맺은 사이이니 자신이 초청하면 즉시 달려올 것이라 하였다. 혜왕은 기뻐하며 허락했다. 손빈은 잊지 않고 약속을 지켜준 방연이 고마웠다.

손빈을 만난 혜왕은 그가 뛰어난 인물임을 알고 큰 벼슬을 주려 하였다. 그러자 방연이 혜왕에게 말했다. 손빈은 의형이니 자신보다 낮은 직위에 있게 할 수 없다며 좀 더 있다가 손빈이 공을 세우면 자신의 대장군 직위를 손빈에게 물려주고 자신은 손빈 부하로 있겠다고 하였다. 이는 방연이 손빈이 공을 세우는 것이 두려워 손빈을 모함할 계책을 꾸며놓고 한 말이었다. 방연은 철저하게 손빈을 모함했다. 손빈이 태어난 곳이 제나라임을 알고 있는 방연은 손빈을 제나라 첩자로 모함했다. 모함에 넘어간 혜왕은 방연이 시키는 대로 손빈의 양 무릎 종지뼈를 도려냈다.

손빈은 이 모든 음모가 방연이 꾸민 사실을 알고 분노했으나 어쩔 수 없었다. 절망한 손빈은 미친 사람 노릇을 하기 시작했다. 돼지우리에서 잠을 자고 돼지 똥도 먹는 등 철저하게 방연을 속였다. 방연의 방심을 유도한 것이다. 그 사실을 안 묵적이 꾀를 내어 손빈을 탈출시켜 제나라로 데리고 갔다. 손빈은 제나라 군사君師가 되었다.

방연은 어느 날 혜왕의 명으로 군사를 이끌고 한나라를 침공했다. 한나라 왕은 다급히 제나라에 구원을 요청했다. 소식을 들은 손빈은 먼저 위나라를 공격하기로 했다. 위나라를 정벌하고 기다리고 있다가 회군하는 방연과 싸우기로 작전을 세웠던 것이다. 방연이 한나라와 싸우다가 제나라가 위나라를 공격한다는 소식을 듣고 즉시 군사를 돌려 위나라로 돌아갔다. 손빈은 방연을 유인해 계릉桂陵이라는 곳에서 위나라 군사와 싸웠다. 제나라의 승리였다. 방연은 그때까지 손빈이 제나라에 있는 것을 모르다가 싸움에서 패하고 나서야 그 사실을 알았다.

분노를 참지 못한 방연은 손빈을 죽이려고 전군을 동원해 제나라 군사가 주둔한 곳으로 쳐들어갔다. 그런데 제나라 군사는 없고 밥솥만 즐비하게 남아 있었다. 밥솥을 헤아려 보니 5만 개나 있었다. 방연은 제나라가 겁을 먹고 후퇴한 것으로 판단하고 급하게 제나라 군사 뒤를 쫓았다. 하지만 제나라 군사는 또 후퇴하고 없었다. 이번에는 밥솥이 3만 개만 남아 있었다. 이에 제 나라 군사가 모두 도망가고 얼마 남지 않았다고 판단한 방연은 더욱 급하게 제나라 군사를 추격했다. 후퇴를 거듭하며 방연을 유인하던 손빈은 마능馬陵이라는 지대가 험한 곳에 군사를 매복시켰다. 어둠이 내릴 무렵 방연이 군대를 이끌고 나타났다. 제나라군은 무수한 화살을 날렸다. 위나라 병사는 물론 방연도 비참하게 목숨을 잃었다

나) 적을 지치게 하여 승리하는 병법

중국의 병법 중에서 이런 기록이 있다.

적진아요
敵陣我搖 / 가만히 있는 적을 흔들어 피곤하게 만든다

적군아추
敵軍我追 / 적이 추격해오면 싸우지 않고 후퇴한다

적피아타
敵披我打 / 적이 피곤하면 공격한다

    중국 공산당 모택동이 적은 군사로 장개석의 국민군 대군을 이긴 병법이다. 적이 공격하면 이리저리 도망 다니면서 지치게 하고, 쉬려는 기미가 보이면 달려들어 쉬지 못하게 하고, 또 공격하면 도망가고 적이 지치면 달려드는 방식이다. 도망 다니면 적은 얕보고 더욱 힘을 내 제압하려다가 제풀에 지쳐 쓰러진다. 일상적인 다툼에서도 이 병법을 잘 적용하면 승리할 수 있다.
    위의 손빈과 방연의 이야기에서 '적을 경시하면 진다'는 선생의 교훈을 이해할 수 있다. 이러한 실전 이야기가 전해질 것이라 예상이라도 한 듯 선생은 이렇게 썼다.

용병유언 오불감위주위객
用兵有言 吾不敢爲主爲客 / 군사를 부릴 때는 이런 말이 있다. 자신은 감히 주동자가 되지 말고 응전만 하는 공경받는 사람(客)이어야 한다

| 불감진촌이퇴척 시위행무행
不敢進寸而退尺 是謂行無行 / 싸울 때는 한 치도 진격하지 않고 10촌을 물러난다. 이러한 병법을 행렬이 없이 행군하는 것이라 하고

양무비 잉무적 집무병
壤無臂 仍無適 執無兵 / 팔뚝 없이 옷소매를 걷어붙이고 적 없이 쳐부수고 병기 없이 병기를 잡는다고 한다

화막대어경적 경적기상오보
禍莫大於輕敵 輕敵幾喪吾寶 / 적을 가볍게 여기는 것만큼 큰 화는 없다. 적을 가볍게 여기면 자신의 보배인 병사를 잃는다

고항병상가 애자승의
故抗兵相加 哀者勝矣 / 그러므로 병사가 싸울 때는 거만하지 않은 자가 승리하게 된다

　　백만대군을 거느린 수나라 양제와 당나라 태종은 군사가 많은 것만 믿고 출정할 때부터 고구려를 얕잡아 보았다. 고구려 병사들의 용맹을 모르고 군사 많은 것만 믿고 경시했던 것이다. 그 결과는 참담했다. 그들은 수양제는 백만 대군을 거의 잃고 나라도 빼앗겼다. 이런 참사를 예견이라도 했던 것일까? '전쟁할 때 가장 두려워해야 할 것은 '적을 경시하는 것'이라 하였다. 개인의 싸움에서도 자신의 강함을 믿고 상대를 경시해서는 안 된다.

'팔뚝 없이 소매를 걷어붙인다'는 상대방을 제압할 힘이 있건 없건 언제든 응전할 태세가 되어있어야 한다는 뜻이다. '적 없이 쳐부순다'는 적을 이길 수 있는 모든 가능성을 생각해 둔다는 뜻이다. 병기 없이 병기를 잡는다는 것은 적을 칠 무기는 없어도 이길 수 있는 계책과 굳센 마음을 뜻한다.

제 70 장

성인피갈회옥
聖人被褐懷玉
성인은 마음속에 옥을 품고 있다

타인보다 자신을 앎이 소중하다

어느 해 신년 초, '산은 산이요 물은 물이다!' 성철 종정의 법어 한마디가 온 나라가 들썩일 정도로 회자 되었다. 이 법어가 언론과 방송을 통해 보도되자 온 국민이 성철 종정을 우러러보았다. 마치 대붕大鵬이 한 번 날개를 쳐서 천하를 뒤덮듯 성철 종정의 명성은 나라 곳곳에 퍼졌다. 그런데 당시 성철 스님이 조계종이란 거대한 조직의 종정이 아니었다면 어땠을까? 누더기 베옷 차림으로 어느 산간벽지 초라한 암자의 이름 모를 승이 그런 말을 했다면 어땠을까? 말뜻을 이해 못 하는 사람은 별소리를 다 한다고 비웃었을 것이다. 석가모니 붓다가 다시 태어나 초라한 암자에서 그 말을 했더라도 사람들이 귀를 기울였을까?

보통 사람들은 이름난 사찰에 비싼 승복을 입고 앉아 있으면 대수롭지도 않은 말도 대단하게 여기는 것은 아닐까? 보석을 거지가 지니고 있으면 가짜로 보이고 가짜를 부자가 지니고 있으면 진짜라 착각하는 것과 같다고나 할까? 이런 현상은 오관五官이 마음을 현혹하여 바르게 보고 바르게 인식하지 못하는 까닭이다. 궁극적으로는 마음의 깊이가 부족하여 사물을 피상적으로 판단하기 때문이다. 그러나 세상 사람이 아무리 그렇다 하더라도 진리는 스스로 빛을 낸다. 대각을 얻은 석가모니 붓다가 누더기를 입고 걸식하였으나 그 마음에는 옥보다 고귀한 진리가 있었다. 보옥이 빛을 내듯 마음속 진리의 빛을 온 인류에게 무위로 비추었다. 성철 종정 역시 해인사 깊은 산중에 있었으나 그 마음속 귀한 울림의 소리 '산은 산이요 물은 물이로다'가 대붕이 날개를 펼치듯 진리의 빛이 온 누리에 퍼졌다. 그러기에 선생은 이렇게 썼다.

오언심이지 심이행 천하막능지 막능행
吾言甚易知 甚易行 天下莫能知 莫能行
/ 나의 말은 알기 쉽고 행하기도 쉬운데 사람들은 알지도 행하지도 못한다.

언유종 사유군 부유무지
言有宗 事有君 夫唯無知
/ 말에는 근원이 있고 주장하는 바가 있으나 아무도 알지 못한다

시이불아지 지아자희 즉아자귀
是以不我知 知我者希 則我者貴
/ 이에 자신을 아는 자 드무니 자신을 아는 자가 소중하다

시위성인 피갈회옥
是謂聖人 被褐懷玉
/ 이에 성인은 겉으로 칡넝쿨로 짠 옷을 입고 있으나 마음속에는 옥을 품고 있다.

　　道를 알지 못하는 사람들을 안타까워하는 선생의 심중이 드러나는 장이다. 선생의 말이 알기 쉽고 행하기도 쉬우나 중생은 알려고도 하지 않고 알아도 행하지도 못한다고 하였다. 하지만 나를 아는 자는 깨달은 존재로서 드물게 道를 아는 자이므로 소중하다고 하였다. 道를 얻은 자는 칡넝쿨로 짠 옷을 입고 있어도 그 마음속에는 옥을 품고 있다고 하였다. 스스로 빛을 내는 옥은 저절로 드러나는 진리이자 道를 뜻한다.

下篇 / 德

제 71 장

부지지병
不知知病
모름을 안다고 하면 병이다

참된 지식인은
겸손하다

훌륭한 학자는 스스로를 부족하게 생각하여 알면서 모른다고 한다. 부족하기에 만족할 때까지 부단히 노력하니 앎의 깊이는 더욱 심오해진다. 그리고 어느 순간 달통했을 때 깨달은바 즐거움을 누린다. 진정한 미인은 꾸미지 않아도 아름답듯 진정한 학자는 스스로 기뻐할 뿐 안다고 자랑하지 않는다. 외모가 자신이 없으면 화장을 짙게 하듯 지식이 얕은 자들의 목소리는 높고 몸짓이 요란하다. 게다가 뽐내거나 교만한 행태를 보인다. 선생은 특히 모르면서 안다고 하는 자를 병자病子라 비판하며 이같이 썼다.

지부지상 부지지병 부유병병 시이불병
知不知上 不知知病 夫唯病病 是以不病
／ 앎을 모른 척함은 상이고 모르면서 아는 체하면 병인데 병이 심한데도 병이 아니라 한다

성인불병 이기병병 시이불병
聖人不病 以其病病 是以不病 ／ 성인의 그런 병을 병이라 하지만 병이 아니다

거짓을 계속하다 보면 자가당착自家撞着에 빠져서 거짓을 진실로 여기게 된다. 지식이 얕으면서 아는 체하면 정말로 아는 것 같은 착각에 빠진다. 모르면서 아는 체하면 목소리가 높고 제 주장을 강하게 내세움으

로써 타인보다 우위에 있음을 증명하려 한다. 그런 유의 군상들은 자신에게 현혹된 어리석은 무리의 환호성에 만족한다. 교만이 하늘을 찌른다. 실로 큰 병이 아닐 수 없다. 알면서도 모른다고 겸손해하는 지식인은 우매해 보이지만 실은 현명한 인물이다.

下篇 / 德

제 72 장

민불외위 즉대위지
民不畏威 則大威至
백성이 협박을 두려워 않으면 민란이 일어난다

백성을 업신여기거나
삶을 싫증 내지 않게 한다

초대 이승만 대통령이 3선 개헌을 한 뒤였다. 국회의원이 부정한 방법으로 당선되자 경상남도 마산에서 학생들이 거리로 나섰다. 민간인들도 합세하였다. 백성들은 경찰에 쫓기는 학생들을 숨겨주고 먹을 것을 주기도 하다가 급기야 시위대에 합류하였다. 이를 '3.15 의거'라 한다. 그러나 이는 시작에 불과했다. 3.15 의거가 도화선이 되어 시위가 전국으로 퍼져나갔다. 대학생들이 주동이 되고 고등학생도 합세했다. 선량한 백성들도 거리로 나서 민주화를 외쳤다. 이승만 정권은 그들을 향해 총을 쏘았다. 많은 희생자가 따르고 정권은 무너졌다. '4.19 혁명'이다.

뒤이어 군부가 정권을 장악하고 비약적인 국가 발전을 이루었지만, 장기 집권 독재에 항거한 '부마사태'(부산과 마산 지역의 항거)로 인해 대통령이 측근의 총에 시해당하는 역사의 전환점을 맞는다. 다시 권력에 눈먼 군인들이 정권을 잡으려 하자 이에 저항하는 소위 '광주민주화운동'에서 수많은 국민이 목숨을 잃었다. 이처럼 통치자가 제아무리 무력으로 위협하여도 국민은 저항한다. 따라서 선생은 이러한 이치를 훤히 꿰뚫어 보고 있으면서 결코 자신의 권위를 드러내지 않고 오직 백성을 사랑한다며 이와 같이 썼다.

민불외위　즉대위지　무압기소거　무염기소생
民不畏威 則大威至 無押其所居 無厭其所生
　　　/ 백성이 두려워하지 않는데 협박하면 권력자에게 큰 위협民亂을
　　　가하니 백성을 무시하거나 삶을 싫증 나지 않게 해야 한다

시이성인　자지불자견　자애불자귀　고거피취차
是以聖人 自知不自見 自愛不自貴 故去彼取此
　　　/ 성인은 이를 알고 자신을 드러내지 아니하고 자애하여도 자신을
　　　귀히 하지 않으며 저것(협박)을 버리고 이것(싫증 안 나게 함)을 취
　　　한다.

　고대나 지금이나 백성을 억압하면서 정권을 오래 유지한 통치자는 없다. 절대 권력보다는 백성을 사랑하는 통치자만이 살아 남는다. 북한 미얀마 중국 러시아 등의 무자비한 통치자들도 언젠가는 오욕만 남기고 덧없는 구름처럼 사라질 것이다. 그러므로 성인은 자신을 드러내지 않는다고 하였다. 자신을 사랑하지만 귀하게 하지 않는다고 하였다. 자신의 신분과 권력을 귀하게 하려는 욕망을 버리지 않으면 추한 이름만 남기고 자멸한다. 욕망은 끝이 없는 것, 고대로부터 권력과 부귀를 누린 자들 가운데 말년을 곱게 보낸 이들은 없다.

下篇 / 德

제 73 장

용어감즉살 용어불감즉활
勇於敢則殺 勇於不敢則活
용감하면 빨리 죽고 참고 견디면 오래 산다

하늘의 道는 따지지 않고
바른 것을 놓치지 않는다

빨리 죽고 오래 사는 차이

　삼국지에 등장하는 관우와 장비는 죽음도 두려워하지 않는 강한 성품의 소유자였다. 용감하기로 치면 천하에 두 사람을 따를 자가 없었다. 하지만 성격이 강하면 교만하기 마련이다. 관우는 천하제일이라는 무용과 용맹을 자랑하는 인물이었지만 오나라와의 싸움에서 패하고 목이 잘려 죽었다. 무용과 용맹에 도취 돼 앞뒤 분별하지 않는 오만한 성격 때문이었다. 장비 역시 관우와 비견되는 인물이다. 오만하기로는 관우보다 더했다. 거기다가 앞뒤 분별하지 않는 난폭하고 급한 성미는 죽음을 자초하였다. 술에 취해 부하를 죽을 만큼 매질하였다가 나중에 그 부하에게 목이 잘려 죽었다. 그러나 조자룡은 달랐다. 급하지도 오만하지도 않았다. 그렇다고 무용과 용맹함은 관우 장비에 뒤지지 않았다. 그러나 참고 견디는 온유한 그 성품 때문에 천수를 다 누렸으며 자손도 번창하였다.

　조선 7대 임금 세조 때의 두 인물 신숙주와 성삼문은 선대인 세종 때부터 촉망받는 인재였다. 이들은 절친한 친구였다. 성품이 온유하고 합리적인 신숙주는 7개 국어를 할 만큼 천재적 재능을 지녔다. 성삼문은 강인한 성품에 자신의 의지에 따라 옳고 그름이 분명했다. 그런 성품의 두 사람은 세조가 단종을 폐위시키고 왕위에 오르자 극명하게 운명이 갈라졌다. 성격이 강하고 기개가 강철같은 성삼문은 박팽년, 하위지, 이개 등과 단종 복위를 모의하다가 38세에 죽임을 당했다. 그렇게 죽임을 당한 성삼문의 기개는 죽음도 불사한 용감 이상의 것이었다. 불사이군 不事二君의 충성으로 죽임을 두려워하지 않았던 성삼문을 비롯한 그들 넷을 역사는 사육신死六臣이라 하였다.

신숙주는 세조의 새 왕조에 참여함으로써 배신자라는 오명을 썼다. 하지만 신숙주는 부끄러워하지 않았다. 자신의 대의는 나라와 백성에게 있거니와 임금 개인에게 있지 않다고 천명하였다. 그리고 자신의 소신대로 나라와 백성을 위해 헌신하다가 천수를 다하고 세상을 떠났다. 그렇다면 누가 옳고 누가 그른 것일까? 하늘의 道는 누가 옳은지 따지지 않고 바른 것이 승리한다고 하였다. 성삼문과 신숙주 가운데 누가 바른 것일까? 선생은 죽임을 맡은 자는 하늘뿐이라 하였다. 옳고 그름을 따져 하늘이 싫어하는 쪽이 누구인지 속단하기 쉽지 않다. 다음 구절을 보자

용어감즉살 용어불감즉활
勇於敢則殺 勇於不敢則活
/ 물불 가리지 않고 용감하면 빨리 죽고 용감하되 어려움을 참고 견디면 오래 산다

차양자혹이혹해 천지지소악 숙지기고
此兩者或利或害 天之所惡 孰知其故
/ 이 양자(용감한 것과 그러하지 못한 것)는 혹 이롭기도 하고 혹 해가 되기도 하는데 하늘이 싫어하는 것을 누가 알겠는가?

시이성인유난지　천지도부쟁이선승
是以聖人猶難之 天地道不爭而善勝
／이에 성인은 오히려 양자(兩者 빨리 죽는 것과 오래 사는 것)를 어려워하는데 하늘의 道는 따지지 않고 바른 것이 승리하고

불언이선응　불소이자래　천연이선모
不言而善應 不召而自來 繟然而善謀
／말하지 않아도 잘 응하고 부르지 않아도 자연히 응하여 여유롭고 훌륭하게 이루려 하거니와

천망회회　소이불실
天網恢恢 疏而不失
／하늘에 그물처럼 넓고 넓게 쳐진 무위는 바른 것을 놓치지 않고 소통시킨다

　　전쟁터에서 이성적 판단 없이 용맹스러운 장수의 무모함을 만용蠻勇이라 한다. 이길 수 없는 상대인데도 감정을 추스르지 못하거나, 타인의 부추김에 물불 안 가리면 당연히 빨리 죽는다. 반면, 참고 견디면서 만용을 부리지 않으면 전장에서도 쉽게 죽지 않는다. 사회생활에서도 마찬가지다. 이익에 현혹돼 무모하게 일을 저지르거나 호기와 만용을 부리면 실패한다. 그러나 세상살이는 참 기이하다. 신중한데도 실패하고, 호기를 부려 성공하기도 한다. 전장에서도 그렇다. '죽고자 하면 살고 살고자 하면 죽는다'는 말도 있다. 겁 없이 용맹하게 죽기 살기로 싸우면 산다는 뜻이다.

어느 쪽을 선택하든 그 결과를 놓고 보면 생각의 끝은 '운명'이라는 결론에 도달한다. 이에 대해서는 '하늘의 뜻'이라고밖에 달리 해석할 길이 없다. 선생은 이를 두고 하늘이 어느 것을 싫어하는지 알 수 없다며 의문이 서린 듯한 반문의 화두를 던졌다. '하늘의 道는 싸우지 않고도 승리하고 말하지 않아도 응한다'고 썼다. 자연에서 벌어지는 약육강식의 먹이사슬계를 무어라 말할 수 없듯이 무위에 맡기라는 뜻 같다. 그러나 동물이 아닌 인간계의 일이다. 도리를 잃지 않아야 한다. 따라서 선생은 하늘은 마땅한 도리가 저절로 응하고 훌륭하게 도모圖謀한다고 하였다. 그물처럼 광대하게 쳐진 하늘의 道는 넓고도 넓어서 무엇이건 잃지 않고 무위로 걸러낼 것은 걸러내고 펼칠 것은 펼치므로 만 가지 일이 바르게 통하지 않음이 없다는 것이다.

천도天道는 오직 곧고 바를 뿐 사심이 없다. 그 덕은 온 하늘에 그물처럼 펼쳐져 있어서 어느 것도 빠뜨리지 않고 바르게 결과를 내준다. 같은 것을 두고 이익이 되기도 하고 해가 되기도 하는 알 수 없는 운명을 공자는 '명'命:하늘의 뜻이라 하고, 맹자는 '하늘의 뜻을 가르치는 것'이라 하였다. 그러한 하늘의 뜻을 속인이 어찌 알 수 있으랴! 득도한다면 혹시 알 수 있지 않을까? 이에 대해 필자가 의명보감醫命寶鑑:동양의학과 명리학, 그리고 수행론을 집대성한 저서에 음양오행론으로 하늘의 뜻에 대하여 자세히 풀이하였다.

제 74 장

_{상유사살자살}
常有司殺者殺
항상 죽임을 맡은 자만이 죽일 수 있다

누가 감히 죽임을 맡아 죽일 수 있는가?

선생이 생명의 고귀함을 설說한 장이다. 일본이 한때 한반도를 점령하여 통치하던 시기에 우리 백성들을 죽음으로 협박하였다. 그런데도 안중근 윤봉길 의사를 비롯한 수많은 독립군은 죽음을 두려워하지 아니하고 싸웠다. 안중근 의사는 당시 이토 히로부미(伊藤博文)를 권총으로 쏘아 죽였다. 윤봉길 의사는 일본의 육군과 해군 사령관을 폭탄을 던져 죽였다. 그러자 일본의 법원은 두 의사를 테러리스트로 규정하고 사형에 처했다. 선생은 죽임을 맡은 자만이 죽일 수 있다고 하였다. 죽임을 맡은 자란 직접 죽이는 망나니이고, 망나니 뒤에는 사형을 결정하는 판사가 있을 테고, 또 그 뒤에는 생사여탈권生死與奪權을 쥔 권력자가 있다.

그러나 선생이 말하는 죽임을 맡은 자는 사형을 집행하는 망나니도 판사도 권력자도 아니다. 오직 하늘밖에 없다고 하였다. 망나니 판사 권력자는 대행자에 지나지 않는다. 그러면 그들이 하늘의 명을 받은 죽임의 대행자 권한으로 두 의사를 죽였는가? 아니다. 저들의 잣대로 죽였다. 여기에서 두 가지 옳고 그름이 극명하게 나타난다. 우리 입장에서 두 의사의 살인은 정당하다. 침략하여 갖은 악행을 다 저지른 자를 처벌함은 정의다. 그런데 일본은 테러리스트란 죄목으로 두 의사를 죽였다. 하늘의 道는 어느 쪽을 옳다고 할까? 선생의 말을 따르자면 양쪽 다 옳지 않다. 죽일 수 있는 권한은 하늘밖에 없기 때문이다. 이에 대하여 석가모니 붓다의 이야기에서 답을 찾아보려 한다.

한 사람이 붓다에게 물었다.
"만약 여인들만 사는 마을에 범같이 사납고 포악한 강도가 여인들을 납치해 능욕하고 죽인다면 그 강도를 죽여야 옳습니까? 살려두어야 옳습니까?"
붓다가 망설임 없이 대답했다.
"죽여도 좋다!"
잔악하기 그지없는 강도를 그대로 두면 많은 희생이 따르니 하늘이 하지 않는 죽임을 인간이 대행하라는 뜻과 같다. 하지만 붓다가 실제 그 일을 해결할 임무를 맡았다면 과연 강도를 죽이라고 명령했을까? 아마도 그러지 않았을 것이다. 사람을 99명이나 죽인 앙골라말리를 개과천선 시켜서 천상에 오르게 하였듯, 강도를 설복하여 제자로 삼았을 것 같다. 그렇다면 과연 어떠한 생각이 옳을까? 사람이 하늘을 대신할 수 있다는 것과 죽임은 오직 하늘밖에 할 수 없다는 선생의 생각을 어찌 판단해야 할까? 인과응보의 논리를 적용해보아도 명쾌하지 못하다. 하늘이 죽임의 권한을 실행할 때는 마땅히 죽을 만한 죄를 지은 자에 대한 응보 또는 천수를 다한 자에 대한 자연스러운 죽음일 것이다.

하지만 사람은 그럴 권한이 없다. 그러함에도 인간 세상에서는 죄악이 무거워 부득이 죽여야 할 자를 죽인다면 아무도 이의를 제기하지 않는다. 그러나 인간의 죽임은 하늘의 뜻에 반하므로 어찌 판단해야 할까? 사후에 혹은 다시 태어나서의 응보를 받는다는 가설이 맞는다면 죽여야 할 자를 인간이 죽이는 것보다 하늘의 뜻에 맡기는 것이 옳을 것 같다. 인과응보는 현세에서 아니면 죽음 이후에 반드시 있어야 하고, 또 기필코 있게 될 테니까! 그래서일까? 선생의 생각은 이러하다.

_{민불외사 나하이사구지 약사민상외사 이위기자}
民不畏死 奈何以死懼之 若使民常畏死 而爲奇者
/ 백성이 죽음을 두려워하지 않는데 어찌 죽임으로 위협할 수 있는가? 죽임의 위협을 두려워하지 않는 기이한 자를

_{오득집이살지숙감 상유가살자살 부대사살자살}
吾得執而殺之孰敢 常有司殺者殺 夫代司殺者殺
/ 그대가 위협하여 누구를 감히 죽일 수 있는가? 늘 죽임을 맡은 자(하늘)만이 죽일 수 있다

_{시위대대장착 부대대장착자 희유불상수의}
是謂代大匠斲 夫代大匠斲者 希有不傷其手矣
/ 하늘의 권한을 대행하여 죽이는 자는 목수 아닌 자가 나무를 깎는 자라 하거니와 목수를 대신해 나무를 깎는 자치고 손을 상하지 않는 자는 드물다.

죽일 수 있는 권한을 가진 자는 오직 하늘뿐이다. 그런데도 누가 감히 죽일 수 있는가? 만약 하늘을 대신해 죽인다면 마치 목수가 아닌 자가 나무를 깎는 것과 같아서 반드시 손을 다친다고 하였다. 손을 다친다는

것은 행위에 대한 죗값이다. 죗값은 카르마의 찌꺼기로 남아 사라지지 않는다. 그러기에 선생의 생각은 결국 그물처럼 촘촘히 처진 하늘의 뜻에 따라 응보의 벌을 받고야 만다는 뜻이 아닐까?

하늘의 뜻을 누구보다도 잘 헤아리는 이는 성인일 것이다. 이천오백여 년간 변함없이 성인이라 칭송받는 자가 죽임을 명령했다면 어떻게 될까? 놀랍게도 공자가 그런 인물이었다. 공자는 왕으로부터 권한을 부여받은 죽임의 대행자로서 권한을 행사하는 데에 거리낌이 없었다. 사람을 여럿 죽이도록 직접 명령하였다.

제나라 임금과 노나라 임금이 국사를 논의할 때였다. 공자는 노나라 신하 자격으로 회합에 참석하였다. 두 임금은 즐겁게 대화를 나누고 뜻을 함께하기로 약속하였다. 이어 축하하는 뒤풀이가 벌어졌다. 제나라 관리들은 광대 패거리들을 불러 여러 가지 재주를 부리게 하였다. 광대들의 옷차림이 기괴하고 재주 부리는 모양이 여간 우습지 않아서 모두 즐거워하였다. 그때였다. 허리에 큰 칼을 찬 키가 큰 남자가 벼락같이 호통을 쳤다. 그리고 제나라 임금 앞으로 성큼성큼 걸어갔다.
공자였다. 공자는 옆구리에 찬 큰 칼집을 한 손에 움켜잡고 광대들을 소리 높여 꾸짖었다. 천박한 것들이 기괴한 옷차림으로 괴상한 춤을 추어 두 임금을 능멸하였으니 용서할 수 없다고 하였다. 그리고 제나라 임금을 향해 눈을 부릅뜨고 천박한 광대들을 한 명도 남김없이 죽이라고

윽박질렀다. 제나라 임금은 가까이서 칼집을 잡고 협박하는 공자에게 위험을 느끼고 할 수 없이 광대들을 모조리 죽이라 명령하였다. 공자는 광대들을 불러 춤추게 한 제나라 관리들도 죄를 물어야 한다며 죽이라 하였다. 제나라 임금은 마지못해 행사를 준비한 신하들까지 죽여야만 했다. 공자의 뜻에 따라 수십 명의 허리가 잘리는 극형에 처해졌다. 귀한 신분인 임금 앞에서 천박한 광대가 괴상한 몸짓으로 노는 것이 예에 어긋난다는 것이 이유였다.

그 후에도 공자가 또 한 번 사형을 명령한 일이 있었다. 당시 50대 나이의 공자는 노나라 법을 세우고 집행하는 법무부 장관쯤 되는 권좌에 있었다. 노나라 귀족 소정묘小正卯라는 사람이 남을 업신여기며 횡포를 부리기 일쑤였다. 예의도 없고 행실도 불량했다. 그런 소정묘를 가만히 지켜볼 공자가 아니었다. 훈계하거나 감옥에 가두어 개과천선의 기회도 주시 않았다. 능지처참陵遲處斬:머리, 몸통, 팔, 다리를 네 토막 내 죽임하라 명령하였다. 성인이라 칭송하는 공자의 살인 명령이 과연 옳은 것일까? 물론 못된 천성은 버리기 어렵다. 그렇지만 살인을 한 것도 아니고 나라를 배신하거나 도적질을 한 것도 아닌데 예라는 규범의 잣대로 죽임이 옳은 것일까? 선생의 말대로라면 공자는 목수가 아닌 자가 나무를 깎다가 손을 다치는 자에 해당이 된다.

下篇 / 德

제 75 장

시이기민지난치
是以饑民之難治
굶주리는 백성을 유위로 다스리기 어렵다

무위로 다스림이
백성의 삶을 귀하게 한다

권력자가 세금을 많이 걷는 것은 탐욕 때문이다. 권력을 유지하기 위해 공직자를 많이 거느린다. 그만큼 세 부담은 늘어나 백성의 삶은 피폐해진다. 나라는 혼란에 빠지고, 백성은 죽음도 가볍게 여기고 반기를 든다. 따라서 백성을 무위로 다스리는 것이 백성의 생명과 삶을 귀하게 하는 덕행이다. 그러기에 선생은 이렇게 썼다.

민지기   이기상식세지다
民之饑 以其上食稅之多 / 백성의 굶주림은 권력자가 많은 세금으로 녹봉
         을 많이 받기 때문이다

시이기   민지난치
是以饑 民之難治　　　/ 굶주리는 백성을 다스리기란 어렵거니와

이기상지유위   시이난치
以其上之有爲 是以難治 / 권력자가 유위로 백성을 다스리기는 어렵다

민지경사   이기상구생지후   시이경사
民之輕死 以其上求生之厚 是以輕死
        / 백성이 생명을 경시하는 것은 권력자의 힘에 짓
         눌려 삶이 겨워서이니

부유무이생위자   시현어귀생
夫唯無以生爲者 是賢於貴生
       / 오직 무위로 다스림이 백성의 삶을 귀하게 하는
        어진 덕행이다

권력자는 자신을 옹호해줄 인력을 채우기 위한 공무원을 많이 채용한다. 그러한 권력자는 공무원의 일탈을 적당히 묵인함으로써 그들로부터의 지지와 지원을 받으려 한다. 거기다가 민심을 얻으려고 갖가지 명분을 내세워 많은 돈을 국민에게 나누어주기도 한다. 대개 돈을 받은 사람들은 그것이 공짜인 줄 알고 권력자를 고마워한다. 하지만 그 돈이 악화惡貨가 되어 나중에는 나라 전체가 궁핍해진다는 사실을 생각하지 않는다.

권력자의 꼼수에 놀아난 백성은 나중에 궁핍한 삶에 내몰린다. 그때 가서 땅을 치고 후회한들 되돌리기 어렵다. 결국 삶에 의욕을 잃고 자포자기에 빠져 민란을 일으키기도 한다. 세계 곳곳의 가난한 나라 통치자와 그 백성이 선생이 써놓은 이 장을 읽으면 아마도 회한으로 가득 찬 가슴을 아프게 두드리며 통탄할 것 같다.

조선 말엽에는 하급 관리들이 출세를 위해 상급 관리에게 바칠 뇌물을 백성들로부터 갈취했다. 진상進上을 명분으로 재산을 뺏기도 했다. 높은 관리들은 하급 관리들이 백성을 탈취하도록 압력을 가하였다. 그 결과 나라는 피폐해지고 민심이 폭발하여 민란이 일어났다. 1867년, 임술년 충청 전라 경상 70여 군현에서 백성들이 일어났다. 1894년 갑오년에 이르러 동학농민혁명이 터진다. 지배층은 청나라 군대와 일본군을 끌어들여 농민군을 진압한다. 결국 조선은 일본에게 망하고 말았다.

下篇 / 德

제 76 장

견강자사지종 유약자생지종
堅强者死之從 柔弱者生之徒
굳고 강하면 죽음이고 부드러우면 삶이다

여린 것은 위에,
강한 것은 아래에 있다

아이는 앞으로 오래 살고, 나이 든 사람은 그렇지 않다. 왜 그런가? 아이는 뼈와 살이 연하고 부드럽지만 노인은 뼈와 살이 딱딱하고 굳어서 오래 살지 못하는 것이다. 체질적으로 뼈와 살이 연하고 부드러우면 수분과 생명의 정기가 충만하고 혈액순환이 잘 된다. 뼈와 살이 딱딱한 것은 수분이 줄고 정기가 고갈되어 혈액이 잘 전달되지 않기 때문이다. 그런 의미에서 초목도 봄의 초목은 여리고, 여름의 초목은 성성하고, 가을 초목은 굳고, 겨울 초목은 딱딱하고 마른다. 사람과 동물 역시 어릴 때는 부드럽고 청소년에는 왕성하고 늙어서는 피부가 마르고 뼈가 굳고 딱딱해진다.

사람의 성질도 그러하다. 성질이 경직되면 쉽게 꺾이고 노화도 빠르게 진행된다. 성질이 유연하고 부드러우면 몸도 부드러우며 노화가 늦게 진행되므로 수명이 길다. 부드럽고 유연하기로는 물만 한 것이 없다. 물은 세상에서 가장 약하면서도 가장 강한 것이다. 다이아몬드를 세공할 때 수압으로 다듬는다. 이치가 이러하므로 선생은 이렇게 썼다.

인지생야유약 기사야견강
人之生也柔弱 其死也堅强   / 사람이 살아서는 부드럽고 유연하지만 죽어서는 굳어져서 단단해진다

<small>만물초목지생야유취　　기사야고고</small>
萬物草木之生也柔脆 其死也枯槁 / 만물과 초목도 살아서는 부드럽고 유
연하지만 죽어서는 굳고 마른다

<small>고견강자사지도　　유약자생지도</small>
故堅强者死之從 柔弱者生之徒 / 굳고 강한 것은 죽음을 쫓는 것이고 부
드럽고 연약한 자는 삶을 쫓는 것이다

<small>시이병강즉불승　　목강즉절</small>
是以兵强則不勝 木强則折 / 그러므로 군대가 굳센즉 이기지 못하
거니와 나무도 굳세면 부러진다

<small>강대처하　　유약처상</small>
强大處下 柔弱處上 / 강한 것은 아래에 있고 부드러운 것은
위에 있다

크고 강한 것은 아래에 있고, 부드럽고 약한 것은 위에 있다는 뜻은 무엇을 의미하는가? 나무는 위로 올라갈수록 가늘고 유연하다. 넘어지지 않고 바로 서 있으려면 아래 몸통이 굵고 강해야 한다. 큰바람이 불어도 가느다란 윗가지는 휘어질 뿐 부러지지 않는다. 높은 건물을 세울 때도 아래는 크고 강하게 하고 위로 갈수록 작고 가늘게, 그리고 부드럽게 해야 무너지지 않는다. 굳센 것은 양陽이고 부드럽고 유연한 것은 음陰이다. 그처럼 아래에 있는 병사는 강하고 위에 있는 지휘자는 부드럽고 유연해야 한다. 강한 군대는 유연성이 있는 군대를 이기지 못한다. 이 모든 이치가 음양의 균형을 의미한다. 주지하다시피 음양은 만물 탄생의 근원이자 끝이다. 우리 몸도 음양이 조화로워야 병 없이 오래 산다.

이러한 논리는 인간사에도 적용된다. 강한 성격도 부드러움이 공존할 때 올곧은 인격이 갖추어진다. 초나라 항우는 천하에 당할 자가 없는 힘을 지녔지만 흉포하고 잔인했다. 항우는 전쟁에서 이기면 포로를 모두 죽였다. 심지어는 20만 명이나 되는 포로를 땅에 묻어 죽이기도 하였다. 반면, 한나라 유방은 항우와 싸워서 이긴 적이 없었을 정도로 유약하였다. 그러나 온유한 인물이었다. 포로를 자신의 군대에 편입시키기도 하였다.

　한나라와 초나라의 마지막 전투에서 유방의 군대가 항우의 군대를 포위하였다. 유방은 항우의 힘과 용맹이 무서워 함부로 싸우지 않았다. 대신 고요한 밤에 병사들에게 초나라 노래를 부르게 하였다. 전쟁에 지쳐 고향을 그리워하던 초나라 병사들은 사방에서 들려오는 고향 노래를 듣고 눈물을 흘렸다. 전의를 잃은 병사들은 병영을 이탈했다. 따라서 싸우지 않고 심리전을 펼친 유방이 승리할 수 있었다. 싸움에 패한 항우는 30세의 젊은 나이에 자결하고 말았다. 강하기만 한 항우가 사방에서 들리는 고향을 그리워하는 슬픈 노래 때문에 망했다 하여 사자성어로 사면초가四面楚歌라 한다.

下篇 / 德

제 77 장

천지도손유여이포부족
天地道損有餘而補不足
천지 道는 부족한 데에 보탠다

천하에 누가 부족한 것을 채워주는가?

하늘과 땅의 道는 남는 것을 부족한 것에 보태어 준다. 이른바 천도는 항상 치우침이 없는 중용의 덕으로 천하를 건강하게 안정시킨다는 뜻이다. 가뭄이 심해 땅이 마르면 하늘은 비를 내려준다. 홍수가 지면 물을 증발시켜 구름에 담아둔다. 사계절도 그와 같다. 봄이면 겨울에 소모한 양기를 보충해주고, 여름에는 초목을 무성하게 길러준다. 가을에는 여름에 고갈된 음기를 채워서 서늘한 기운으로 곡식을 익게 한다. 겨울에는 열기를 물리치고 음기로 만물을 편히 쉬게 해준다. 그렇게 사계절의 육기六氣로 삶과 늙음과 질병과 죽음을 윤회시킨다. 육기란 추위(寒), 바람(風), 습(濕), 더위(暑), 조(燥), 건(乾)의 여섯 가지 기氣의 명칭이다.

하지만 인간은 오히려 부족한 것을 덜어서 남는 것에 보탠다. 국민의 생활이 가난한데 물가를 올리고 세금을 더 거두어서 부유한데 보탠다. 넓은 집에 살면서 여러 집을 사고팔아서 재산을 불린다. 부자가 가난한 자의 재산을 빼앗아 제 배를 채우기도 한다. 그리 보면 인간은 道의 자식이면서 道를 배신하는 불의한 자라할 수 있다. 욕심은 한도 없고 끝도 없는 것 같다. 이익에 혈안이 된 삭막한 요즘 세상에 누가 있어 부족한 이웃에 보탬이 되어줄까? 선생은 이렇게 썼다.

<small>천지도　기유장궁여</small>
天地道 其猶張弓與　　／ 천지의 道는 활시위를 메는 것과 같다

<small>고자억지　하자거지</small>
高者抑之 下者擧之　　／ 시위가 높으면 누르고 시위가 낮으면 높인다

<small>유여자손지　부족자보지</small>
有餘者損之 不足者補之　／ 남는 것은 덜어주고 부족한 것은 채워준다

<small>천지도　손유여이보부족</small>
天地道 損有餘而補不足　／ 그와 같이 천지의 道는 부족한 것을 채워주는데

<small>인지도즉불연　손부족이봉유여</small>
人之道則不然 損不足以奉有餘
　　　　　　　　　　／ 사람의 道는 그렇지 않다. 부족한 것을 덜어서 남는 것에 보탠다

<small>숙능유여이봉천하</small>
孰能有餘以奉天下　／ 누가 있어 천하를 받들어 부족한 것을 채워주는가?

<small>유유도자　시이성인　위이불시</small>
唯有道者 是以聖人 爲而不侍
　　　　　　　　　　／ 오직 천도를 행하는 자 성인이 부족한 것을 채워주되 내세우지 않는다

<small>공성이불처　기불욕견현</small>
功成以不處 其不欲見賢　／ 공을 이루고도 채워준 그곳에 머물지 않으며 자신이 어질다고 하지 않는다

　활을 쏠 때 활시위가 낮으면 화살이 과녁 아래에 떨어지고, 시위가 높으면 과녁 위로 넘어간다. 그러므로 시위가 낮으면 높이고, 높으면 낮추

어야 과녁을 맞힐 수 있다. 그처럼 천지의 道는 부족한 것은 채워주고 남는 것은 덜어준다. 반대로 인간의 욕심은 부족한 것을 덜어서 남는 것에 채워주므로 마치 과녁을 벗어난 화살처럼 道와 멀어진다. 그러므로 道를 지닌 성인은 남는 것을 부족한 것에 채워주는 덕을 베풀고도 자신의 공이라 생각하지도 않으며, 이룬 공덕에 머물지도 아니하고 초연하다.

下篇 / 德

제 78 장

천하막유약어수
天下莫柔弱於水
천하에 물만큼 부드럽고 약한 것은 없다

연하고 약한 것이
강하고 굳셈을 이긴다

선생은 전쟁이 없는 이상향을 상상했던 것 같다. 태풍은 굳세고 강한 나무를 넘어뜨리고 굵은 가지를 꺾지만 가녀리고 유약한 끝 가지는 꺾지 못한다. 대나무나 억새 풀은 휘어지게 할 뿐 넘어뜨리지 못한다. 물은 쇠망치로 내려쳐도 부서지지 않고 칼로 베어도 베어지지 않는다. 그러나 가녀린 물줄기가 바위를 뚫고 쇠붙이도 자른다. 사람 역시 강한 상대를 온유한 사랑으로 이긴다고 하였다.(67장 聖人 三寶)

그러나 예나 지금이나 현실 세계는 그렇지 않다. 먹이사슬 법칙은 인간 세상에도 있다. 탐욕이 사라지지 않는 한 약한 자가 강한 자를 이기기 어렵다. 이해와 타협의 道가 물처럼 흐르면 붓다나 그리스도처럼 부드럽고 온유함으로 굳세고 강성함을 이길 것이다. 그리하면 이화세계理和世界의 꿈은 이루어진다. 그러나 인류가 사랑이 물처럼 흐르는 때를 만날 수 있을까? 그러한 세상을 그리워하며 선생의 이상향을 읽어보자

천하막유약어수   이공견강자   막지능승
天下莫柔弱於水 而攻堅强者 莫之能勝
／ 천하에 물만큼 유약한 것은 없다. 하지만 견고하고 강한 것을 이긴다

^{이기무이이지 약지승강}
以其無以易之 弱之勝强 / 그런 까닭은 굳세고 강한 것이 물을 변화시킬 수
　　　　　　　　　　　　없으므로 약한 것이 강한 것을 이기는 것이다

^{유지승강 천하막불지 막능행}
柔之勝剛 天下莫不知 莫能行
　　　　　　　　　　　　/ 부드러운 것이 굳센 것을 이긴다는 사실을 천하
　　　　　　　　　　　　사람들은 알지도 못하고 해보지도 않는다

^{시이성인운 수국지구}
是以聖人云 受國之垢　/ 성인이 일러주기를 나라의 온갖 부끄러운 것을
　　　　　　　　　　　　받아들이면

^{시위사직주 수국불상시위천하왕}
是謂社稷主 受國不祥是謂天下王
　　　　　　　　　　　　/ 조정의 주인이라 하고 나라에 상스럽지 못한 것
　　　　　　　　　　　　을 받아들이는 것을 천하의 왕이라 한다

^{정언약반}
正言若反　　　　　　/ 바른말은 바르지 않은 것 같다

　약한 것이 강한 것을 이긴다는 선생의 지론은 평화를 희망하는 이상향일 것이다. 그런데 '온갖 부끄러운 것을 받아들이는 자가 진정한 왕'이라는 구절과 '상서롭지 못한 것을 받아들이는 것이 진실로 천하의 주인'이라는 구절은 이해가 쉽지 않다. 이 두 구절은 뒤집어서 생각해야 바른 답이 나온다.

　붓다는 한평생 구걸로 연명하며 진리를 설파하였다. 당시 붓다는 여러 나라 왕들로부터 지극한 존경을 받고 있었으므로 잘 입고 잘 먹으면

서 얼마든지 편하게 설법을 할 수 있었다. 그러나 붓다는 부유하거나 빈천하거나 범죄자거나 도리를 모르는 시정잡배를 가리지 않고 시주를 받았다. 차례로 일곱 집만 방문해 더는 욕심내지 않았으며 좋은 음식 더러운 음식을 가리지 않았다. 그리고 그들을 구원하기 위한 설법을 죽음에 이르는 순간까지 사력을 다하였다.

자연은 깨끗하고 더럽고 흉악하고 선량하고 단정하고 혐오스러운 온갖 것들을 포함한다. 무엇이건 차별 없이 다 받아들임으로써 자연으로서의 조화와 무궁한 존재 가치가 발현된다. 누가 그리도 조화롭게 하여 천하에 온갖 덕을 베풀게 하는가? 무위한 道가 그리하는 것이다. 인간 세상도 마찬가지다. 한 나라에 백성은 머리 좋고 건강하고 학문이 높고 기술이 좋은 잘난 사람만 있는 것이 아니다. 머리가 나쁘기도 하고 건강이 쇠약하기도 하고 못 배운 사람도 있고 기술이 없는 사람도 있다. 그들 모두가 어울려서 한 나라를 구성하는 백성이 된다.

그들 백성을 잘났건 못났건 다 받아들여서 조화롭게 할 때 나라가 평화롭다. 그러므로 성인이 말하기를 온갖 부끄러움과 좋지 못한 것도 받아들이는 자가 천하의 왕이라 하였다. 부끄럽고 상스럽지 못한 것을 받아들이는 것은 분명 바르지 않다. 하지만 지도자라면 천하를 한데 아우르기 위해 그리함이 바른 것이다. 그러므로 '바른말은 바르지 않은 것 같다'고 하였다.

下篇 / 德

제 79 장

화대원필유여원
和大怨必有餘怨
깊은 원한은 화해해도 앙금이 남는다

덕이 있는 사람은
원한을 사지 않는다

농부가 소 한 마리를 기르고 있었다. 정성 들여 키운 소가 어느덧 크게 자라서 내다 팔 생각으로 우시장에 소를 몰고 갔다. 그 소를 본 소 장수가 비싼 가격인데도 별 흥정도 하지 않고 값을 부르는 대로 지불했다. 그런데 농부가 소를 소 장수에게 넘겨주는 순간이었다. 가만히 있던 소가 갑자기 발광하더니 농부를 뿔로 들이받았다. 농부는 그 자리에서 죽었다. 소 장수는 농부가 운이 없어서 죽었다고 생각하고 소를 끌고 갔다. 집으로 가는 산길에서 잠시 쉬어갈 생각으로 큰 나무에 등을 기댄 채 잠깐 눈을 붙였다. 그때 소가 갑자기 소 장수 가슴을 들이받았다. 소 장수는 그 자리에서 죽었다. 그런데 아까부터 숲속에 숨어서 소 장수를 노려보던 도적이 있었다. 소 장수가 죽는 것을 지켜보던 도적이 신이 나서 콧노래를 부르며 소를 끌고 갔다. 그런데 이번에도 소가 도적을 들이받아 죽였다. 소는 발걸음도 가볍게 숲속으로 사라졌다.

붓다가 이 이야기를 듣고 소와 죽은 사람들의 전생을 마음의 눈으로 살펴보았다. 그리고 제자들에게 말했다.

"소의 전생은 본래 선량한 농부였다. 농부는 부지런히 농사를 지어 재산도 많이 모았다. 어느 날 곡식을 판 돈을 보자기에 넣고 집으로 가는 중 잠시 쉬어가려고 큰 나무 밑에 앉았다. 그런데 도적 셋이 나타나 농부를 죽이고 돈 포대를 빼앗았다. 그 소는 전생에 돈을 빼앗겼던 바로 그 농부였다. 죽으면서 원한에 사무쳐 소로 다시 태어나 전생에 자신을 죽인 도적 셋을 차례로 죽였던 것이다"

이 이야기는 사람이 원한에 맺히면 그 앙금이 얼마나 집요하고 무서운지 잘 보여준다. 누군가에게 원한에 사무치는 짓을 하면 상대방은 반드시 원한을 갚는다는 인과응보의 교훈이다. 죽어 다시 태어나서도 기어코 원한을 갚고야 마니 인간의 집요한 한풀이가 현세에도 반복되고 있는 것은 아닐까? 한탄스러운 생각이 든다. 그러기에 내세에 자신의 인생을 망치지 않으려면 원한을 쌓지 않아야 한다. 그런 세상을 꿈꾸며 다음 구절을 보자

화대원필유여원　안가이위선　시이성인집좌계
和大怨必有餘怨 安可以爲善 是以聖人執左契
/ 큰 원한은 화해해도 앙금이 남으니 어찌 좋다고 할 수 있겠는가? 이에 성인은 채권만 쥐고 있다

이불책어인　유덕사계　무덕사철
而不責於人 有德司契 無德司徹
/ 덕이 있으면 계약서만 맡아놓고 덕이 없으면 채권을 행사하거니와

천도무친　상여선인
天道無親 常與善人 / 하늘 도는 사사로움이 없이 착한 이를 돕는다

원한을 맺지 않는 것이 최선이지만 보통 사람에게는 쉽지 않은 일이다. 세상사는 이해관계로 얽혀있고, 이익을 위한 투쟁이 만연해있으니 전혀 원한을 맺지 않기란 어렵다. 그리고 원한이 응어리지면 원한을 갚으려고 음모를 꾸민다. 원한은 원한을 낳는다. 원한을 갚았다 해도 응보가 심하면 상대방이 원한을 품는다. 원한이 원한을 낳는 악순환이 거듭되는 것이다. '네 원수를 네 몸과 같이 사랑하라'는 예수 그리스도 정신이 없고서야 어찌 맺힌 원한의 앙금을 쉬이 풀 수 있으랴!

성철 종정이 쓴 <영원한 자유인>이라는 책에 필부가 원수를 존경함으로써 원한을 푼 이야기가 있다. 경상남도 진주의 어느 여인 이야기다. 그녀는 남편과 자식들을 위해 헌신하며 살았다. 그런데 어느 날 갑자기 남편이 가정을 버렸다. 바람을 피우기 시작했다. 그것도 다른 여자를 집안에 끌어들이기도 하다가 나중에는 아내와 아이들을 나 몰라라 하고 아예 집을 얻어 다른 여자와 살림을 차렸다. 그녀는 아이들을 홀로 키웠다. 여자가 한을 품으면 온 유월에도 서리가 내린다는 말이 있다. 그녀도 남편을 뼛속 깊이 한을 품고 살았다. 그렇게 단 한마디도 말을 섞지 않고 30년이란 세월을 지냈다.

토굴에서 수도하고 있던 성철 종정을 찾아온 여성 한 무리가 있었다. 그녀들 사이에 그녀도 함께 있었다. 성철 종정과 담소를 나누던 중 그녀는 30년이나 골수에 맺힌 원한을 털어놓았다. 듣고 있던 성철 종정이

'내가 하라는 대로 하겠냐'고 물었다. 그녀는 말없이 고개를 끄덕였다. 성철 종정이 다시 말했다. 부처님 앞에 삼천 배를 하고 오라는 명령이었다. 그녀는 두말없이 일어나 지쳐 쓰러질 만큼 힘든 삼천 배를 마치고 종정 앞에 앉았다. 그녀의 마음은 전에 없이 차분하고 정신이 맑았다. 종정은 그녀가 마음의 안정을 찾은 듯하여 이렇게 말했다.

"지금 당신은 남편이 작은 부인을 얻어서 당신을 이렇게 만들고 괄시를 했다는 원한이 맺혀서 30년 동안 말 한마디 안하고 원한을 품고 살았지요. 그것은 참 잘못된 생각입니다. 당신 남편도 본래는 부처님과 조금도 다름이 없는 착한 사람입니다. 오늘 돌아가는 길에 당신 집으로 곧장 가지 말고 술과 좋은 안주를 사서 작은 부인 집으로 찾아가십시오. 그리고 술상을 차려서 남편 앞에 공손히 갖다 놓고 큰절을 한 뒤에 무릎을 꿇고 이렇게 말해보세요. '서방님 제가 죽을죄를 지었습니다. 수도하는 어느 승이 말하기를, 서방님은 본래 참으로 부처님 같은 분이라 하셨습니다. 제가 그걸 모르고 여태 미워하고 증오하였습니다. 그 허물이 너무나 큽니다. 부디 용서하시기 바랍니다.'하고 말하면 당신은 참 부처님을 만나게 될 것입니다."

그녀는 종정이 하라는 대로 하였다. 그 말을 들은 그녀의 남편은 어안이 벙벙하여 마누라가 정신이 돌았다고 생각했다. 그리고 하도 어이가 없어서 소리쳤다.

"도대체 어떻게 된 것이오? 내가 부처님 같은 사람이라니?"

"통영 토굴에서 수도하시는 한 스님이 말씀하셨습니다. 당신같이 착한 사람이 없다고 하시면서 당신을 부처님과 꼭 같은 어른이라고 하셨지요. 그래서 제가 당신이 부처님이라 생각하고 절을 올렸습니다."

그녀는 조금도 흔들리지 않고 조용히 말했다. 그 말을 들은 남편은 진심으로 뉘우치고 그날 이후로 크게 발심하여 불교에 귀의하였다. 그녀가 절에 새벽 기도하러 갈 때면 꼭꼭 따라다니며 30년간 못다 한 사랑을 보상이라도 하려는 듯 성심을 다했다. 후일 그는 진주 신도회 회장이 되어 아내와 함께 일생을 바쳐 공덕을 쌓았다. 원수를 무조건 사랑하는 것은 실로 하늘에 별을 따는 만큼 어려울 것이다. 하지만 자비심을 가지면 본래 착한 본성이 나타나 그 여인처럼 원한의 앙금을 풀고 원수를 사랑할 수 있을 것이다.

자비慈悲란 그릇된 상대방을 측은히 생각함으로써 일어나는 사랑의 감정이다. 그러는 것이 원한의 앙금을 남기지 말라는 실천적 교훈이 아닐까? 남편에게 잘못을 갚도록 강요하지 않았다. 오히려 고개 숙이고 절까지 하였으니 채권자인 그녀는 잘못을 저지른 채무자 남편을 개과천선시킴으로써 되레 선업善業을 쌓았던 것이다. 이에 하늘은 그녀에게 사랑을 되찾아주는 덕을 베풀었음은 물론, 남편까지 선업을 쌓도록 이끌었으니 착한 이를 돕는 하늘의 道를 어찌 따르지 않으랴!

下篇 / 德

제 80 장

원시회귀낙
原始回歸樂
원시로의 회귀는 다툼이 없고 화평하다

누추한 거처도 편안하고
풍속이 즐겁다

원시로 돌아갔을 때의 즐거움을 서사시로 읊은 것 같은 내용이다. 선생은 세속을 떠나 자연으로 돌아가면 거친 음식도 맛있고 해진 옷도 아름답게 여겨진다고 하였다. 아마존의 원시인들이 잡은 짐승을 거친 대로 먹고 풀잎으로 지은 집에서 세상 걱정 없이 여유롭게 살아가는 모습이 상상된다. 하지만 이는 어디까지나 낭만적인 이상향일 뿐 현실에서는 불가능하다. 인간은 진화를 갈망하는 사회적 동물이다. 짐승도 무리 지어 서로를 의지하고 생활할 때 안전하고 덜 외롭고 수명도 길어진다. 선생 정도면 외로움을 즐기면서 행복이 충만한 삶을 영위할 수는 있을 것이다. 하지만 진화하는 문명을 버리고 초연히 살아가는 것만이 최선의 삶이라 단정할 수는 없다. 따라서 이 장을 잘 못 해석하면 무정부주의자가 될 수도 있다. 무위는 적극적으로 세상을 살아가는 것이니 설사 속인일지라도 자신의 업을 즐거워하고 덕을 베풀면서 최선을 다해 살아가는 삶 또한 道를 행함이니 어찌 행복이 적다고 할 수 있으랴! 선생의 이상향은 다음과 같이 이어진다.

소국과민　사유십백지기이불용
小國寡民 使有什伯之器而不用 / 나라가 작고 백성이 적으면 여러 가지 기구(兵器)를 쓸 필요가 없다

<small>사민중사이불원도　수유주여</small>
使民重死而不遠徒 雖有舟輿 / 백성은 목숨을 무겁게 여기어 무리 지어 멀리 나가지 않아도 된다. 비록 배와 수레가 있다 하여도

<small>무소승지　수유갑병</small>
無所乘之 雖有甲兵 / 타고 갈 곳도 없고 갑옷과 병기가 있다 하여도

<small>무소진지　사인부결승이용지</small>
無所陳之 使人復結繩而用之 / 사람들로 하여금 진열해 놓을 필요가 없을 것이며

<small>감기식　미기복　안기거　낙기속</small>
甘其食 美其服 安其居 樂其俗 / 거친 음식도 달게 먹고 해진 옷도 아름답게 여기며 거처가 누추해도 편안히 쉴 수 있고 풍속도 즐거워 한다

<small>인국상망　계견지성상문</small>
隣國相望 鷄犬之聲相聞 / 이웃 나라가 서로 바라보이고 닭이 울고 개가 짖는 소리를 서로 들어도

<small>민지노사　불상왕래</small>
民至老死 不相往來 / 백성은 늙어 죽을 때까지 서로 왕래할 일도 없다

나라가 작고 백성이 적다는 것은 부족국가를 뜻한다. 부족끼리 모여 사니 병기를 들고 싸울 일도 없다. 그러니 적의 공격을 피해 목숨을 부지하고자 멀리 떠날 일도 없다. 멀리 떠날 일도 없으니 타고 떠날 배와 수레도 필요 없다. 그리고 갑옷과 병기가 있어도 싸울 일이 없으니 무기

고에 진열해 놓을 필요도 없다. 싸울 일도 없고 죽음을 두려워할 일도 없으니 법을 만들어 백성을 다스리지 않아도 된다. 실로 무정부주의를 대표하는 말이요 무위자연의 절정을 기술한 구절이다. 법이 없어도 살 수 있는 순박한 사람들이 모여 살고 거친 음식도 맛있게 먹고, 누더기를 입어도 부끄러워할 일도 없으니 지상낙원이 따로 없다. 거기다가 누추한 집에 살면서 전해지는 풍속을 즐기며 살아가는 모습은 얼마나 평화로운가! 한 폭의 수채화를 보는 듯하다.

초가삼간에 살면서 흐르는 냇물에 옷을 빨아 널고 나물 캐어 밥을 짓고 호롱불 아래서 오순도순 살아가는 어느 부부의 소박한 삶을 노래한 우리의 옛날 가요를 생각나게 한다. 더없이 평화롭고 아름다운 삶이다. 그러나 필자는 생각한다. 그런 삶은 어디까지나 그리워할 만한 가치가 있기는 하다만 되돌릴 수는 없지 않은가? 비록 좋은 집에서 좋은 음식 먹고 좋은 옷 입고 살더라도 道를 알고 소박한 마음가짐으로 살아가는 것도 선생의 뜻과 부합되지 않을까? 이상향은 이상향대로 남겨두고 道의 본색을 잊지 않고 웬만큼 삶에 적용하면서 살다 보면 순박한 본성의 삶을 영위할 수 있을 것이다.

下篇 / 德

제 81 장

신언불미
信言不美
믿음이 있는 말은 아름답지 않다

성인은 유위로 하지만
다툼이 없다

진실하지 못한 자들이 현란한 몸짓과 언변으로 자신을 잘 포장한다. 그리고 상대방을 유혹한다. 사람들은 그런 유혹에 솔깃해져서 자신도 모르게 속는다. 속는 이유를 보면 반드시 거짓된 자가 던져놓은 이익이란 미끼를 덥석 물어버리는 데서 비롯된다. 화려하게 잘 꾸민 말에 바르게 들을 수 있는 귓구멍이 닫혀버리기 때문이다.

　　거짓된 행각은 지식인이라 자처하는 자들에게서 더 많은 것 같다. 미디어를 통한 현란한 언변과 몸짓으로 진실을 호도하는 자들이 비일비재하다. 보통 언변이 뛰어난 자는 훌륭하지 않다. 그들은 소양을 갖춘 지식인이라 자처하지만 그 말을 믿으면 위험하다. 우리는 선생의 교훈을 귀담아 새겨두고 바르게 듣고 보고 바르게 판단하는 이성적 소견을 갖추는 데 힘써야 한다. '진실한 사람의 말은 화려하지 않으며 깎지 않은 통나무처럼 군더더기 없이 질박하다' 이 뜻 다시 한번 되새기면서 선생이 남긴 道의 세계를 서사시처럼 쓴 도덕경의 마지막 구절을 보자.

> 신언불미　미언불신
> **信言不美 美言不信** / 믿음이 있는 말은 아름답지 않고 아름다운 말은 믿음이 없다

<small>선자불변 변자불선</small>
善者不辯 辯者不善 / 훌륭한 사람은 언변이 뛰어나지 않고 언변이 뛰어난 자는 훌륭하지 않다

<small>지자불박 박자부지</small>
知者不博 博者不知 / 정말로 아는 자는 박식하지 않고 박식한 자는 알지 못한다

<small>성인불적 기이위인기유유</small>
聖人不積 既以爲人己愈有 / 성인은 쌓아두지 않고 타인을 위함으로써 자신이 넉넉해진다

<small>기이여인 기유다</small>
既以與人 己愈多 / 원래부터 타인에게 나누어 주고도 남아도니

<small>천지도 이이불해</small>
天地道 利而不害 / 천지의 道는 이롭게 할 뿐 해를 주지 않는다

<small>성인지도 위이부쟁</small>
聖人之道 爲而不爭 / 성인의 道는 위하지만 다툼이 없다

더 부연할 것도 없고 뺄 것도 없는 간결한 문장 속에 선생의 생각이 다 들어있다. 마지막 구절에서 성인지도 위이부쟁 聖人之道 爲而不爭이라 하였다. 성인은 유위, 즉 위하기 위하여 위하지만 다툼이 없다는 뜻이다. 선생은 처음부터 끝까지 오로지 道의 무위만을 주장하였는데 어찌하여 대단원의 막을 내리면서 성인의 道를 유위(爲)로 끝맺음했을까?

천지의 道는 위하기 위해서 존재한 적이 없다. 천지는 오직 무위하여

측은지심으로 덕을 베풀지 않는다. 성인 역시 천지와 같이 무위로 덕을 베풂이 마땅하다. 그런데도 '유위로 위하지만 다툼이 없다'고 하였다. 그 까닭은 인간인 성인은 천지와 달리 감정을 가진 존재이기 때문이다. 당연히 측은지심이 있기 마련이다. 그러한 감정마저 없다면 인간이라 할 수 없다. 만약 그렇다면 자아를 상실한 이상한 인간이 아닐까? 감정이 없이 프로그램에 따라 움직이는 로봇과 다를 바 없다. 따라서 성인의 道는 유위하면서도 무위하다.

그리고 '성인은 덕을 베풀어도 베푼다는 생각도 하지 않으며, 대가를 바라지도 않고 덕을 쌓아도 공을 바라지 않으며, 때가 되면 물러날 줄 알기 때문에 성인의 유위는 천지의 무위와 다르지 않은 것이다'

"인류의 영혼을 울리고 떠난 선생을 그리워하며"

맺음말

　마지막 장을 쓰고 크게 기지개를 켜본다. 집필에 열중한 지 오늘로 4년이 좀 지났다. 시름시름 써오긴 했으나 나름 정성을 기울였다. 한 구절 해석을 두고 때로는 사유의 깊이를 극단으로까지 끌어올려 온종일 생각에 잠겨 고심하기도 하였다. 모든 이들이 이해하기 쉽도록 산문으로 풀어쓰는 데 초점을 맞추었기 때문에 더 그랬던 것 같다. 그렇게 산고를 거듭하여 탄생한 신문으로 쓴 <21세기 도덕경>을 정독하는 독자들 심금心琴에 이른 아침 출렁이는 은빛 파도처럼 道의 울림이 밀려들기를 염원하며 필을 놓는다.

甲辰年 晚秋

宗敎 歷史 哲學博士 素山 鄭 慶 大

지은이 **정 경 대**

· 1947년 경남 함안 출생
· 중국 인도 몽골에서 수학
· 종교 역사 철학 박사
· **한국의명학회** 창시자 http://www.euimyung.com
· 1971년 단편소설 『호랑이와 쥐와 새』 등단 이후 30여권 출간
· 조선, 동아, 머니투데이, 글로벌이코노믹, 건강다이제스트 등 저널리스트